梁啓超 著

飲冰室合集

文集

第六册

中華書局

飲冰室文集之十六

論中國成文法編制之沿革得失

自敍

一本論原爲拙著「中國法理學發達史論」之附錄。及著成時。則已累數萬言。附庸蔚爲大國。且其論全屬於法理學範圍外。與原題名義不相應。故析之別自爲篇。

一成文法之定義。謂國家主權者所制定而公布之法律也。不著竹帛之慣習法。其非成文法不竢言。卽已著諸竹帛。如君主之詔勅及法庭之判決例。實際上雖與法律有同一之効力。然名義上未經主權者指定賦與法律之名。仍不能謂之成文法。本論所論者以此定義爲斷。

一成文法復可分爲兩種。一曰單行法。謂隨時頒布之法律也。二曰法典。立夫單行法之上。或集錄前此之單行法而勒爲大典者也。本論所論者兼此兩種。

一此類之文全基於事實。事實不備。則譌謬滋生。著者越在海外。參考之書無多。其中闕失。知所不免。伏乞績學之士。惠而敎之。

一本論最重要之參考書。爲二十四史中所有之刑法志及藝文經籍志。通典。續通典。皇朝通典。文獻通考。續文獻通考。皇朝文獻通考。唐六典。唐律疏義。大清律例。唐會要。其日本人所著書。則織田萬之淸國行政法。

淺井虎夫之支那法制史。廣池千九郎之東洋法制史序論。田能村梅士之世界最古之刑法。穗積陳重之法典論。奧田義人之法學通論。梅謙次郎之民法原理及其他各雜誌之論文等。

目次

第一章　緒論

人類之始爲社會。其間固自有種種慣習以爲之制裁。是卽法律之所由起也。故法律之起。可謂之先於國家。及社會既形成國家。而前此所謂制裁力者。漸以强制執行之。主治者與受治者之關係既確定。慣習變爲慣習法主治者復以其意之所是非。制爲禁令。而一國人皆有服從之之義務。此法律發達之第一級也。然慣習雖經承認。禁令雖經厲行。而或僅從實際方面。遇事而發表其權力作用。而未嘗以文句溯爲一定之科條。使國中以共守。或雖有文句。而以隱而祕之爲政治上之妙用。故法律之爲物。屬於理官之所專有。而人民莫能睹其端倪。其意蓋以法律者統治之要具也。爲主治者而立。非爲受治者而立。而主治者惟常示民以不可測。乃能威天下而善其治。故有法而不公諸民。與無法同。及夫統治作用漸進步。主治者以種種原因。不得不取前此之慣習及禁令。溯爲條文。而特命之以法律之名。日本法政新誌第九卷第七號法學博士仁保龜松著「論法律之發達」云法律之由不文法以進於成文法也固由文字之利用方法之進步自然爲外形之發達雖然徵諸各國之立法史其以文字表示法律者莫不有其極重大之政治的理由有欲確表立法之本意使執法官及臣民咸知所適從者名曰訓示的立法如我日本聖德太子之憲法北條氏之貞永式目是也有欲明示權力行使之準則舉權利保障之實者名曰治安的立法如羅馬之十二銅表法英國之大憲章是也有欲表明立法之意思示統治權之威力者名曰威壓的立法如希臘古代之多拉哥血法是也有欲保存不文法使便記憶者名曰保存的立法如德意志中世之索遜士比奇疏華彬士比奇是也又以不敎而誅之爲罔民也。乃以法律代一種之敎規。溯而布之。使一國知所守。於是所謂成文法者見焉。此法律發達之第二級也。成文法之初起。不過隨時隨事。制定爲多數之單行法。及單行法發布既多。不得不最而錄之。於是所謂法典者見焉。然法典之編纂。其始毫無組織。不過集錄舊文而已。及立法之技量稍進。於是或爲類聚體之編纂。或爲編年體之編纂。畫然成一體裁。及立法之理論益進。於是更根據學理以爲編纂。凡法律之內容及外形。皆有一定之原理原則以組織之。而完善之法典始見。此法律發達之第三級也。今更詳密表示之如下。

- 法
  - 社會法
  - 國家法
    - 不文法
    - 成文法
      - 不公布之成文法
      - 公布之成文法
        - 單行成文法
        - 集合成文法(法典)
          - 無組織的集合
          - 有組織的集合
            - 非學理的組織
            - 學理的組織

以上諸階級。實各國法律之形體的進化所必經也。日本法學博士穗積陳重法典論曰『法律有實質與形體之二原素。一國之法律果適於興國利進民福乎。此法律之實質問題也。一國之法令果簡明正確而成法文。使人民容易知權利義務之所在乎。此法律之形體問題也』本論之範圍。屬於形體問題。而不及實質問題。

我國自黃帝堯舜時代。即已有國家法。而虞夏之間。成文法之痕跡。見於故書雅記者。漸可考見。迨夫周代。成文法之公布。遂認爲政府之一義務。及春秋戰國。而集合多數單行法。以編制法典之事業。蚤已萌芽。後漢魏晉之交。法典之資料益富。而編纂之體裁亦益講。有組織的之大法典。先於世界萬國而見其成立。羅馬法典之編成在西曆五百三十四年當我梁武帝中大通六年晉新律之頒布在晉武帝泰始四年當彼二百六十八年唐宋明清。承流蹈軌。滋粲然矣。其所以能占四大法系之一。而爛然有聲於世界者。蓋有由也。

雖然法律之實質。既已曆二千餘年無所進步。即其形體。亦沿漢晉隋唐之舊。卷帙條目。雖加增而組織之方法。卒未一變。馴至今日。而固有之法系。殆成博物院中之裝飾品。其去社會之用日遠。勢不得不採他人之法系。以濟其窮。蓋編纂新法典之論。漸入於全國有識者之腦中。促政府當道以實行。而政府當道。外迫於時勢。內鑒於輿論。其實行之機。抑已漸動。今後最重要問題。即編纂新法典之問題。申言之。即新法典當以何等方法從事編纂之問題也。雖然。法律者。非創造的而發達的也。然則非徒有外國之法律智識。而遂足以語於立法事業。而本國法律之沿革。與夫社會之需要。皆不可不深厝意焉。夫法律當如何而適於社會。此實質問題。非本論所及也。

本論之意。欲就法律之形體一商榷焉。故略敘成文法編制之沿革。而以東西碩學之論證其得失云爾。

第二章　戰國以前之成文法

我國成文法之起原。不可確指。然以數千年來之思想。往往視法律與命令同為一物。蓋君主之詔勅。得稱之為實質的法律。故說文典下云。五帝之書也。而後此法律。卽以五帝書之名名之。是五帝書卽最古之一種法律也。左傳有三墳五典之目。但其書久佚。不識內容云何。以今尚書有堯典一篇推之。則古之五典。當亦不過爾爾。殆記載一古帝王之言論行事。以為法程。其視後世之成文法。相去固甚遠。

逸周書武王踐祚篇云。王召師尚父問曰。黃帝顓頊之道存乎。師尚父曰。在丹書。明楊愼釋之曰。丹書古人之法律書名也。（丹鉛錄）日本先儒蘆東山氏曰。黃帝與宗室大臣國人相約之言。書於丹圖者。（無刑錄）凡此皆後人揣度之詞。不可徵信。丹書殆卽五典之類。或卽五典之一部耳。

我國之法系。其中一部分。殆可謂繼受苗族之法系而來。蓋我國文明。實濫觴於揚子江流域。若刑法者。我之受之於彼。又載籍所明示也。書呂刑云。『苗民勿用靈。制以刑。惟作五虐之刑曰法。殺戮無辜。爰始淫為劓刵椓黥。越茲麗刑。』是五刑為苗族所創。其跡甚明。墨子尚同中亦云。『譬之若有苗以五刑然。』亦其證也。自黃帝迄於舜禹。我族與苗族為劇烈之競爭。卒代之以興。於是彼族之文明。吸收以為我用。刑法於是起焉。而此種刑法。初但還以施諸彼族。不以施諸我族。書呂刑又云。『皇帝哀矜庶戮之不辜。報虐以威。遏絕苗民。』是當時我刑法為限用於苗族之特別法。報虐以威者。謂苗人以虐制刑。還以刑威之也。書堯典亦曰。『帝命皐陶。蠻夷猾夏。

寇賊奸宄。汝作士』臯陶爲司法官。而其職權所轄治者。乃在蠻夷。是其證也。左傳僖二十五年云『德以柔中國。刑以威四夷』此殆上古時普通之觀念也。記曲禮云『禮不下庶人刑不上大夫』亦是此意。（參觀拙著中國法理學發達史第五章）

（附言）唐律名例篇云『諸化外人同類自相犯者。各依本俗法。異類相犯者。以法律論』然則治異族人還以其族固有之法律。實我國法學上之一原則。此原則導源於黃帝堯舜時代。至唐時則明著諸法文中（唐律亦本前代此條爲唐律所特著抑因襲前代成文今不可考）而今日之領事裁判權。施行於國中。而恬不以爲怪者。亦自此觀念演出也。古代法律。率採屬人主義。卽羅馬法回回法。莫不皆然。又匪獨我矣。

書堯典曰『象以典刑。流宥五刑。鞭作官刑。扑作敎刑。金作贖刑。眚災肆赦。怙終賊刑』此數語可謂我國成文法之最古者。象卽周官秋官所謂懸刑象之法於象魏也。左傳昭十四年引夏書曰『昏墨賊殺。咎繇之刑也』（咎繇卽臯陶）然則臯陶之刑。殆必爲一種簡單的成文法。特今不傳耳。（而唐律疏議叙云『堯舜時理官則謂之士而臯陶爲之其法略存而往往槪見』然則其遺文至唐時或猶有存焉者矣）

我國古代禮與法視同一物。禮者。卽規律本族之法也。故凡禮制之著於竹帛者。皆可認爲一種之成文法。而書堯典云『修五禮』禮而言修。則其據依成文可知。（堯典又云自我五典五惇哉自我五禮有庸哉五刑五用哉五典五禮五刑皆可認爲成文法）論語云『殷因於夏禮所損益可知也。周因於殷禮所損益可知也』此殆如漢律之因秦律。大淸律例之因大明律歟。若禮而可認爲成文法。則周代所謂經禮三百曲禮三千者。其可謂最古而最繁博之法典焉矣。日本博士織田萬曰『支那之行政法典。實先於刑法典而成立。彼周禮實周公之政典。而世界最古之行政法典也』（淸國行政法第

（四葉）周禮一書。眞僞未有定論。織田氏之說。吾非能絕對的表同情者也。雖然。其書卽依託。亦殆出於春秋戰國之間。然則語世界之行政法。猶未或能先也。但果屬依託者。則僅能命爲學說。而不得以冒法律之名耳。

德國碩學里斯特曰。『法律發達史之第一葉。必屬於刑法。』（清國刑法論第三葉）卽我中國亦豈其能外此公例。今翻觀刑法方面。虞之五刑尚矣。尚書大傳曰。『夏刑三千。』左傳昭六年曰。『夏有亂政而作禹刑。商有亂政而作湯刑。周有亂政而作九刑。』是夏商周三代。各各有成文刑法也明甚。而書呂刑一篇。則法文之見於經傳而尤可信據者也。其他如周禮有懸法讀法之文。是皆非既有成文法以後不可。今以眞僞未明。姑略之。

逮於春秋。社會形勢一變。法治主義。應於時代之要求。而句出萌達。於是各國政治家。咸以編纂法典爲當務之急。其成文法之名見於傳記者至夥。今臚舉之。

（一）齊之憲法。（管子首憲篇云『正月之朔百吏在朝君乃出令布憲法於國五鄉之師五屬大夫皆受憲於太史大朝之日五鄉之師五屬大夫皆身習憲於君前太史既布憲入籍於太府憲籍分布於君前五鄉之師出朝遂於鄉官致於鄉屬及於游宗皆受憲』憲而有籍則其爲成文法甚明此殆管子所制定者也）

（二）楚之僕區法。（左傳昭七年云『吾先君文王作僕區之法曰盜所隱器與盜同罪』杜注云『僕區刑書名』案此傳載楚無宇之言也所謂僕區法者能舉其條文則其爲成文法可知）

（三）楚之茅門法。（韓非子外儲說右上云『荆莊王有茆門之法』）

（四）晉之被廬法。（左傳昭二十九年云『文公是以作執秩之官爲被廬之法以爲盟主』案僖二十七年傳云『於是乎蒐於被廬』杜注云『晉常以春蒐禮改政令敬其始也』然則此法殆文公所制定以蒐於被廬時頒之者也）

（五）晉之刑書刑鼎。（左傳昭二十九年云『冬晉趙鞅荀寅帥師城汝濱遂賦晉國一鼓鐵以鑄刑鼎著范宣子所爲刑書焉』然則此蓋一種新刑法范宣子所制定而趙鞅更鑄之於鼎以垂久遠者也）

(六)鄭之刑書。左傳昭六年云『三月鄭人鑄刑書叔向使詒子產書曰(前略)今吾子相鄭國作封洫立謗政制參辟鑄刑書將以靖民不以難乎(中略)復書曰僑不才不能及子孫吾以救世也』案所謂鑄刑書者亦以成文之刑法鑄之於鼎也至其法爲舊有之法抑子產所新制定傳無明文

(七)鄭之竹刑。左傳定九年云『鄭駟歂殺鄧析而用其竹刑』杜注云『鄭析鄭大夫私造刑法書之於竹簡故云竹刑』案今傳鄧析子五篇眞僞未定鄧析殆當時之一法學者自以意見制一新刑法駟氏執政從而承認之爲國家法也

以上見於傳記者如此。大抵當時各國。莫不各有其成文法。而政治家亦以此爲最要之政策焉。蓋春秋以降。構成國家之分子日趨複雜。非用强制組織無以統治之。而欲實行强制組織。莫亟於法律之公布。故各國汲汲於立法事業。而或著諸竹帛。或泐諸金石。刑鼎之製與羅馬之十二銅表。東西同揆矣。韓非子定法篇云『法者憲令著於官府。刑罰必於民心者也』。其釋法之定義如此。可知成文法典至其時而已大具矣。

第三章　李悝之成文法

語中國法制史上最重要之人物。則李悝其首屈一指矣。漢書藝文志法家有李子三十二篇。原注云『名悝相魏文侯富國强兵』。晉書刑法志曰『秦漢舊律。其文起自魏文侯師李悝。悝撰次諸國法著法經。以爲王者之政莫急於盜賊。故其律始於盜賊。盜賊須劾捕。故著網捕二篇。其輕狡越城博戲借假不廉淫侈踰制以爲雜律一篇。又以其律具其加減。是故所著六篇而已。商君受之以相秦。漢承秦制』(下略)又唐律疏義進律疏表云『魏文侯師於李悝。集諸國刑典。造法經六篇。一盜法。二賊法。三囚法。四捕法。五雜法。六具法。又漢相蕭何更加悝所造戶興廄三篇。謂九章之律。是爲九法』。綜上兩文。則李悝在我國法制史上之位置。從可識矣。吾語其

關係之最大者有二。

一曰立後此成文法之基礎。　我國現行之律。繼受明律。明律繼受宋律。宋律繼受唐律。唐律繼受魏晉律。魏晉律繼受漢律。漢律繼受秦律。而秦律卽李悝之原文也。然則二千年間之法律。無不以李悝所制定者爲藍本。不過因緣時代之需要。而有所損益云爾。法經六篇雖亡。實則展轉間接。散存於今之大清律例者。尚不知凡幾。但孰爲原文。不可識別耳。故後世一切法典之對於法經。非徒母子血統的關係。而實一體化身的關係也。

二曰集前此成文法慣習法之大成。　悝之法經。旣撰次諸國法而成。然則前所列舉之七種法。與夫不見於傳記之他種成文法。乃至各國未著於竹帛之慣習法。當莫不爲法經所網羅。蓋法經者。集局部法以爲一般法者也。我國法律之統一。自法經始。我國之有法經。猶法蘭西之有拿破崙法典也。法國前此各地方各有法律莫能統一現行民法由拿破崙時代制定名爲拿破崙法典實集各地方法律之大成棄短取長以編制之者也其內容之豐富與理由之深遠雖非法經可擬然其制定之歷史頗相類矣　故諸國法今雖無一遺存。然以其爲法經之淵源。則東鱗西爪。藉法經之介紹。間接以散見於現行法律中者。殆非絕無矣。

第四章　兩漢之成文法

漢高初入關。宣言除秦苛法。與民約法三章。然條件太簡單。勢固不能實行。而蕭何首收秦圖籍律令。遂因秦律。秦律六章卽李悝法經也秦政法曰律　益爲九章。今舉其名以與法經相比較。

法經＝盜法　賊法　囚法　捕法　雜法　具法

漢律＝盜律　賊律　囚律　捕律　雜律　具律　戶律　廐律　興律

張蒼者故秦柱下史以明律聞蕭何辟爲相府主計然則九章律之起草殆出蒼手歟其後社會之現象日繁法律之條件亦日密終兩漢之世其所謂實質的法律者已數十倍於前其種類亦至夥今縷舉之

一曰律　此正式的成文法也自蕭何益法經爲九篇未幾叔孫通益律所不及爲傍章十八篇張湯復爲越官律二十七篇趙禹復爲朝律六篇合六十篇皆漢律正文也後漢永元六年廷尉陳寵上疏謂律有三家說各駁異所謂三家者卽蕭張趙三氏所定之律也其他見於史傳者尚有尉律尚方律金布律田律上計律錢律田租稅律大樂律酎金律挾書律等其詳不可得而聞

二曰令　凡在專制國法律制定之權悉操諸君主故君主之詔令與法律有同一之効力史記酷吏傳云『前主所是著爲律後主所是著爲令』是令亦一種實質的法律也然令亦有立法命令與行政命令之分其立法命令則史所稱「功令」所稱「著令」者是也其後積久寖多乃編次爲令甲令乙令丙等（漢書宣帝紀『令甲死者不可生刑者不可息』顏注『如淳曰令有先後故有令甲令乙令丙師古曰淳說是也甲乙者若今之第一第二篇耳』又晉書刑法志有「令景」之文景卽丙避帝諱也六朝時皆避丙作景）漢書刑法志謂孝武之末律令凡三百五十九章則其數之多可知然律與令固非相雜廁者說文衣部襄下引漢令云解衣而耕謂之襄系部縴下引漢律云祠宗廟丹書告也絩下引漢律云綺絲數謂之絩布然則律與令各自爲編明甚此如日本之法令對文則別散文則通矣（日本之法令法謂法律令謂命令也）漢令之名稱見於史傳者有田令挈令光祿挈令廷尉挈令水令公令養老令馬復令諸姬令秩祿令官衞令憲令金布令任子令祠令胎養令品令等其卽在令甲令乙令丙之中抑離而獨立今不可考

三曰比。　比者今大清律例之所謂例也。日本所謂判決例也。其義本於記王制。王制曰。必察小大之比以成之是也。漢時稱爲決事比。或稱法比。或單稱比。漢書刑法志謂死罪決事比萬三千四百七十二事。則其繁多可想。蓋法文有定。而行爲之變態無窮。以有定馭無窮。勢必不給。故折獄者不得不隨時比附。此各國所不能免也。而比附者或比附法文。或比附條理。（條理者日本法律上專用之一名詞裁判官於法文所不具者則推條理以爲判決如我國所謂準情酌理也）我國則於此兩者之外。更有比附經義之一種。比附法文者。漢書刑法志云。『制疑獄者各讞所屬官長。皆移廷尉。廷尉不能決。具爲奏附所當比律令以聞。』史記張湯傳云。『貧弱雖陷法。曲文以出之。其豪傑侵小民者。以文內之。』是也。比附條理者。凡法文所不具者。法官憑其心之所安以爲斷。書呂刑所謂輕重諸罰有權。周官司刺職所謂求民情斷民中而刺上服下服之罪。是也。此自古有之。而漢代法文簡略。用之尤廣。漢書刑法志曰。『姦吏轉相比況。』又曰。『所欲活則傅生議。所欲陷則予死比。』又曰。『奇請它比。日以益滋。』唐律斷獄篇曰。諸制敕斷罪。臨時處分。不爲永格者。不得引爲後比。是即比附條理之意也。漢書刑法志又載孝景中五年詔云。『諸獄疑。雖文致於法。而於人心不厭者。輒讞之。』然則雖有法文可按者。猶時或推條理以爲斷矣。比附經義者。我國崇古而尊經。視經義與國法有同一之効力。漢初法制未備。每有大事。朝臣得援經義以折衷是非。漢書張湯傳云。『湯爲廷尉。每決大獄。欲傅古義。乃請博士弟子治尙書春秋者補廷尉史。亭疑奏讞。』又兒寬傳云。『寬爲建尉椽。以古義決疑獄。奏輒報可。』應劭奏上「漢儀」表云。（晉書刑法志引）『故膠東相董仲舒老病致仕。朝廷每有政議。數遣廷尉張湯親至陋巷。問其得失。於是作春秋折獄二百三十二事。動以經對。』是也。應劭漢儀自言撰具律本章句尙書舊事廷尉板令決事比例司徒都目五曹詔書等而成所謂尚書舊事廷尉板令決事比例司徒都目皆判決例即所謂比也晉書刑法志謂「漢時決事集爲三百餘篇及司徒鮑公撰嫁娶辭訟決爲法比都目凡九百六卷」則當時判決例之浩瀚繁博可以想見而此等之在當時皆視之與律令有同一之効力者也

晉書刑法志云「漢興以來三百二年憲令稍增科條無限而魏律序略雜引律有某條令乙令丙有某條科有某條又言以省科文又言於旁章科令爲省然則科者當時一種法律之名而與律令異其性質者也殆即判決例而漢時所謂比矣不然漢之法比九百餘卷何序略不一引之耶此說若信則比與律令有同一之効力益明

四曰學說　以學說爲成文法之淵源此各國法律史上所習見也徵諸西史凡學說之所以得變爲法律者其途有四(一)以解釋法律之權付諸學者如羅馬帝奧古斯丁選當時法律家付與解釋法律之權其所解釋者稱爲學士說 Responsa Pruden Tium 直與法律同効力是也(二)直以法律之効力賦諸學說如羅馬帝托多條士采當時碩儒巴比尼安等五家之著書認爲國法若五家說有互相牴牾者則以巴比尼安說爲正是也(三)編纂學說以爲法典如羅馬帝周士的尼安奴編纂羅馬三十九大家之學說爲一法典名曰「的支士潭」是也(四)學說養成慣習法者學者之法律思想浸灌人心遂養成一種之慣習法或裁判官採其學說以折獄遂成爲判決例而由慣習法或判決例轉變成爲法律者是也此四者皆各國法制史上所常見也我國漢代如董仲舒之「春秋折獄」本非立法亦非判決例而後此經應劭採爲漢儀獻帝承認之遂成爲國法又應劭之書末附議駁八十二章自言內二十六博採古今瓌瑋之士是則前

哲之學說也。內二十七劭所創造。是又劭之學說也。而皆經獻帝承認。又成爲國法矣。且當時大儒解釋法文者。尤爲繁賾。晉書刑法志云『後人生意各爲章句。叔孫宣郭令卿馬融鄭玄諸儒章句十有餘家。家數十萬言。凡斷罪所當由用者。合二萬六千二百七十二條。七百七十三萬二千二百餘萬言。言數益繁。覽者益難。天子於是下詔。但用鄭氏章句。不得雜用餘家。』（案此所謂天子者魏明帝也）由此觀之。當時法律解釋派之發達。殆不讓今之德國。夫七八百萬言之章句。恐合今茲日本諸家之法律注解。尚未逮其數也。而絕代大儒馬鄭二君皆有成書。其博深切明。當無待言。惜乎今日無一字之能見也。而當時既爲斷罪所當由用。（由用猶遵行也）則其與法律有同一之効力甚明。逮魏明帝專認鄭氏章句。則又明賦與鄭說以法律之効力矣。

第五章　魏晉間之成文法

次於李悝法經而從事編纂法典之大業者。魏晉間之新律是也。蕭何之九章。雖稍益於秦舊。而以馭生事日繁之社會。既大苦不給。故續頒之詔令。任意之判決例。及繁重之解釋。間雜錯出。動相予盾。蓋至東漢之末。而律有六十篇。今有三百餘篇。法比有九百餘卷。章句有七百餘萬言。晉書刑法志評之曰『事類雖同。輕重乖異。通條連句。上下相蒙。』又曰『律文煩廣。事比衆多。』誠切中其弊也。於新法典編纂之必要。迫於眉睫。魏明初政。厲精圖治。乃命司空陳羣散騎常侍劉邵給事黃門侍郎韓遜議郎庾嶷中郎黃休荀詵等。刪約舊科。傍采漢律。定爲魏法。制新律十八篇。州郡令四十五篇。尙書官令軍中令合百八十餘篇。其序略云。

舊律所難知者。由於六篇篇少故也。篇少則文荒。文荒則事寡。事寡則罪漏。是以後人稍增。更與本體相離。今制新律。宜都總事類。多其篇條。舊律因秦法經。就增三篇。而具律不移。因在第六。罪條例。既不在始。又不在終。非篇章之義。故集罪例以爲刑名。冠於律首。盜律有劫略恐猲和賣買人。科有持質。皆非盜事。故分以爲劫略律。賊律有欺謾詐僞踰封矯制。囚律有詐僞生死。令景有詐自復免。事類衆多。故分爲詐律。賊律有賊伐樹木殺傷人畜產及諸亡印。金布律有毀傷亡失縣官財物。故分爲毀亡律。囚律有告劾傳覆。廄律有告反逮受。科有登聞道辭。故分爲告劾律。囚律有繫囚鞫獄斷獄之法。興律有上獄之事。科有考事報讞。宜別爲篇。故分爲繫訊斷獄律。盜律有受所監受財枉法。雜律有假借不廉。令乙有呵人受錢。科有使者驗賂。其事相類。故分爲請賕律。盜律有勃辱强賊。興律有擅興徭役。具律有出賣呈。科有擅作修舍事。故分爲興擅律。興律有乏徭稽留。賊律有儲峙不辦。廄律有乏軍之興。及舊典有奉詔不謹不承用詔書。漢氏施行。有小愆之反。不如令輒劾以不承用詔書乏軍要斬。又減以丁酉詔書。丁酉詔書。漢文所下。不宜復以爲法。故別爲之留律。秦世舊有廄置乘傳副車食廚。漢初承秦不改。後以費廣稍省。故後漢但設騎置而無車馬。律猶著其文。則爲虛設。故除廄律。取其可用合科者以爲郵驛令。其告反逮驗。別入告劾律。上言變事。以爲變事令。以驚事告急與興律烽燧及科令者。以爲驚事律。盜律有還贓畀主。金布律有罰贖入責以呈黃金爲價。科有平庸坐贓事。以爲償贓律。律之初制。無免坐之文。張湯趙禹始作監臨部主見知故縱之例。其見知而故不舉劾。各與同罪。失不舉劾。各以贖論。其不見不知不坐也。是以文約而例通。科之爲制。每條有違科不覺不知從坐之免。不復分別。而免坐繁多。宜總爲免例。以省科文。故更制定其田例。以爲免坐律。諸律令中有其敎制。本條無從坐之文者。皆從此取法也。凡所增定十三篇。故就五篇。合十八篇。於正律八篇爲增。於旁章科令爲省矣。

據此。則魏律之視秦漢律。其篇章大有所增損。編次亦多移易。若其內容。今雖不可得見。然於漢代詔令法比乃至諸家之學說。殆多網羅而決擇之。其用力之劬。殆非初漢時代所得同年而語也。夫漢高本以駔儈弋大位。未嘗有立法制以福天下之志。其臣又非能有管仲子產李悝商鞅之才。可以任立法事業。蕭何一刀筆吏耳。叔孫通闒然媚世之賤儒耳。一國法制。全委於其手。故因陋就簡。蹈襲秦舊。東塗西抹。命爲漢制。及不周於用。則任嗣君之是非以爲詔令。憑俗吏之抑揚以爲法比。與原有之根本律。分馳矛盾。曾無一貫之原則以樞紐之。無秩序無統一。故法愈多而弊愈不可勝窮。蓋自文景武之世。而學者已極言改制立法之不可以已矣。賈誼之告文帝曰『人之所設不爲不立不植則僵不修則壞中略豈如今定經制令上下有差父子六親各得其宜姦人亡所幾幸而羣臣衆信上不疑惑此業一定世世常安而後有所持循矣若夫經制不定是猶度江河亡維楫中流而遇風波船必覆矣』漢書本傳董仲舒之對武帝曰『繼治世者其道同繼亂世者其道變』又曰『琴瑟不調甚者必解而更張之乃可鼓也爲政而不行甚者必變而更化之乃可理也』漢書本傳賈董皆一代大儒而其所主張咸謂當取一切法度爲根本的變更而別以良法組織之所論者不徒在刑法之一方面而已卽就刑法一方面觀之亦歷歲愈久而敝愈甚漢書刑法志述孝武時代之現狀謂『文書盈於几閣典者不能偏睹是以郡國承用者駮或罪同而論異姦吏因緣爲市』然則法文不整其毒害之及於社會者可以概見矣宣帝起閭閻深知情弊及卽位置廷平之官秩六百石員四人常自幸宣室決事此殆如英王愛華德第三之設衡平裁判所矣英王爲濟普通法之窮特命近侍法官別設裁判所許人民叩閽其判決例復別成爲衡平法然識者固已謂爲不揣其本而齊其末鄭昌上疏曰『若開後嗣不若删定律令律令一定愚民知所避姦吏無所弄矣今不正其本而置廷平以理其末也政衰聽怠則廷平將招權而爲亂首矣』漢書刑法志是最初倡修正刑法法典之議者鄭昌也元帝成帝曾兩下詔議修正元帝詔云『夫法令者所以抑暴扶弱欲其難犯而易避也今律令煩多而不約自典文者不能分明而欲羅元元之不逮斯豈刑中之意哉』成帝詔云『今律令煩多百有餘萬言奇請它比日以益滋自明習者不知所由欲以曉喻衆庶不亦難乎於以羅元元之民夭絕亡辜豈不哀哉』而臣下無足以當此重任者業遂不就班固論之曰『有司無仲山父將明之材不能因時廣宣主恩建立明制爲一代之法而徒鉤摭微細毛舉數事以塞詔而已是以大議不立遂以至今』誠傷之也蓋當西漢元平間編纂法典之機一動而遂不見結果蹉跎以迄東京之季固之言又曰『議者或謂法難數變此庸人不達疑塞治道聖智之所常患也』又曰『豈如惟思所以正本清源之論删定律令復古刑爲三千章』俱見漢書刑法志是

班氏亦當時主張修正刑法論者之一人，志中之言，一篇間三致意焉。此殆當時一般之輿論，又非徒班氏一人意見而已。和帝永元六年，廷尉陳寵復大倡是議，亦蹉跎未行。獻帝建安元年，應劭以私人資格獨力纂述，未臻完備，暫以適用。而當世大儒崔實、鄭玄、陳紀之流，倡改革論益力。夫漢律自孝武時代，已苦其猥雜棼亂，況復加以三百年間不秩序、不統一之科令，日出而不窮，其有法等於無法，漸演出無政府之現象，勢所必然矣。故編纂法典，殆時代最急之要求，而當日救濟社會唯一之手段也。魏武相漢，陳紀子羣，復申父論，而操自謂不宜以藩國改漢制，復寢不行。直至魏明初政，天下稍蘇息，始克從事斯業，而陳羣即出其家學，以當編輯之任。蓋此舉爲一般學者之所倡，垂數百年，而至是始實行也。及司馬文帝爲晉王，又以陳羣、劉邵之本，雖經改革，而科網本密，尙苦不周，又叔孫、郭、馬、杜諸儒章句，但取鄭氏，未免偏黨（魏明帝時下詔諸家章句有相牴牾者以鄭玄說爲正），乃命賈充更事編制，而以鄭冲、荀顗、荀勗、羊祜、王業、杜友、杜預、裴楷、周權、郭頎、成公綏、柳軌、榮邵十四人典其事，半皆一時名宿，以學聞於世者也。於是就漢九章增十一篇，仍其族類，正其體號，改舊律爲刑名法例，辨囚律爲告劾、繫訊、斷獄，分盜律爲請賕、詐僞、水火、毀亡，因事類爲衞宮、違制，撰周官爲諸侯律，合二十篇，六百二十條，二萬六千七百五十七言。其一時權宜之制，不著於律，悉以爲令。犯令者則以律中違制之罪罪之。都凡律令合二千九百二十六條，十二萬六千三百言，爲六十卷。泰始三年事畢，武帝親自臨講，使裴楷執讀。四年正月，大赦天下，班新律焉。由此觀之，則此次編纂新律之事業，伏根於西漢中葉，大動於東漢之季，作始於魏代，而成就於晉初。學者提議於前，而政府實行於後。蓋議論亘於數百年之間，而草案成於數十人之手，雖其所改正者萬不能如賈誼、董仲舒之所期，且未必能如鄭昌、班固之所期，要之不可謂非歷史上之一大事也。今其書雖不存，然以載籍所可考見，其視漢舊律進化者有數端．

(一)嚴律令之界．漢代律令併爲一談．至晉新律則釐令於律之外．夫律者含有固定的性質．一經施行．雖人主亦不得以私意輕重者也．故近世文明國．嚴法律與命令之區別．不許以命令變更法律．當時雖未能如是．然別令於律．其間自有主從之形．其意蓋以令爲律之補助品也．故曰『違令有罪則入律』．然則非令能罪之．而惟律能罪之也．

(二)根據於學理．漢律采摭秦法．補苴一二．於立法所以然之故．少所推求．及經推行數百年．雖復棼亂猥雜．然解釋派大興．學說如鯽．其間所闡明學理．定當不少．魏晉襲之．取精用宏．去取之間．殊非草章．觀唐書經籍志所載．有劉邵撰律略論五卷．賈充等撰刑法律本二十一卷．隋書經籍志題爲律本無刑法二字而下注杜預撰大約其書成於杜預之手但當時編律以賈充領銜故題賈充等耳凡中國歷代官書皆如是也竊意當時晉律殆由杜征南起草故晉書刑法志亦稱爲杜律果爾則價值更高矣凡此皆當時起草員之著述．殆如日本之憲法義解民法原理等矣．則其條文蓋必有學理上之根據．無可疑也．晉書刑法志又稱明法掾張裴注律表上之其表文云『律相須而成若一體焉刑名所以經略罪法之輕重正加減之等差明發衆篇之多義補其章條之不足較舉上下綱領（中略）自始及終往而不窮變動無常周流四極不離於法律之中也其知而犯之謂之故意以爲然謂之失違忠欺上謂之謾背信藏巧謂之詐虧禮廢節謂之不敬兩訟相趣謂之鬭兩和相害謂之戲無變斬擊謂之賊不意誤犯謂之過失逆節絕理謂之不道陵上僭貴謂之惡逆將害未發謂之戕唱首先言謂之造意二人對議謂之謀制衆建計謂之率不和謂之強攻惡謂之略三人謂之羣取非其物謂之盜貨財之利謂之贓凡二十者律義之較名也夫律者當愼其變審其理若不承用詔書無故失之刑當從贖謀反之同伍實不知情當從刑此故失之變也卑與尊鬭皆爲賊鬭之加兵刃水火中不得爲戲戲之重也向人室廬道徑射不得爲過失之禁也都城人衆中走馬殺人當爲賊賊之似也過失似賊戲似鬭鬭而殺傷傍人又似誤盜傷縛守似強盜呵人取財似受賕囚辭所連似告劾諸勿聽理似故縱持質似恐猲如此之比皆爲無常之格也五刑不簡正於五罰五罰不服正於五過意善功惡以金贖之故律制生罪不過十四等死刑不過三徒加不過六囚加不過五累作不過十一歲累笞不過千二百刑等不過一歲金等不過四兩月贖不計日日作不拘月歲數不疑閏不以加至死并死不復加不可累者故有并數不可并數。乃累其加。以加論者。但得其加。與加同者。連得其本。不在次者。不以通論。以人得罪與人同。以法得罪與法同。侵生害死。不可齊其防。親疏公私。不可常其教。禮樂崇於上。故降其刑。刑法閑於下。故全其法。是故尊卑敘。仁義明。九族親。王道平也。（中略）律之名例。非正文而明也。若八十非殺傷人。他皆勿論。即誣告謀反者反坐。十歲不得告言人。即奴婢捍主。主得謁殺之。賊燔人廬舍積聚。賊贓五匹以上棄市。即燔官府積聚盜。亦當與同。歐人教令者與同罪。即令人歐其父母。不可與行者同得重也。若得遺物強取強乞之類。無還贓法隨例畀之文。法律中諸不敬。違儀失式。及犯罪爲公爲私。贓入身不入身。皆隨事取法。以例求其名也。夫理者精玄之妙。不可以一方行也。律者幽理之奧。不可以一體守也。或計過以配罪。或化略以不循常。或隨事以盡情。或趣舍以從時。或推重以立防。或引輕而就下。公私廢避之宜。除削重輕之變。皆所以臨時觀釁。使用法執詮者。幽於未制之中。采其根牙之微。致之於機格之上。稱輕重於豪銖。考輩類於參伍。然後乃可以理直刑正（下略）』〇案此爲當時注釋新律者之表文。而所言多屬於刑法學上之大原則。即現今學者所視爲重要問題而研究之者也（此文所論屬於總則爲多。加圈者除一部分爲文中要旨外。其餘大率皆現今學者所研究之原則也）其注釋之文所含學理之富如此。則原文必有可觀者矣。晉律久亡。故節錄此以示其梗概。

（三）鄭重公布之形式。漢代法律。未嘗爲正式的公布。故人主一時之詔令。法官推意之判例。學者私議之學說。皆得冒法律之名。有同一之効力。魏晉律則視爲大舉。嚴重以公布之。有整齊畫一之概。不甯惟是。法律既有固定性。得爲具體的研究。於以助此學之進步。晉書刑法志載衛凱奏云『刑法者國家之所貴重。而私議之所輕賤。王政之弊。殆由於此。請置律博士。轉相教授。事遂施行。』然則當時以有新律之故。而法學漸至成爲一種科學之形矣。

此外如條文之增多。重複之芟除。篇第之釐正等。又一見而至易明者也。由此觀之。則此次編纂法典。實我國法制史上一大事。後此南北朝循之。直至隋唐。少所更革。然則魏晉律者。實筦法經與唐律之中樞。而爲其重要之媒介者也。

爾後一度易姓。必有新法典之發布。然大率沿襲魏晉。無大改作。今將其法典之名及其篇數與其制定發布之年月列表如左。

魏	新律	十八篇	陳羣劉邵等撰	
晉	新律	二十篇	賈充鄭冲等撰	泰始四年正月成
	令	四十篇	同	同
後魏	新律	二十卷	崔浩等撰	太和五年成
齊	律	二十篇	王植等撰	永明七年成
梁	律	二十篇卅卷	蔡法度等撰	天監二年四月成
	令	三十篇卅卷	同	同
	科	二十篇卅卷		同
東魏	麟趾格			興和三年十月施行
西魏	大統式	五卷	蘇綽等撰	大統十年七月頒
北齊	律	十二篇十二卷	趙郡王叡等撰	河淸三年成
	令	廿八篇五十篇	同	同
後周	大律	廿五篇廿五卷	趙肅等撰	保定三年三月成
	令		同	
陳	律	二十卷	「范泉徐陵等撰」	永定元年十月成
	令	三十卷	同	同
	科	三十卷	同	同
隋	新律	十二卷	高熲等撰	開皇元年十月施行
	新令	卅卷	同	開皇二年七月施行
大業	律	十八卷	牛弘等撰	大業二年成
	大業令	三十卷	同	同

今復將戰國至隋法律篇目次第列表如左

法經	具法6						盜法1 賊法2			雜法5	捕法4	囚法3			
漢律	具律			戶律	廄律	興律	盜律 賊律			雜律	捕律	囚律			
魏律	刑名			戶律		擅興	盜律 賊律		詐偽	雜律	捕律	囚律	劫掠	毀亡	告劾
晉律	刑名1 法律2	宮衞15	違制19	戶律12	廄牧17	興律13	盜律3 賊律4		詐偽5	雜律11	捕律8	斷獄10		毀亡14	告劾7
宋律	刑名 法例	宮衞	違制	戶律	廄牧	興律	盜律 賊律		詐偽	雜律	捕律	斷獄		毀亡	告劾
齊律	刑名 法例	宮衞	違制	戶律	廄牧	興律	盜律 賊律		詐偽	雜律	捕律	斷獄		毀亡	告劾
梁律	刑名1 法例2	宮衞15	違制20	戶律12	廄牧18 倉庫17	擅興13	盜律3 賊犯4		詐偽5	雜律11	討捕8	斷獄10		毀亡14	告劾7
後魏律	刑名 法例	宮衞	違制	戶律	牧產	擅興	盜劫 賊犯	鬥律	詐偽	雜律	捕亡	斷獄		毀亡	告劾
北齊律	名例1	禁衞2	違制5	婚戶3	廄牧11	擅興4	盜賊8	鬥訟	詐偽6	雜律12	捕斷9			毀亡10	
後周律	刑名1 法例2	宮衞9	違制15	戶律6 婚姻5	廄牧18	興繕	劫盜12 賊犯18	鬥競11	詐偽20	雜犯19	逃捕10	斷獄25		毀亡14	告劾22
隋唐律	名列律1	衞禁律2	職制律3	戶婚律4	廄庫律5	擅興律6	賊盜律7	鬥訟律8	詐偽律9	雜犯10	捕亡律11	斷獄律12			

六篇									
九篇									
十八篇	繫訊	請賕	驚事	償賕					
二十篇	繫訊9	請賕9			水火16	諸侯20	關市18		
二十篇	繫訊	請賕			水火	諸侯	關市		
二十篇	繫訊	請賕			水火	諸侯	關市		
二十篇	繫訊9	請賕9			水火16		關市17		
二十篇	繫訊	請賕			水火		關市		
十二篇									
廿五篇	繫訊24	請賕21			水火7	諸侯17	市廛10 關津16	祠享3	朝會4
十二篇									

觀此表則魏代之成文法上接秦漢下開隋唐而爲之樞紐其間之統系甚明。

第六章　唐代之成文法

我國之成文法至唐代而始極浩瀚而其現存於今者亦以唐之成文法爲最古故研究唐代成文法之編制實屬較易之業而又最要之業也唐之律名凡有四種一曰律二曰令三曰格四曰式此四者皆實質的法律也唐六典云『凡律以正刑定罪令以設範立制格以禁違正邪式以軌物程事』（卷六）舊唐書刑法志云『令者尊卑

貴賤之等數.國家之制度也.格者百官有司所常行之事也.式者其所守之常法也.凡邦國之政.必從事於此三者.其有所違及人之為惡而入於罪戾者.一斷以律』由此觀之.則似令者為一般之國法.格者為行政法及民法.律者為刑法.而式者則施行諸法之細則也.然考諸當時之載籍.其界限亦不甚分明.今舉其名而推定其性質.

律　唐高祖初定天下.武德元年.詔以隋開皇律為適用.（隋有開皇律大業律大業後起煩苛故以開皇為正）而制定五十三條格以輔之.武德七年.以五十三條格入於律.（餘悉為開皇之舊）名為新律.是即最初之唐律也.太宗貞觀十一年.房玄齡等復加修定.篇目卷數條文.悉依隋舊.（律十二卷五百條）而內容大有殊異.（舊唐書刑法志云唐新律視隋律死刑殆除其半）高宗永徽三年.復命長孫無忌等刪定律令格式.律之卷數仍舊.其內容有變易否.不可考.同時復命無忌等撰律疏三十卷.四年十月.頒之天下.即今存之唐律疏義是也.武后垂拱元年.復有修改.而律惟改二十四條.其後終唐之世無所變.

令　武德七年.頒武德令三十一卷.貞觀十一年.頒貞觀令二十七卷.一千五百四十六條.永徽二年.頒永徽令三十卷.開元四年.頒開元前令三十卷.開元二十五年.又頒開元令三十卷.此外尚有麟德令.儀鳳令.乾封令.垂拱令.神龍令.太極令.不知卷數.唐令沿革之見於史籍者如此.今諸書無一存.令之內容.不復可見.誠遺憾也.若欲求律與令之區別.則請列其篇數及篇目比較之如下.

律十二篇五百條

一名例　二衞禁　三職制　四戶婚　五廐庫　六擅興　七賊盜　八鬬訟　九詐僞　十雜律　十一捕亡　十二斷獄

令二十七篇一千五百四十六條

一官品　二三司三公臺省職員　三寺監職員　四衞府職員　五東宮王府職員　六州縣鎭戍獄瀆關津職員　七內外命婦職員　八祠令　九戶令　十選舉　十一考課　十二宮衞　十三軍防　十四衣服　十五儀制　十六鹵部　十七公式　十八田令　十九賦役　二十倉庫　二十一廐牧　二十二關市　二十三醫疾　二十四獄官　二十五營繕　二十六喪葬　二十七雜令

案官品篇鹵部篇公式篇皆分爲上下卷故合三十卷）

此據唐六典卷三所載唐令之篇目也。六典之編纂。濫觴於開元十年。殺青於開元二十七年。此所舉者。爲開元四年之令。抑開元二十五年之令。不可深考。要之唐令之內容大率類是。其他雖有異同。當不相遠。由此觀之。則律令兩者對象之目的物。固有相同者。（如律有衞禁令有宮衞律有戶婚令有戶令律有廐庫令有倉庫廐牧等）而令之範圍甚廣。律之範圍較狹也。令則普涉於一般國法。律則專限於刑法也。然則律與令二者非性質上之差別。（兩者皆有固定的性質與格式異）而資料上之差別也。非如日本命令與法律之差別。實如日本刑法與其他法律之差別也。

格

唐時之格。其與律令之界限最難分明。武德元年。制五十三條格。七年則以入於律。是格變爲律也。而貞觀十一年所頒。則於律令之外復有格七百條。永徽三年所頒。於律令之外復有格十五卷。是格離律而獨立也。自茲以往。武后朝則有垂拱格。（神龍元年刪定）中宗睿宗朝則有太極格。（太極元年奏上）玄宗朝則有開元格。（開元三年刪定）開元後格。（開元七年刪定）開元新格。（開元二十五年編纂）其後屢有修改。皆名爲格。不名爲律。蓋自開元以後。無復有新律矣。是格與律有同一之効用也。考唐時所謂格者有廣義有挾義。廣義之格。律令格式之總名也。（宋王溥著唐會要卷三十九云貞觀十一年正月頒新格於天下凡律五百條令一千五百九十條格七百條以爲通式是律令或皆可通稱爲格也）其挾義之格。復分兩種。

（一）留司格　屬於曹司常務者。留存本司。

（二）散頒格　屬於天下所共者。頒行州縣。

此永徽間之分類也．其後遂以爲常．然則留司格者殆近於行政法．而散頒格者殆近於普通之法律也．惟格與律之異．則律爲特定之條文．格則集制敕以爲之．故唐之格可當漢魏晉之令．（亦可當日本之令）其視律之性質微有差別也．但其所涉之範圍．則視律令（唐之所謂律令）皆廣．凡律與令兩方面其條文有不具者．皆以格規定之．是格實律令兩者之補助品也．唐律云『諸制敕斷罪臨時處分不爲永格者．不得引爲後比．』（唐律疏義卷三十）然則凡制敕之被承認爲格者．皆變成實質的法律．與律令正文有同一之効力明矣．自中宗神龍元年．有「格後敕」之編定．其後有貞元定格後敕．（貞元元年編）開元格後敕．（元和二年編）元和格後敕．（元和十三年編）大中格後敕（大中五年編）等．是又格之草案．而認爲與格有同一之効力者也．

式

武德七年所頒有式十四卷．貞觀十一年所頒有式四十卷．永徽二年所頒有式十四卷．垂拱元年所頒．有垂拱式二十卷．開元三年．二十五年所頒．各有式二十卷．元和十三年所頒有元和式三十卷．是唐代所頒式之大略也．格與式之差別．今不可深考．惟據舊唐書刑法志所稱．格以尚書省二十四司（唐官制尚書省所屬凡二十四司）爲篇目．式以尚書省列曹及祕書太常司農光祿太僕少府及監門宿衞計帳爲篇目．至其淵源及性質有何差異．尚俟考定．（宋史刑法志引神宗詔書云『設於此以待彼之謂格．使彼効之之謂式．』不知唐時格式之區分實如此否．但即神宗此文我輩讀之仍苦不明瞭也．）

通有唐一代．其編纂法典事業．凡有七役．（一）武德間．（二）貞觀間．（三）永徽間．（四）垂拱間．（五）開元間．（六）元和間．（七）大中間．就中永徽開元兩役尤爲重要．蓋刑法之大備．自永徽時代．而行政法之大備．自開元時代也．

日本博士織田萬氏．謂我國行政法法典發達最早．而推本於周禮．此其言吾雖未能純表同情．然近世學者解釋行政法之定義。謂行政法者。總括關於政權作用之法規的全體也。此定義若當。則今傳之唐六典。足以當之矣。我國自漢以來。諸種法典中。雖偏重刑法。而關於行政作用之規定者。固已不少。特東鱗西爪。未渤成書。其漢官儀（應劭撰）魏官儀（荀攸撰）。齊職儀（范曄撰）等書。（俱見舊唐書經籍志）。又屬私家著述。未爲成憲。迨唐玄宗開元十年。始命修六典。帝手寫白麻子六條。曰理曰敎曰禮曰政曰刑曰事。凡亘十六年。經十數人之手。乃始完成。（陳振孫直齋書錄解題引韋述集賢記注云『開元十年起居舍人陸堅被旨修是書。帝手寫白麻子六條。曰理敎禮政刑事。令以類相從撰錄以進。張說以其事委徐堅。思之經歲莫能定。又委毋丘煛徐欽韋述始以令格入六司。其沿革並入注中。後張九齡又委苑咸。二十六年奏草上』唐會要載開元二十三年張九齡等撰是書。而今本卷首著李林甫奉勅註者。四庫提要謂開元二十四年張九齡罷知政事。及二十七年林甫乃註成獨上之也）其體裁分三師三公尚書省及六部。門下中書。祕書。殿中。內官。內侍各省。御史臺。九寺。三監。十六衞。二軍。及太子親王三府。都護。州縣。官吏。各規定其職掌與其職員。而以理典敎典禮典政典刑典事典六部綰之。凡三十卷。實空前之一宏著也。蓋至是而刑法以外。始別有獨立之成典。後此明會典大清會典。皆因襲以成。雖謂唐六典一書爲我國法制史上開一新紀元可也。

四庫提要唐律疏義條下云。『論者謂唐律一準乎禮以爲出入。得古今之平。故宋世多採用之。元時斷獄。亦每引爲據。明洪武初命儒臣同刑官進講唐律。後命劉惟謙等詳定明律。其篇目一準於唐。』又云。『蓋斟酌畫一。權衡允當。迨今日而集其大成。（案此指大清律例也原文以大清律例與唐律相比較以文繁故闕不錄）而上稽歷代之制。其節目備具。足以沿波而討源者。要惟唐律爲最善。』據此則唐律之內容。及其影響於後世者。可以概見。夫以唐之行政法。（即六典）其影響之大而久也旣若彼。唐之刑法（即唐律）其影響之大而久也復若此。然則永徽開元間爲我國法制史上一最重要之時代。不其益信乎。

唐律影響之大。不惟在本國而已。蓋唐代文化。隨其武功以遠被於亞洲諸國。而法律卽所播文化之一種也。故高麗日本安南諸國。皆以彼時代繼受我之法系。（日本博士奧田義人法學通論云『我國嘗汲文化之源於支那故代表文化之法律亦皆繼受支那法系當天智天皇之朝始據唐律爲母法以編纂律令其後天武文武等諸朝數經改正元正天皇之朝編律令各十卷名爲養老律令實我國古代成文法之沿革云云』案彼天智天武當我唐高宗時彼文武當我唐中宗時彼元正當我唐玄宗時也）計自梁武帝中大通六年（西歷五百三十四年）羅馬法律全典成立。隋開皇以迄唐永徽（西歷五百八十年至六百五十年）而我國法典大成。世界兩大法系。同以此百年間。臻於全盛。不亦異耶。

唐書經籍志載有僧格一卷。實一種之特別法。雖未能視之與羅馬寺院法同科。然亦可見當時法律之繁密進步矣。

開元二十五年。又頒格式律令事類四十卷。以類相從。便於省覽。大中七年。復命張戣等編刑法統類六十卷。集律令格式條件相類者。一千二百五十條。分爲一百二十一門頒之。此又一種類聚體之編纂法。爲後世所承學者也。

第七章　宋代之成文法

宋代法典之多。實前古所未聞。每易一帝。必編一次。甚者每改一元。必編一次。蓋終宋之世。殆靡歲不從事於編纂法典之業。其法典內容。非必悉相異。殆因沿前法。略加修正而已。然莫不裒然成一巨帙。少者亦數十卷。多者乃至數百卷。亦可謂極千古之壯觀矣。今據羣書列爲一表。而略下推論。

（法典名）　（卷數）　（條數）　（編纂者）　（編成年月）

●建隆刑統(或稱開寶刑統)	三〇		竇儀蘇曉等	太祖建隆四年
●建隆編勅	四	一〇六	同	同
●開寶長定格			盧多孫	太祖開寶間
●太平興國編勅	一五			太宗太平興國三年
淳化詳勅	三〇		宋白等	太宗淳化二年三月
重删淳化編勅	二五		蘇易等	淳化五年八月
●咸平新定編勅	一二	二八六	柴成務等	眞宗咸平元年
●景德三司編勅	三〇		林特等	眞宗景德二年九月
景德三司新編勅	一五		同	同
●景德農田編勅	五		丁謂等	景德三年正月
●大中祥符編勅	三〇	一三七四	陳彭年等	眞宗大中祥符九年
●諸路轉運司編勅	三〇		同	同
一州一縣新編勅	五〇		李迪等	眞宗天禧四年二月
一司一路編勅	三〇		同	同年十一月
天聖删定咸平編勅			夏竦蔡齊等	仁宗天聖七年
天聖附令勅	一	五〇〇	同	同
●天聖令	三〇		呂夷簡等	天聖七年
●天聖編勅	三〇		宋庠等	天聖十年
諸路宣勅(天聖中刊正祥符勅)	一二			天聖中
●舉明自首勅				同
●景祐一司一務編勅	四四		呂得象	仁宗景祐二年六月
景祐刑名勅	五		同	同年六月

●慶歷編勅	一二			仁宗慶歷七年正月
慶歷一司勅		二三一七		慶歷中
慶歷一路勅		一八二七		同
慶歷一州一縣勅		一四五一		同
●嘉祐祿令	一〇		韓琦等	仁宗嘉祐二年十月
●嘉祐驛令	三		同	嘉佑四年正月
嘉佑編勅	三〇	一八三四	同	同七年四月
嘉祐審官院編勅	一五		王珪等	同
在京諸司務庫條式	一三〇		同	英宗治平二年六月
●熙甯編勅	二六		王安石等	神宗熙甯六年八月
編修三司勅式	四〇〇		同	同七年三月
諸司勅式	四〇		同	同九年九月
諸司勅令格式	一二		同	同十年二月
熙甯祥定刑部勅	一		范鏜	同十年十二月
詳定軍馬司勅	五		吳充等	同九年十二月
禮房條例	一三		李承之等	同八年二月
新修審官西院條貫	一〇		沈立	熙甯中
新編大宗正司勅	八			同
新定諸軍直祿令	二			同
將作監式	五		曾肇	同
八路勅	一		蒲宗孟	同
熙甯新定孝贈式	一五		章惇等	同

熙甯新定節式	二	同	同
熙甯新定時服式	六	同	同
熙甯新定皇親祿令	一〇	同	同
司農寺敕	一	同	同
熙甯將官敕	一	同	同
●熙甯帝平敕	三〇		同
熙甯詳定軍馬敕	五	吳充等	同
熙甯詳定諸色人廚料式	一	沈括等	同
熙甯新修凡女道士給賜式	一	同	同
熙甯葬式	五五	張叙等	同
熙甯五路義勇保甲敕（又總例）	六	張誠一等	同
學士院等處敕式	一二	同	同
御書院敕令式	二	同	同
●熙甯貢舉敕	二		同
熙甯開封府界保甲敕	二	許將等	同
●熙甯八路差官敕	一		同
元豐諸司敕式		安燾等	神宗元豐二年六月
●司農敕令式	一五	司農寺	同二年九月
●元豐敕令式	七一	崔台符等	同七年
元豐修正敕令格式	二〇〇六	修勅局	元豐中
●元豐廣案	二〇〇		同
元祐新定在京人從敕式三等		沈希顏	同

元豐新修國子監大學小學之新格及令	一三	李定等	同
●元豐江湖鹽令敕	六		同
武學敕令格式	一		同
明堂赦條	一		同
新修尚書吏部式	三	曾伉	同
元豐將官敕	一二	蔡碩	同
貢舉醫局龍圖天章寶文閣等敕令儀式	四一〇	同	同
宗室及外臣葬敕令式	九二		同
皇親祿令及釐條敕式	三四〇		同
提舉市易司敕令并釐正看詳	二一	吳雍都	同
部條	一九		同
●元祐敕令格式	五六	蘇頌等	哲宗元祐二年十二月
六曹條貫及看詳	三六九四冊		元祐中
元祐諸司市務敕令格式	二〇六冊		同
●元祐貢舉敕	三		同
六曹敕令格式	一〇〇〇		同
樞密院條及看詳	五〇		同
●元符敕令格式	一三二		哲宗元符中
紹聖續修武學敕令格式看詳并淨條	一八冊		徽宗建中靖國元年
紹聖續修律學敕令格式看詳并淨條	一二冊		同
諸路州縣敕令格式并一時指揮	一三冊		徽宗崇甯中
諸路將官通用敕	二〇		同

國子監勅令格式	一四	同	同年十月
大學勅令格式	一四	同	同
武學勅令格式	二〇	同	同
律學勅令格式	一〇	同	同
小學令格	二	同	同
●重修貢舉勅令格式	四五	萬俟卨	同廿六年十二月
紹舉重修吏部勅令格式	一〇二	朱勝非等	紹興中
紹興重修常平免役勅令格式	五四	秦檜等	同
紹興參附尙書吏部勅令格式	七〇	陳康伯等	同
乾道重修勅令格式	一二二	虞允文等	孝宗乾道四年十一月
紹興申明刑統			孝宗淳熙十一年
淳熙條法樞要		潘霦等	同三年十月
淳熙條法事類	四二〇		同七年五月
淳熙重修勅令格式及隨勅申明	二四八		同三年三月
淳熙吏部條法總類	四〇		同
●慶元重修勅令格式及隨勅申明	二五六	京鏜等	甯宗慶元二年二月
役法撮要	一八九		慶元六年
慶元條法事類	四三七	同	甯宗嘉泰二年八月
開禧重修吏部七司勅令格式申明	三二三		甯宗開禧元年
嘉定編修百司吏職補授法	一三三		甯宗嘉定六年三月
嘉定編修吏部條法總類	五〇		同
淳祐條法事類	四三〇		理宗淳祐十一年四月

（說明）右表所據（一）宋史刑法志（二）宋史藝文志史部刑法類（三）文獻通考經籍考史部刑法類（四）明焦竑國史經籍志其加●識於首者焦書所著錄至明末猶存者也

由此觀之則宋代成文法之汗牛充棟實有足驚者宋末之亂蕩去者當不少而元初修宋史其粲然具備也尙若此直至焦弱侯時其所及見者猶不下四十種逮本朝修明史藝文志修四庫書目則已竟無一卷之著錄豈明末之亂盡成灰燼耶抑尙有之而屏勿錄耶嗚呼使以上諸書有一二種流存於人間則其裨補於律學之研究者固不淺尠耳

宋代成文法雖多然大率編輯詔勅以成其眞可稱爲立法事業者惟神宗時代耳宋史刑法志云「神宗以律不足以周事情凡律所不載者一斷以勅乃更其目曰敕令格式而律恆存乎敕之外熙甯初置局修敕詔中外言法不便者集議更定擇其可采者賞之元豐中始成書二千有六卷復下二府參訂然後頒行帝留意法令每有司進擬多所是正嘗謂法出於道人能體道則立法足以盡事又曰禁於未然之謂敕禁於已然之謂令設於此以待彼之謂格使彼效此之謂式修書者要當識此於是凡入笞杖徒流死自名刑以下至斷獄十有二門麗刑名輕重者皆爲敕自品官以下至斷獄三十五門約束禁止者皆爲令命官之等十有七吏庶人之賞等七十有七又有倍全分厘之級凡五等有等級高下者皆爲格表奏章籍關牒符檄之類凡五卷有體制模楷者皆爲式」由此觀之則宋代法典之性質略可推見焉其敕即前代之律專屬於刑法者也其令與格則一般之法律不屬於刑法者也其式則判決例等附焉而神宗時所編纂者起熙甯初迄元豐中前後凡亘十有餘年（熙甯凡十年元豐凡八年）而其書裒然爲二千餘卷實可稱上凌千代橫絕五洲最龐大之法典也天喪斯文無一字傳於今日惜哉（案此

法典編纂之沿革及其卷數惟見於刑法志而宋史藝文志及文獻通考皆不箸錄可謂咄咄怪事謂未成之業耶而刑法志固明言頒行矣豈此書爲總名而前表所列熙甯元豐間各種勅令格式凡四十餘種者卽其一部分耶

宋代法典旣無一傳於今者故其內容不可考見惟據存目以推度之其特色有三

（一）前代偏重一般法宋則多有局部法　如一州一縣一司一路法等是也

（二）前代偏重普通法宋則多有特別法　如關於皇族關於將官關於在京人多爲特別之規定是也

（三）前代偏重刑法宋則多有刑法以外之法　前表所列多屬於行政法之範圍熙甯元豐間尤多

終宋之世殆無歲不從事於編纂法典之業此又其與前代異者也就此事論之則亦得失參半其所得者則能使法律常與社會現象相應不至成爲紙上殭石其所失者則根本法屢動搖民無所適從而吏且得因緣爲姦也

第八章　明清之成文法

本章資料取材於日本博士織田萬著清國行政法者十而三四不敢掠美謹註明

今世現行成文法其大體殆全襲前明故明清兩代當合論之

（一）刑法　明太祖平武昌卽議律令吳元年命左丞相李善長爲律令總裁官楊憲劉基陶安等二十人爲議律官遂撰令一百四十五條律二百八十五條又命大理卿周楨等取所定律令類聚成編訓釋其義名曰律令直解及洪武六年詔刑部尚書劉惟謙定大明律篇目一依唐律而增爲六百有六條二十二年復取比年所增以類附入成四十卷卽今所傳之大明律是也其篇目如左

名律例一卷四十七條

吏律二卷職制十五條　公式十八條

戶律七卷戶役十五條　田宅十一條　婚姻十八條　倉庫二十四條　課程十九條　錢債三條　市廛五條

禮律二卷祭祀六條　儀制二十條

兵律五卷宮衞十九條　軍政二十條　關津七條　廐牧十一條　郵驛十八條

刑律十一卷盜賊二十八條　人命二十條　鬬毆二十二條　罵詈八條　訴訟十二條　受贓十一條　詐僞十二條　犯姦十條　雜犯十一條　捕亡八條　斷獄二十九條

工律二卷營造九條　河防四條

其名例律所規定者。與近世諸國之刑法總則相當。如刑之適用。刑之加減。與夫恩典赦免數罪俱發等具焉。其吏律所規定。則官吏懲戒法也。其戶律所規定。則淆亂戶籍罪怠納租稅罪違反度量衡罪等具焉。其禮律所規定。則上自皇室。下至百官之婚嫁喪葬等規則具焉。其兵律所規定。則如各國之海陸軍刑法也。其刑律所規定。則强盜竊盜殺人傷人毆打罵詈詐僞猥褻逃亡放火失火等諸科罪法具焉。即各國刑法之大部分也。其工律所規定。則決水及破毀營造物諸罪具焉。各國所謂普通刑法特別刑法。揉雜而成。此其內容之大概也。

淸代凡百皆因明舊。順治三年。命吳達海等譯明律。參以滿制。爲大淸律十卷頒之。雍正三年復頒大淸律集解三十卷。乾隆五年。大淸律例成。以例爲一種法典之名自茲始。律與例性質之差別如下。

（光緒四年應寶時撰增修律例統纂集成序）漢自蕭相國採摭秦法。作律九章。此律之名所由始。而後人申言之曰。例者則王制之所謂比也。比則察其小大而獄之輕重判焉。

（道光三年吳廷深撰新增律例統纂集成序）其曰例者。王制之所謂比是也。古者獄辭之成。必察小大之比。律尚簡而例獨尚繁。非簡不足以統宗。非繁不足以徵引。

（同治六年王凱奏撰重修律例統纂集序）是故斷法有律。而準情有例。律守一定。而例則因時爲變通。

（道光六年祁塤撰新修律例統纂集成序）律一成而不易。例則逐年增刪。五年一小修。又五年一大修。通行天下。俾知遵守。故律文自雍正年刪改增併。合爲四百三十六門。至今仍循其舊。條例世輕世重。因時地而酌量變通。增纂刪改。款目繁多。

（道光九年常德撰增修律例統纂集成序）律猶日星。懸諸天壤而不可易。例則如纏度次舍之運行。或日易焉。或歲易焉。故天道五歲而一祧。星家於是有置閏之法。律例亦五歲而一輯。法家於是有增修之文。

由是觀之。律者永久不變之根本法也。例者隨時變通之細目法也。其在明代。永樂間嘗詔法司問囚。一依大明律擬議。毋妄引榜文條例爲深文。成化元年。又令讞囚者一依正律。盡革所有條例。十三年。刑官復上言。洪武末定大明律。後列聖因時推廣之而有例。例以輔律。非以破律也。（俱見明史刑法志）然則律與例之關係。殆如今世各國法律與命令之關係。不得以例破律。猶不得以命令變更法律也。雖然律者一成而萬古不易者也。其與時勢之推移。不能相應。此無如何者也。而條例則世輕世重。準社會現象以爲衡。故條例所定。自難保無與律相矛盾。以近時法理論之。司法官祇能用法。不能制法。故判決例萬不能認爲法律。（若判決例經國家採用承認編入成文法中者則已爲律而非復爲律矣）雖然。在古代立法機關未備。裁判官於裁判之際。得以己意所推條理。變更補正成法者。往往而有。我國之條例。實屬於此種。英人米因氏所謂「判事制定法」也。故明史刑法志又云『自成化以後。律例並行。而弘治萬歷間。屢次欽定條例』蓋與律有同一之效力矣。及乾隆定大淸律例。始以例與律並列。而嘉慶續修會典卷四十一云。『有例則置其律例新有者則置其故者』又云『斷獄者當以改定之例爲準不必拘泥律文』又刑案匯覽卷十四云『査律乃一成不易例則隨時變通故有律本輕而例加重者亦有律本重而例改輕者』然則非徒可以例破律。而律與例有相矛盾者。且適用例而不適用律矣。故我國現行律例之性質。蓋如各國舊法律與新法律之關係。（舊法律與新法律牴觸者則以新法易舊法）非如各國法律與命令之關係也。（不得以命令變更法律）故就律之一方面論之。今律可云卽唐律之舊。亦卽魏晉律之舊。亦卽蕭何李悝之舊。試列其篇目之分類比較之。

法經	具法						盜法　賊法	
蕭何律	具律			戶律	廐律	興律	盜律　賊律	
晉律	刑名　法律	宮衞	違制	戶律	廐牧	興律	盜律　賊律	
唐律	名律	衞禁	違制	戶婚	廐庫	擅興	賊盜	門訟
明清律	名例	宮衞	職制	戶役　婚姻	廐牧　倉庫	軍政	賊盜	門毆　訴訟

四庫書目提要史部政書類唐律疏義條下云『凡唐律篇目今所沿用者有名例職制賊盜詐僞雜犯捕亡斷獄諸門其唐律合而今分者如戶婚爲戶役婚姻廐庫爲倉庫廐牧門訟爲門毆訴訟諸門其名稍異而實同如衞禁爲宮衞擅興爲軍政諸門其分析類附者如關津留難諸條唐律入衞禁今析入關津乘與服御牧事應奏不奏驛使稽程以財行求諸條唐律俱入職制今分析入體律之儀制吏律之公式兵律之郵驛刑律之受贓謀殺人諸條唐律入盜賊今悉入人命毆罵祖父母父母諸條唐律並入門訟今析爲兩條分入門毆罵詈又姦罪市司平物價盜決隄防毀大祀丘壇盜食田園瓜果諸條唐律俱入雜律今分析入刑律之犯姦戶律之市廛田宅工律之河防禮律之祭祀』此以唐律與今律比較言其淵源所自出最爲分明蓋今律十之七八本諸唐律矣

	雜法	捕法	囚法										
	雜律	捕律	囚律										
詐偽	雜律	捕律	囚律	毀亡 告劾 繫訊	請賕	水火 諸侯	關市						
詐偽	雜律	捕亡	斷獄										
詐偽	雜犯	捕亡	斷獄		受贓		市廛 關津	祭祀 儀制	公式 田宅	錢債 課程	郵驛 人命	罵詈 犯姦	營造 河防

此以言夫律也。若夫例，則自乾隆間定章五年一纂修，雖未嘗爲嚴格的實行，而自嘉慶以來，續纂修改，既已不少。今列其目。

嘉慶六年　纂修

十一年　纂修

十九年　修改

廿五年　修纂

道光元年　修改續纂纂修

五年　續纂

六年　修改

十年　修改續纂

十年　修改纂修

十九年　修改

二十年　修改續纂

廿一年　續纂

廿五年　續纂

廿六年　修改

咸豐二年　修改續纂纂修

同治十二年　修改續纂

歷次纂修條例告竣請進呈表文皆云「臣等悉心參考分爲修改修併移改續纂刪除各名目開列本例之首粘貼黃簽並於本條之下逐條加具按語分晰陳明」有原例者先列原例於前次列現修新例於後云云」是其纂修之體裁大略分爲五種一修改將原例條文略加正者也二修併將原例二條以上合爲一條者也三移改將原例條文移易其類屬位置者也四續纂原例所無而新增入者也五刪除原例所有而刪去者也又律例增修統纂集成凡例云「凡各省條奏及咨請部示準駁供刑部隨案修改例文應纂爲例」是條例之淵源全出於判決時所推條理也

夫例既能與社會新現象相應，而其性質復與律有同一之效力，且律例牴觸，而所適用者在例不在律，則律雖有根本法之虛名，而其中一大部分已成殭石，今日法廷最優之勢力實判例之勢力也，卽米因氏所謂判事制定法也，我國所以當二千年後之今日而猶得使行用李悝之法者以此，我國法律之性質所以不明瞭，而其效力所以不强固者亦以此。

(二)行政法

自唐六典既頒以後，歷代相沿，如元典章明會典，乃至現行之大淸會典，咸汲其流，於是我國有二大法典，所謂律者，卽刑法也，所謂會典者，卽行政法也，而明淸兩代之會典，實並律之所規定者而悉收容於其間，故會典之與律例，實爲全部法與一部法之關係，故研究會典之性質，實重要中之重要也。

明孝宗弘治十五年，修大明會典，成，武宗正德五年，修正刊布，其書取則於唐六典，以官職爲綱，以各部所屬法規彙載於下，凡百八十卷，今述其編目。

卷百四十七至卷百六十三……工部

卷百六十四至卷百六十六……都察院

卷百六十七至卷百八十……通政司等

六部所占凡百六十餘卷。一切法規。悉網羅於此間。其餘諸卷。不過列官名與職掌。如漢官儀歷代職官志等而已。今以六典所屬之法規。與日本法規名目相比較。則吏部條下凡官吏任用令。俸給令。懲戒令。官吏服務規則等。在焉。戶部條下凡戶籍法。地租條例。各種稅法等在焉。兵部條下凡關於軍事及交通之法規等在焉。工部條下。凡河川法及工事營造規則在焉。刑部條下。則大明律全文悉載之。實明代最詳博完備之成典也。

清代自康熙二十三年。始仿明故事。從事於會典之編纂。二十九年頒布之。其後雍正十年續修。乾隆二十九年。第三次續修。嘉慶十八年。第四次續修。（皆舉頒布之年）即現行之大清會典是也。康熙本為百六十卷。（雍正本同）乾隆本刪為百卷。今本復刪為八十卷。蓋康雍間事屬草創。且纂修官分任各門。殊缺統一。故不免枝蔓複沓。迨乾隆而體例始完。及嘉慶中葉。距成書時殆六十年。其重要之事例。新發生者不少。故有續纂之舉。最後則同治十二年發議為第五次續修。開館二十餘年。草案將成。經團匪之亂。悉罹兵燹。是以至今不就。此大清會典編纂沿革之大概也。

乾隆欽定大清會典凡例曰。『以典章會要為義。所載必經久常行之制。茲編於國家大經大法。官司所守。朝野所遵。皆總括綱要。勒為完書。』其於會典二字之定義。及會典全書之性質。言之無餘蘊矣。蓋大清會典中。舉凡大清會典及其他成文不文法。罔不包舉。而所尤注重者。則行政機關之組織權限及事務之準則。嚴密規定。日本織田萬氏謂現今各國除葡萄牙外無一國焉有專編之行政法典其最浩博之行政法惟我現行之大清會典非虛言也織田氏謂歐洲諸國所以無行政法典者一因其行政法之性質不便於編於法典二因研究未充實不能立一定不變之準則而我國則立於此通例以外故行政法典早發達云會典既爲經久常行之大法是則所謂根本法也根本法固不可屢動搖故乾隆本凡例又云『嗣後如有因時損益之處其畸零節目止於則例內增改既有關大體者亦止刊補一二條無煩全書更動庶一勞永逸以便遵循』是其尊重根本法之精神略可推見然社會現象推移終非可以一成不變之法而適用於永久也於是乎於會典之外復有則例會典其大綱法而則例其細目法也行政法之以例輔典猶刑法之以例輔律也我國古代編纂成文法之事業雖極盛大然大率捃摭先例以成其發達約如近世之國際法國際法純以先例爲主其嚴定法與例之區別者實自清代始乾隆御製會典序云『嚮者發凡排纂率用原議舊儀連篇並載是典與例無辨也夫例可通典不可變今將緣典而傳例後或摭例以淆典其可乎於是區會典則例各爲之部而輔以行』又凡例云『以典爲綱以則爲目庶詳略有體』觀於此則會典與則例之性質較然甚明織田博士曰『二者之差異及關係恰如近世立憲國家憲法之與法律』雖比擬不倫而不得謂無相類之點也其關係既已若是以法理論之則例宜不得與典矛盾苟有矛盾則其例當不適用雖然事實上乃正與之相反典例異趨數見不鮮而當其例未經採以入典變更典文之時則例行而典之効力且中止焉此實我國特別之理論而非可以普通理繩之者也

如是則則例之性質及其編纂法不可不更置一言則例者施行大清會典時所起之實例也凡行政官當執行政務時每生疑義則或陳其委曲或自擬辦法經長官以請於中央政府由所屬之部審議奏聞得旨施行乃著

爲例其性質與各國之法律經君主裁可公布者無以異且其例非徒約束行政官吏而已即對於一般人民亦生效力此實一種之成文法而非可以尋常之慣習先例目之者也則例之對於典與條例之對於律其關係全相同雖然有一異焉條例與律合爲一法典稱之曰律例非有二書也則例之與會典其在乾隆前每將例之重大者編入典中體裁雖一如律例及嘉慶續修時其編纂法大加改良於大淸會典八十卷外別有所謂大淸會典事例者九百二十卷同時發布而會典事例名實皆爲例而不爲典純然爲獨立之一種成文法此其與刑法上律例之異點也

則例之編纂各部皆有定期欽定吏部則例奏疏云『各部則例每十年奏請纂修』欽定戶部則例云『嗣是五年一修如刑部律例館之例』是其編纂渺有定期而各部非必畫一雖然中經多故斯舉亦非實行同治十二年纂修吏部則例奏疏云『查臣部自道光十九年奏明續修別例至二十三年修竣以後迄今三十年之久』然則其不遵依定期甚明而近數十年來此業益付諸等閑蹉跎不舉又衆所共見矣

則例之種類可大別之爲一般則例特別則例之二種今略舉其目

(甲)一般則例
- 大淸會典則例
- 大淸會典事例
- 吏部則例
- 戶部則例
- 禮部則例
- 工部則例

刑部無專屬本部之則例蓋刑部所宜規定者不外刑律之適用而凡此皆入條例之部分不入則例之部分也兵部亦無專屬本部之則例其理由未詳

（乙）特別則例
- 賦役全書
- 督捕則例
- 中樞政考
- 八旗則例
- 學政全書
- 物料估價則例
- 六部處分則例
- 戶部漕運全書
- 大淸通禮

通禮及服役全書學政全書漕運全書等雖無則例之名實亦一種之則例也六部處分則例與日本之官吏懲戒令相當故屬於特別則例非屬於一般則例也

第九章　成文法之淵源

我國歷代相傳及現行之成文法裒然巨帙充棟汗牛求其所自出之淵源蛛絲馬跡粲然可見今條舉之

一曰慣習　各國法律之大部分無不從承認慣習而來故在英國有 Common Law 之名卽慣習法而英人所最尊者也此其義舉凡法學家言之已詳今不複述而我國古今之立法家亦不能外此公例者也且我國儒家言素崇信自然法而謂自然法出於天天之代表爲人民總意於是以人民總意爲立法之標準故曰因其風不易其俗齊其政不易其宜後世立法家本此精神以因應一切故我國之重視慣習視他國爲尤甚其承認慣習以爲法律者必甚多自無待言

二曰君主之詔勅　我國數千年爲君主專制國其法律惟采單純的之命令主義舉凡君主下一詔勅其効力直普及於國內書之典謨訓誥誓命皆當時及後世所尊爲大經大法也而除謨以外皆屬於君主詔敕自漢

以後則『前主所是著爲律。後主所是疏爲令。』（史記酷吏傳引杜周語）益成爲一般國民之理想。故一切法文。其采集詔勅而成者十而八九。至宋代則竟以勅代律。並其名而異之矣。（唐代有律令格式四種。宋代改爲勅令格式。律之語源有平均中正爲事物標準之意。勅令語源則詔戒而已。說文文部敕下云誡也。言部誡下云敕也。）故宋之法典。什九以編敕爲名。詔敕與法律幾同體而不可分矣。

夫謂詔敕與法律同物。此近世法理所決不許也。雖然。無論何國之法律。必待主權者之裁可公布而始生效力。然則法律與主權者。本有不可離之關係甚明。而況乎在君主專制國。以「朕卽國家」之主義爲原則。法律既爲國家意志之作用。則君主意志卽爲法律。又理論上之一貫者也。徵諸吾國。卽世界所共尊之羅馬法律全典 Corpus Tnris Civils 合三種而成。其第一種曰「哥狄士」Codex 卽編纂巴特連奴帝 Patrianns 以後諸帝之命令。其後續頒新典名曰「那威爾」Norelle 則亦編纂周士的尼安奴帝 Tustinnianus 三十年間所發之命令也。此亦與宋代之編敕無異矣。

然詔敕非一切與法律有同一之效力。其詔敕不含有立法之性質者無論矣。卽含有立法之性質者。亦必經君主再度承認。或後之君主承認。以法律之形勢公布之。然後永久之效力乃始發生。宋史刑法志記『宋仁宗嘗問輔臣曰。或謂先朝詔令不可輕改。信然乎。王曾曰。咸平所刪太宗詔令十存一二。何爲不可。於是詔天下言敕得失。』是詔敕之不經再度承認未成爲法律之形式者。可以無效也。晉書刑法志亦稱『晉武帝修律。其權設之法不入律。悉以爲令。違令有罪則入律。』是卽經再度承認者。苟不以法律之形式布之。則其效力與法律仍有差別也。故君主之詔敕。謂爲法律大部分之淵源則可。直謂之爲法律。猶不可也。

三曰先例　所謂比。所謂故事。所謂章程。所謂品式。所謂格式。所謂條例。所謂事例。所謂則例。皆先例也。先例經主權者承認。即變爲法律。其慣習條理學說等。大率皆先經採用。成爲先例。復由先例間接以變爲法律。此各國所同。我國亦如是。

四曰學說　採學說以爲法律。實助長法律之進步最有力者也。羅馬法所以能爲法界宗主者。其所採之學說多而所含之學理富也。我國數千年來。可稱爲純粹之法律上學說者甚希。雖然。我國有支配人心最有力之一物焉。曰經義。經義者實一種尊無與尚之學說。後世一切之公私行爲。動引爲準則。而於立法事業。亦有影響也。漢初儒者。每引春秋及其他經義折獄。隨即成爲判決例。以供來者之比附。其見於史中者。歷歷可考見。至東晉元帝時。主簿熊遠奏猶言凡爲駁議者。若違律令節度。當合經傳及前比故事。又云諸立議者皆當引律令經傳。（俱見晉書刑法志）又元魏眞君時。以有司斷法不平。詔諸疑獄皆付中書依經義論決。（見通典卷一六四）然則視經傳與律令有同一之効力。至晉六朝間猶然矣。夫歷代固未聞有采經傳之文以制法律者。然法官引經義以判事。遂成爲判決例。而判決例旋被采擇以入法文。則間接而變爲法律者。往往有焉矣。及漢末而大儒叔孫宣郭令卿馬融鄭玄各爲漢律章句數十萬言。魏明帝時。遂採鄭氏說以入律。晉武帝時。又以魏律專用鄭氏。失諸偏黨。復廣採諸家。是國家承認學說爲法律。信而有徵者。魏晉以還。儒者讀書不讀律。學說闕如。於是立法家所憑籍之淵源。失其一種矣。

五曰外國法　今世各國現行法律。多取材於異國。其繼受他國之法系者無論矣。（如歐洲大陸國繼受羅馬法系。美國繼受英國法系。日本前此繼受我國法系。近今繼受羅馬英國兩法系之類）即一法系中所屬之國。亦未嘗不互相師法。棄短取長。雖謂今世各國法律無一國不雜外國法焉可也。我國數千年自成一固有獨立之法系。除最近所發表之商法訴訟法外。未嘗一與他法系交通於此而謂我國法律之淵源有出自法國者其誰信之雖然最初之刑法傳自苗族苗族與我本爲異國然則充類言之雖謂我爲繼受九黎法系亦未始不可及李悝著法經其時諸國並立悝以魏人而兼採六國法是外國法可以爲立法淵源之一原則在成文法鼻祖之李悝已承認之及至元魏定麟趾格間羼入東胡舊制隨承周舊唐律因之其間是否全無魏法之分子蓋難言矣然則謂外國法爲我法律一種之淵源亦不爲過

第十章　成文法之公布

日本人動引孔子民可使由之不可使知之二語以相詆諆謂我國法律取神祕主義不與民以共見此實瞽說也在昔羅馬貴族專政故神祕其法律利用平民無法律知識得以肆其蹂躪其後見迫乃制定十二銅表之法在昔希臘暴主有名狄阿西尼亞者每發一令懸諸數十丈之柱頭使民不能讀而因以罔民此歐西野蠻之舊則有之而我國自古不如是也其在書胤征曰『孟春之月遒人以木鐸徇於路』其在周禮秋官大司寇曰『正月之吉始和布刑於邦國都鄙乃縣刑象之法於象魏使萬民觀刑象挾日而斂之』（五官之長文略同）天官小宰曰『正歲帥治官之屬而觀治象之法徇以木鐸曰不用法者國有常刑』（小司徒小司寇文略同）地官州長曰『正月之吉各屬其州之民而讀法若以歲時祭祀州社則屬民而讀法亦如之』地官黨正曰『四時之孟月則屬民而讀邦法以糾戒之』地官族師曰『月吉則屬民而讀邦法』地官閭胥曰『凡春秋之祭祀役政喪紀之數聚衆庶既比則讀法』秋官士師曰『正歲帥其屬而憲禁於國中』秋官訝士曰『凡邦之大事聚衆庶則讀其誓

禁。』秋官布憲曰。『掌憲邦之刑禁。正月之吉。執旌節以宣布於四方。而憲邦之刑禁。以詰四方邦國。及其都鄙。達於四海。』使周禮而非僞書。則我國古代於法典之公布。視爲一重大之事甚明。夷考其公布之方法有三。

一曰揭示法　所謂懸法象魏者是也。羅馬十二銅表建諸公園。使民共見。正用此法。

二曰口達法　所謂徇以木鐸者是也。法蘭西第一共和時所頒憲法。使人鳴喇叭走市中而誦其條文。正用此法。

三曰牒達法　布憲職所掌是也。由中央政府頒法於地方所用之方法也。近日各國通行法。以公文或官報到達日生効力。正用此法。

然則當時公布法之完備也如此。不寧惟是。其各地方鄉官。常屬民讀法。歲有定期。凡此皆懼民之不知法。設種種方術以使之周知者也。

管子首憲篇云。『正月之朔。布憲法於國。五鄉之師。五屬大夫。皆受憲法大史。（中略）遂於鄉官。致於鄉屬。及於游宗。皆受憲。』是亦言公布法典之次第也。商君書定分篇云。『公問於公孫鞅曰。法令之當時立之者。明旦欲使天下之吏民皆明知而用之。奈何。公孫鞅曰。爲法令置官置吏。（中略）諸官吏及民有欲問法令之所謂也。（案謂欲問法之所言者爲何也）於主法令之吏。皆各以其故明告之。』是商君以使人人知法令之所謂。爲極要之政策。而司法官對於人民。有說明法律性質之責任也。漢代法律。其公布之跡。雖不可考見。然以當時印刷術未興。民間於一切文籍。皆傳鈔不易。而注律者猶十餘家。家數十萬言。則其成典之普及於民間。殆可推見。迨普編新律成。特於太始四年元旦大赦天下。以頒新律。其所以鄭重之者至矣。六朝迄隋。皆循斯例。唐則以貞觀十一年頒唐律。永徽初頒律疏。

開元二十五年撰格式律令事類四十卷詔於尚書都省寫五十本散於天下自茲以往歷代每制一法無不公布成例相沿不遑枚舉而其所以編纂及公布之意無非欲使舉國人民悉知法律今略述歷朝建議之言

（唐高宗永徽中趙曦奏）立法者貴乎人人盡知則天下不敢犯耳何必飾其文義簡其科條哉夫科條省則下人難知文義深則法吏得便（中略）臣請律令格式復更刊定其科條言罪直書其事無假文飾使愚夫愚婦聞之必悟

（周世宗顯德四年中書門下奏）（前略）律令則文辭古質看覽者難以詳明格勅則條目繁多檢閱者或有疑誤（中略）方屬盛明之運宜伸畫一之規所冀民不陷刑吏知所守（下略）

（明洪武十二年諭）律令之設所以使人不犯法田野之民豈能悉曉其意爾等前所定律令凡民間所行事宜類聚成編直解其義頒之郡縣使民家諭戶曉焉

由此觀之我國數千年來皆執法律公布主義且以使人民有法律智識為國家之一義務其事甚明其間惟金代曾禁收藏制書謂恐滋告訐之弊實為二千年來我族所未嘗行之虐政然以不孚輿論禁亦旋弛（金史張汝霖傳云舊禁民開收藏制文恐滋告訐汝霖言昔子產鑄刑書叔向譏之者蓋不欲使民預測其輕重也今著不刊之典使民曉然知之猶江河之易避而難犯足以輔治不禁為便詔從之）近今如會典律例諸大法典每撰成隨即頒布而其餘各種單行法令亦以京報發表之近世各國公布成文法之方法每登載揭示於官報法人馬伊耶士謂此法由我國最初發明良不誣也

且歷朝尚有以律學課士之制秦時命欲學法令者以吏為師漢建初八年詔書辟士四科其第二科曰明曉法律足以決疑魏文帝時衞覬請置律博士轉相教授從之唐制科目有明法一科宋初有刑法科詔法寺主判官諸路監司奏舉京朝官選人兩考者上等進秩補法官仁宗天聖四年復置律學設教授四員公試習律令生員義三道斷案生員一道刑名五事至七事私試義二道案一道刑名五事至三事及元明以後制科純用八股然

明試舉子第二場猶作判五條蓋亦獎厲讀律之意也凡此掌故本不足爲律學輕重然此可見我國法律本期與民共見而決非日本人所譏爲取神祕主義云云也

第十一章　前此成文法之闕點

以上所列於我國成文法編纂之歷史雖不能具然大略可覩矣夫吾所以絮絮數萬言臚陳故實者非爲陳死人校功罪毋亦鑑往知來思爲今後立法事業有所補助也今欲語將來之方針請先論前此之闕點

一　法律之種類不備

近今學者言法律之分類其說雖不一而最普通者則大別爲公法私法之兩種公法者所以規定國之組織及國與人民之關係國與國之關係者也私法者所以規定人民相互之關係及甲國人與乙國人之關係者也（公法私法之界說學者言人人殊今所徵引者日本梅謙次郎氏民法原理之說也）公法之中有規定國家之根本的組織者是名憲法有規定行政機關及其活動之規律者是爲行政法有爲國家自衛起見科刑罰於犯法之人者是爲刑法兩獨立國之間互定其法律關係者是爲國際公法私法之中有規定一般私人間之權利義務者是爲民法或於民法中別取其關於商人商事者爲特別法以詳定之是爲商法有規定甲國私人與乙國私人間之權利義務者是爲國際私法法律分類之大概如是今以我國歷代遺傳及今日現行之成文法按之

私法
- 民法……無（但一部分屬戶部）
- 商法……無（但一部分屬戶部）

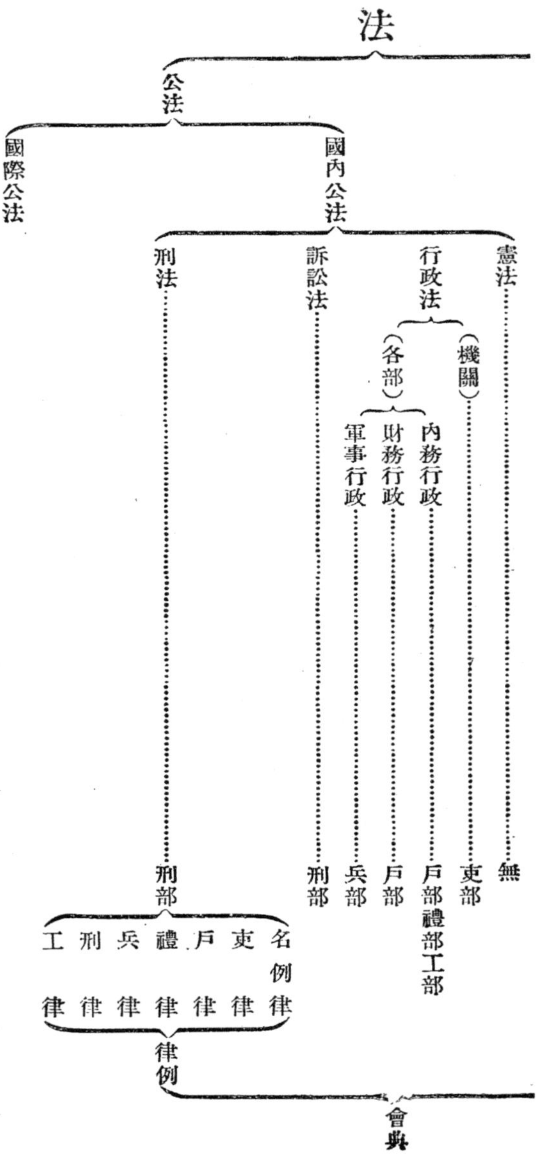

（附言）右表本於日本淺井虎夫見史學雜誌第十四卷第八號。其比附本不能十分正確。因彼我異形。有非可擬倫者也。姑錄之以備參考。

我國法律界最不幸者。則私法部分全付闕如之一事也。羅馬法所以能依被千禩。擅世界第一流法系之名譽者。其優秀之點不一。而最有價值者。則私法之完備是也。（其中債權法尤極完備。今世各國殆全體繼受之）故當近世之初。所謂文學復興時代者。羅馬法之研究。自其時始啓端緒。而近世之文明。即於玆導源焉。其影響之大如此。近世各國法律。不取義務本位說。而取權利本位說。實羅馬法之感化力致之。夫既以權利爲法律之本位。則法律者。非徒以爲限制人民自由之用，而實以爲保障人民自由之用，而人民之樂有法律且尊重法律也，自不期然而然。此原理變遷之間，其關係不亦重乎。我國法律之發達，垂三千年，法典之文，萬牛可汗，而關於私法之規定，殆絕無之。夫我國素賤商，商法之不別定，無足怪者。若乃普通之民法，據常理論之，則以數千年文明之社會，其所以相結合相維持之規律，宜極詳備。乃至今日，而所恃以相安者，仍屬不文之慣習，而歷代主權者，卒未嘗爲一專典以規定之。其散見於戶律戶典者，亦羅羅淸疏，曾不足以資保障，此實咄咄怪事也。吾推原其故：(一)由君主專制政體，亘數千年未嘗一變。彼羅馬法律，雖大成於帝政時代，然實積共和時代之慣習法而來，故其法含有共和的精神。我國自戰國以前，未脫酋長政治之史域，其後遂變爲帝政，以迄今日，故法律純爲命令的原素，而絲毫不含有合議的原素，其於一般私人之痛癢，熟視無覩焉，亦固其所。(二)由於學派之偏畸。我國自漢以後，以儒教爲國教，然儒教固取德治主義、禮治主義，而蔑視法治主義，故言法者殆見屛於儒家之外。法家言於他方面雖不復有勢力，而在法律界仍以商韓爲不祧之宗。夫儒家固常以保護私人利益爲國家之天職者也，使純采儒家所持主義以立法，則私法之部分，其必不至視同無物。無奈儒家言惟置重社會制裁力，而於國家之强制執行，不甚視爲重要，其根本概念，與法治不能相容，故不得不任法家言占優勝之地位於法律界。而法家言則祇知有國家自身之利益，（純粹之法家言，本以國家之利益爲標準，其後君主即國家之理想深入人心，於是更趨於君主之利益矣。）而搆成國家之分子（即人民）之利益，在所不計。儒法兩派，不能調和，此所以法令雖如牛毛，而民法竟如麟角也。此實我文明進退稍長之一關鍵，不可不深察也。

次所遺憾者，則關於國家根本組織之憲法，未能成立也。夫憲法屬於最近世之產物，吾國前此之無之，固不足怪。雖然。苟無此物。則終不足以進於法治國。何也。此爲根本法。無之則一切法無所附麗。無所保障也。英人布黎士頓 Preston 嘗有「淸帝國憲法」之一論文。Constitutional Law of the Chinese Empire 介紹大淸會典一書。謂其爲永久不變之大法。與憲法相類。而日本織田萬氏亦言會典與則例之關係。恰如立憲國憲法與法律之關係。雖然。此擬不於倫也。夫各國所謂憲法者。雖程度高下各有不同。然其內容大率分三大部。一曰國家組織之方法。二曰國家機關活動之規律。三曰國家分子對於國家之權利義務。三者缺一。不得謂憲法。而會典則惟有第二項。其第一第三項皆無有也。且憲法爲國家之根本法。一切法律不得與憲法法文及法文所含之精神相觸背。而會典之効力。反往往得以則例停止之也。故會典與憲法異者。非徒在程度問題。而實性質問題也。

二　法律之固定性太過。

法律之有固定性靜止性。其本質然也。雖然。法律以適於社會之需要爲貴。而社會之進步變遷。瞬息未嘗停止者也。以固定靜止之無機的法律。而遇瞬息變遷之有機的社會。然則法律之形質。與社會之實況。常日趨於相離。此自然之勢也。故法律不成文則已。既已成文。則無論若何敏捷之立法家。總不能使法律與社會適相應。而無一毫之隔膜。蓋社會變態之速且幻。終非有文句之法律所能追及也。英國碩學米因曰。『法律與社會的需要。兩者之間。恆有一鴻溝焉。立法者宜思有以塡之。其鴻溝之廣狹。與塡之之遲速。是卽人民幸福之多少所攸判也。(Maine, Ancient Law) 第十一章)夫鴻溝不能無所爭者。廣狹耳。塡之不能盡所爭者。遲速耳。凡在愈進步之社會。則其鴻溝之成也愈速。而其塡之也愈難。而愈不可不黽然能應於時勢急起直追。則又愈可以助長社會之進步。故鴻溝日日變坼。日日塞塡。坼者無已時。塡者亦無已時。如形影競走。未嘗休息。而國民幸福。遂以日增。其在不進步之社會。則鴻溝之成也稍遲。而塡之者亦不勉。顧以不塡之之故。而不適之法律。遂益障社會之進步。於是法律與社會兩者俱成靜止之形。殆如僵屍毫無生氣。雖然社會者爲自然法則所支配。雖其變遷緣他阻力而致遲滯。顧終不能爲絕對的靜止而絲毫無變遷者也。積年既久。其與法律之鴻溝相去亦愈益廣。非復小小補苴所能使之接近。而法律之大部分。遂不得不成秋扇。僅賴其小小部分。勉維持社會秩序於萬一。則亦已同強弩之末。一旦社會忽遇外界之刺激逼迫。驟生出劇烈之變遷。則法律全部無復足爲社會之保障。而法遂成爲博物院中之法。非復社會關係之法矣。我國以進步遲鈍聞於世界。西人常謂馬可波羅之游記（意大利人當元時游曆中國者）至今日猶與中國內地現狀相合。然則以今日而適用前古之法律。其鴻溝似仍不甚相遠。雖然。今之法律非他。唐律之舊也。唐律非他。漢律之舊也。漢律非他。李悝之舊也。夫李悝距今則二千餘年矣。唐之距今則亦千餘年矣。即曰社會進步淹滯。亦安有千餘年前之法律。適用於千餘年後。而猶能運用自如者。而試以今律校唐律。其間所損益者能有幾何也。夫德國現行民法。由拿破崙時代所制定。（即拿破崙法典）距今不過百年耳。而運用之者已覺其多不適。而大困難。而倡議改正者且囂囂起。（日本法學協會雜誌第二十三卷第一號穗積陳重博士著「佛蘭西民法將來」）然則今之大淸會典大法律例。即使其當乾隆嘉慶間。果曾悉心研究。參合彼時代社會之現象以立案。然至今日而其大部分已須改正。而況乎其所襲者實二千年前之舊也。

歐洲近世。自倍根 Bacon 首倡編纂法典之論。至最近世則英之邊沁 Bentham 德之提巴 Thibant 復鼓吹之。而反對論者亦大起。其反對論不一端。而最有力者。則謂爲障社會之進步。其言曰。成文法典者。使法律成爲結晶體者也。結晶體光采爛然。外觀甚美。而不能有生育發達之活力。（日本穗積陳重著法典論第四章）此論雖爲近今多數學者所排。然以評我國法典與社會之關係。蓋甚切當矣。我國社會進步之淹滯。其原因雖不一端。而受博物院中法典之障礙。實其重要原因之一。無可疑也。要之我法典之腐舊。與社會之痲木。兩者遞相爲因。遞相爲果。而前代編纂法典之人。固有不得不尸其咎者矣。

近世學者之論各國法律。多分爲成文國與不文國之二種。歐洲大陸諸國。所謂成文國也。英美二國。所謂不文國也。若我中國。以歷史上觀之。宜屬於成文國。而以近今事實證之。（卽往古亦當然）則實可謂之不文國。何也。一切法律關係。實則仍遵慣習及判決例等以爲衡。時或頒發多數之單行法。若夫朝廷所特制定整然成書號爲一國之大經大法者。則不過以飾石渠天祿之壯觀。而實際上之効力反甚薄弱。此何以故。則以法律與社會之鴻溝太相懸絕也。

三　法典之體裁不完善。

甲　範圍不確立

學者分法律之種類。又區爲主法與助法。主法者。實體的法律。如憲法。行政法。民法。刑法等是也。助法者。施行法律之法律。如議院法。選舉法。行政裁判法。民刑事訴訟法。乃至其他爲一時一事所制定之特別法皆是也。主法舉大綱。助法明細目。主法貴簡括。助法貴詳密。主法以法律現象之大原則爲準據。成一獨立體。助法以主法爲準據。不能觸背主法。主法比較的固定不變。助法比較的與時推移。此其性質差異之大概也。法律中何者當屬於主法之部分。何者當屬於助法之部分。此立法者所最宜注意也。我國之會典與律。近於主法。則例條例近於助法。然有一般之大綱宜爲主法者。而以入諸則例條例之中。亦有部分之細目。宜爲助法者。而以入諸會典與律之內。質而言之。則律之與例。會典之與則例。果以何者爲界線。彼立法者自初未嘗設有一嚴格的區別也。夫宜爲主法者而入諸助法。則効力不强。而授官吏以出入上下因緣爲奸之隙。宜爲助法者而入諸主法。則主法太繁碎猥雜。失彈力性。緣夫時勢之變遷。而主法遂不得不成礓石。夫即以大清律例中之律論之。其中固有一大部分屬於瑣碎節目。萬不能以入於主法的刑法者。而竟充塞盈帙焉。其不能實施適用。而徒化爲一種之裝飾品。不亦宜乎。

日本穗積陳重論法典之範圍曰。（法典論第五編第二章）『法典之範圍。當便宜畫定。非必一切法律。悉編入一法典中也。如民法法典中。畫其關於商事者。別爲商法。刑法法典中。畫其關於軍人犯罪者。別爲海陸軍刑法。此其最著者也。其他不應編入法典之法律。其種類甚多。今舉其重要者。

一附屬於單行法之法規。如郵便罰則。當附屬於郵便法。租稅罰則。當附屬於租稅法。不必揭諸刑法中。

一頻須變更之法律。

一有實施期限之法律。

一別須細密規定之法律。

一限於一地方或一種之人民所施行之特別法。

一如商業法工業法農業法礦業法森林法海上法等。凡一切要特別規定之法律。』

由是觀之。則範圍之限制。與法典之良楛。大有關係焉。我國之法典。如賣菜求添。惟多爲務。此所以支離漫漶。不適於用也。

乙　主義不一貫

穗積陳重曰『凡編纂法典者。必先確定其主義。如編纂憲法者。將取國家主義乎。抑取君主主義乎。抑取民主主義乎。其民法人事篇將取家族主義乎。抑取個人主義乎。其財產篇將取完全所有權主義乎。抑取有限所有權主義乎。其相續篇將取分配主義乎。抑取總領主義乎。其在商法將取保護主義乎。抑取助長主義乎。抑取放任主義乎。其在刑法。將援據罪惡必罰之正理。而取絕對主義乎。抑取對立主義。而於復讎恐嚇改良防禦諸主義中擇其一乎。抑取折衷主義乎。又如治罪法訴訟法。將取口訴主義乎。抑取書訴主義乎。將取聽訟主義乎。抑取審糺主義乎。如裁判所構成法將取合議裁判主義乎。抑取單獨裁判主義乎。每當編一法典。則其通於法典全體之大主義。及其爲一部基礎之小主義等。皆不可不豫定之。否則全典脈絡不貫通。而彼此矛盾之弊遂不可免。』

以上所述。爲近世科學發達以後。據科學的方法以編纂法典者之所言也。自不能以責諸前古人。雖然。我國前此之法典。其編纂太無意識。去取之間。絕無一貫的條理以爲之衡。故一法典中而其文意相矛盾者。指不勝屈。使用法者。無所適從。而法典之効力。以相消而不復存。此不得不謂編纂方法拙劣之所致也。

丙　綱目無秩序

立法家之腦力。無論若何偉大。斷不能取社會現在將來之現象。而悉計及之。自不能取社會現在將來之法律關係。而悉規定之。何也。人之心理。自由活動者也。其活動固非有一成不變之規律。卽有之亦非人智之所能及也。而法律者。向於現在將來而有効力者也。苟現在將來所起之法律關係。而法律絕無所規定。則法律之用將窮。故善立法者。於綱目之間。最所注意焉。先求得其共通之大原理。立以爲總則。比利時碩學普蘭斯。（現今世界三大刑法家之一）曰。『所謂犯罪者。非犯刑罰法之謂。謂其違反於產出法典條文之大原則也。如犯殺人罪者。非必其犯刑法之某一條。以其犯不可殺人之原則也。犯竊盜罪者。非必其犯刑法之某一條。以其犯不可竊盜之大原則也。』（最近刑法論第二卷第一章第二節）故立法者。苟欲取犯罪之現象。無小無大。無正無變。而悉規定諸條文之中。則其勢必有所不給矣。故綱舉而目自從。綱不舉。則雖臚目如牛毛。猶之無益也。豈惟刑法。凡一切法皆若是矣。我國今日現行兩大法典。其大清會典無所謂總則。不必論矣。其大清律例沿晉唐之舊。首置名例律一門。頗有合於總則之義。雖然大清律例之名例律。有非貫通於全律之大原則而亦入其中者。有貫通於全律之大原則而不入其中者。謂名例律足以包舉諸律焉不得也。謂諸律悉無觸背名例律焉不得也。故名例律者。有總則之名而未能全舉其實者也。夫大清律例爲發達最古稍稱完備之書。而猶若是。其他更無論矣。此我國法律所以等於頭痛灸頭腳痛灸腳。支離滅裂。而終不足以周社會之用也。

四　法典之文體不適宜

英國碩學邊沁嘗以法律之文辭比諸寶玉。誠重之也。法律之文辭有三要件。一曰明。二曰確。三曰彈力性。明確就法文之用語言之。彈力性就法文所含意義言之。若用艱深之文。非婦孺所能曉解者。時曰不明。此在古代以法愚民者恆用之。今世不取也。確也者。用語之正確也。倍根曰。『法律之最高品位在於正確。』是其義也。彈力性者。其法文之內包甚廣。有可以容受解釋之餘地者也。確之一義。與彈力性之一義。似不相容。實乃不然。彈力性。以言夫其義確。以言夫其文也。倍根又曰『最良之法律者。存最小之餘地。以供判官伸縮之用者也。存最小之餘地。則其爲確可見。能供判官伸縮之用。則其有彈力性可見。然則二者之可以相兼明矣。我國法律之文。明則有之。而確與彈力性兩種。皆甚缺乏。大淸律例卷首於律中文辭之用法。雖有說明。然其細已甚。且不完備。以我律文與今世諸國之法文相較。其正確之程度相去遠矣。若夫彈力性。則我律文中殆全無之。率皆死於句下。無所復容解釋之餘地。法之通用所以日狹。而馴卽於不爲用者。皆此之由。

法文之美妙者。雖社會之變遷。其現象大異於立法之時。而猶可展轉假借以適於用。如法國之民法。其制定在距今百年以前。此百年間。全社會精神物質兩方面皆爲突飛進步。劃然成一新天地。而法之民法。迄今未改。雖用之常不免困難。而困難猶未嘗不可用。此無他。學說之解釋。有以濟其窮也。而學說之解釋所以得施。則法文之美妙使然也。其最淺著者。如百年以前。世界未嘗有汽車有電車。此盡人所能知也。而今者法之法廷。凡關於汽車電車所起之事件。皆可援拿破崙所制定之民法以斷之。非解釋之功。安得有此。

學說解釋者。補助法律之最良法也。昔之立法者。嘗懼解釋者牽合附會以失其本意。或從而禁之。如羅馬帝周士的尼安奴制定法典時。下詔嚴禁注釋。普王腓列特力第二。奧帝周斯夫第二。亦嘗禁之。拿破崙制民法新成。不旋踵而巴黎市中已有民法注疏出現。拿破崙見而歎曰。余之法典旣亡。凡此皆認解釋爲法典之蟊賊者也。雖然。禁之終不可得禁。非惟不可得禁。且日盛焉。蓋法律之爲物。有體有用。有學有術。其用其術。神而明之。存乎其人。豈直不能禁。抑亦不必禁不可禁也。我國法律不禁詮釋。故馬鄭大儒。曾注漢律。而唐律疏義。乃由立法者奉勅自撰。卽大淸律例。其解釋之書。亦不下十數。其間因解釋以廣法文之用者。雖自不少。然終不能如彼法國民法之圓融無礙。則法文之工拙爲之也。

學者之解釋。不徒廣法文之用。而並能助法學之進步。蓋法文所隱含之義。未備之義。反對之義。恆能緣解釋而發明。故解釋盛行。其於次度之修補法文改正法文。常得莫大之助。我國雖有解釋。而不能收此效果者。其原因有數端。（一）解釋家雖有之。而不能盛。蓋法律解釋之業。與辨護士之關係最密切。而我國辨護士之業。爲法律所禁。自影響於法律解釋之業。而無由盛也。（二）法律學殆見排斥於學界以外。漢代尚有馬鄭大儒。從事注律。自茲以降。上流學者。皆不屑讀律。故解釋之業。惟委諸刀筆俗吏。夫俗吏之學識。不足以闡明高尚之學理。豈待問也。（三）則法文中所含學理。本不富。記曰。甘受和。白受采。膚淺混雜之法文。無論若何苦心研究。終不能於其間得甚深微妙之義。我國法典。大率爲無意識的結集。雖多集上流學者從事解釋。猶將勞而少功。而況乎解釋者。率屬俗吏。且寥寥不多覯也。

以上闕點。就吾意念所及。拉雜舉之。尚未能備。然將來若無編纂法典之事業則已。苟有之。則此諸闕點。其最當注意也。

外資輸入問題

緒論

今日中國立於列强間。至危極險之現象。不啻千百語。其最甚者。則外國紛紛投資本以經營各大事業於我腹地。直接生影響於生計上。而並間接生影響於政治上。此最爲驚心動魄者矣。年來士夫之稍通大勢者。莫不奔走呼號。研究此問題。而思所以抵救之。雖然。此問題者。其根因甚遠甚複雜。而其結果之良不良。又往往視其國情民力之如何。而成兩極端之反比例。今之憂之者。徒睹其害。而不知固亦有大利者存。斯未可稱爲完全之理論也。顧以吾今日之國情民力。所謂大利焉者。旣終非我之所敢望。則憂之誠宜矣。而吾又見夫今之憂之者。又僅憂其目前毫毛之害。而於將來丘山之害。尚無睹也。徒瞋目切齒於外人。徒聲罪致討於吾族之爲外人倀者。而於外資所以得乘隙而入之大根原。不能證明之。而窮治之。則雖日以抵制之道。責望於政府。責望於國民。終不過紙上一片空理論。而於問題之前途。決不能有毫末之影響明矣。吾故案諸學理。詗諸史乘。就種種方面以研究此問題之眞利眞害。而觀其利害之所自來。次又案現在中國之國情民力。敍述外資輸入之歷史及其種別。而窮極其受病之所屆。次乃推原外資所以迭乘內資所以不能抵制之故。就數千年來政治上社會上種種關係以下斷案。末乃略陳今後政府國民所當採之方針。爲結論焉。雖亦不過紙上一空談。然藉此以爲研究此問題之發端。達識之士。從而深求之。是正之。則於全國民生計之前途。亦或有小補耶。嗚呼。自今以往。制中國之生死者。惟茲一事。惟茲一事。深願有心人屏客氣。除私見。及今爲三年蓄艾之謀。或竟能轉禍爲福。卽不爾。其亦挽救於一二也。則余之此論。庶不爲虛作也夫。

第一節　外資輸入中國之原因

近今列强之帝國主義。皆生計問題驅之使不得不然也。泰西生計界之趨勢。其大潮流有二。一曰患過庶。二曰患過富。過庶則庸病。過富則贏病。疇昔歐人之汲汲殖民於美洲澳洲諸地也。凡以求厚庸厚贏。以救此兩病也。

生計學公例。使其國母財富於力役。而業場甚廣。母財尚不足以盡之。則庸贏並優。使其國母財富於力役。而業場狹。則其庸率大而贏率微。使其國母財不足養其力役。而亦不副其業場。則庸率微而贏率大。使其國母財不足養其力役。而業場又狹。不足盡其母財。則庸贏並微。其能舉過庶過富兩患而並救之者。莫如第一項之國土。卽前此之美國是也。故歐人發見新大陸。而生計界爲之大紓。其專救過富之患最有力者。莫如第三項之國土。卽印度與中國是也。故英得印度而富强遂甲天下。近三十年來。美洲澳洲之進步。一日千里。前此歐洲過羨之人口過羨之資本。兩皆以彼爲尾閭者。今則惟人口一端。尚可稍資挹注。若語於資本。則如彼美國者。其憂過富更甚於前此之歐洲。方且出其所羨以還侵歐陸之市場。而豈復容他界滲入之餘地也。故今日列强之通患。莫甚於資本過度。而無道以求厚贏。欲救此敝。惟有別趨一土地廣人民衆而母財涸竭之地。以爲第二之尾閭。而全地球中最適此例者。莫中國若。此實列强侵略中國之總根源。今日欲解釋中國一切問題。皆當於此焉察之。

第二節　外資之性質

今欲研究外資之問題。請先論列外資之性質。

甲種　由政府吸入外資者。復分爲二。

(一)外國公債。

(二)本國公債。借外債以吸外資。其事甚明。不待贅。至本國公債所以能吸入外資者。此道何由。蓋公債劵之性質。本可以展轉買賣。而其買賣之者。又非限於本國人。如甲國之中央銀行發出債劵一百萬張。自初發時或本國人購其半而外國人購其半。甚者或外國人所購多於本國人者且有焉矣。此則全觀其政府之信用程度如何也。就使初發出時其債劵全爲本國人所買。外人無一焉。此後若遇本國總殖竭蹶金融緊迫之時債券之市價稍一低落中央銀行之利率稍一上騰則他國之資本家忽爭相購買趨之若驚轉瞬間而債券之大多數在外人手矣蓋趨利若渴人性所同彼知夫債券之市價之漲落不過一時偶呈之現象因本國總資本稍缺人民欲興業者或欲爲別事者競思賣出或質出其所持之國債券以得現金故債券市價以供過於求而暫低落不移時必將復其舊一轉移間則可以獲利夫誰不趨之故在歐美各國苟倫敦市面之金融稍緊迫者則巴黎紐約各處過美之資金卽入而補之巴黎市面之金融稍緊迫者則倫敦紐約過美之資金卽入而補之推之他市莫不皆然非回復於世界的平均則不止所謂任物自己而必趨於平所謂「生計無國界」此之謂也而其爲國際資金流通之媒介者則各國政府所發出之公債券爲一最活潑且最有力之機關矣以故歐美諸國若欲吸集外資之時則將中央銀行之利率稍一提高用此政策而外資已不召而自來皆循此例也試觀英美德法諸國之公債未嘗有所謂內債外債之名號分別也就表面觀之見其全爲內債而已不知者以爲其政府之所借全屬本國人民之資金而爲知其屬於國外者往往强半也（因展轉買賣故流通無定或本月之債權者半屬外國人來月債權者又全屬本國人再下月之債權者又全屬外國人皆意中事耳）此本國公債所以能吸集外資之理由也惟日本公債不在此限日本今惟能以外債吸外資至其內債債券則外人無一購買者其所以然之故甚複雜以非本論範圍不復贅引而現在日本朝野上下正汲汲焉設法欲除此障壁者也

乙種　由財團法人吸入外資者。財團法人者財產之一團體而有法律上之人格者也如各市之財團各公司之財團皆是復分爲二。

（一）地方財團之公債。如德國之各邦美國之各省皆自有起債之權此其最大者也次者如各市鎭都會亦莫不有市債如倫敦紐約諸大市其市債之額或等於一小國此其性質亦與政府公債全同苟其市之財政整頓秩序爲外人所信用者則外人亦往往競購其市債券此亦吸入外資之一塗徑也

（二）公司之股分及借債。復分爲二。

（一）股分。凡有限公司其股份票皆許展轉買賣賣於外國人手者率皆不禁

（二）借債。凡公司往往有以借債補充資本者由公司發出債券其營業之利益先清債務然後按股分派日本人所謂社債者是也苟其公司之營業爲外人所信用則外人樂購此種社債債券往往更過於購股票如前者蘇彝士運河之社債券是其例也諸如此者不可枚舉

丙種　外國人在內地投下資本。獨立營業。與本國政府法團及私人皆全無交涉者。外國人以私人資格在內地買地皮興製造及從事於開礦築路種種事業或由外國人倡辦公司以外國股份而從事於以上各業者

以輸入中國之外資。按諸以上三種。則甲種之第一款。乙種之第二款。皆有之。而屬於丙種者爲最多。且其勢力最可畏。質而言之。則近數年來滔滔輸入中國之外資。大率以丙種之實而冒乙種（乙種之第二款第一項）之名。或以甲種（甲種之第一款）爲來源。而以丙種爲歸宿者也。（其分類法詳第四節）今得先臚舉其實狀。而次論其利害。

第三節　外資輸入中國之略史

中國無內債。故以內債吸外資之一途。前古未聞。可勿論。若光緒廿一廿二廿四等年所借巨額之外債及義和團事件賠款所發出之債券。其款皆隨入隨出。不足以當外資輸入之實。（雖其大半仍投入內地爲殖產之用。然屬間接非直接。其名義上既已轉移。則只能謂爲丙種之輸入。不能謂爲甲種之輸入矣。）然則語中國之外資。惟在外人之投下資本以經營事業於我內地者之一種而已。中國與外國前此生計上之交涉。不過商貨出入。其外人挾母財以營利於中國者。多爲循環母財。而常住母財。甚不多見。蓋由條約種種制限使然也。至乙未馬關條約第六條第四款。訂明日本國臣民得在中國各口岸任意從事各種製造業。嗣後各國援利益均霑例。續訂商約。率皆加入此條。是爲外資輸入特權之發軔。當時我全權（李鴻章）覆日本全權（伊藤陸奧）說帖。關於此事之抗議云。

此款所指之利益。係指機器進口。造土貨而言。駐紮北京各國公使。久經議過。未邀准行。洋商在中國改造土貨。久有例禁。各國以此係中國自主之權。亦卽聽從。中國如准洋商在華改造土貨。勢必盡奪小民生計。於華商所設製造廠。所極有妨礙。國家自不能不出力保護。此事關係中國經久章程。各國公共之事。不能因一時戰爭遽行更改。（下略）

據此則甲午以前。中國於外人改造土貨一事。猶且懸爲厲禁。其他各種事業。更不必論矣。彼時外人得投其常住母財於我境內者。惟租界買地。租界買地章程不名曰買而名曰租但其所謂租者永租也每畝歲納銅錢一千五百文於政府作爲地主所完之地稅而已沿江沿海行輪。及建設倉庫數端。故母財之眞輸入者有限。開母財輸入之孔道者。實自十年以來也。未幾而俄國東方鐵路公司條約起。德國膠州灣條約法國廣州灣條約繼之。英國日本內河通航條約繼之。其後各國鐵路礦山特約紛紛繼之。於是外財輸入之門戶大開。今將各條約關於此事者。條舉如下。

(1)光緒廿二年中俄喀希尼條約第二條　中國黑龍江吉林兩省之鐵路。由俄國獨出資本築造。(中略)凡三十年間。全路總歸俄國監理。滿期之後。中國可備資本。依適當評定之價格。將全路及其附屬車輛機器房屋等贖回。

(2)同第三條　中國欲自築由山海關至奉天之鐵路。若不能自備此資本。俄國允爲借出。十年以後。中國可備資贖回。

(3)同第七條　長白山吉林一帶所產五金之礦。准本國以及俄國商民隨時開採。

(4)光緒二十四年中德膠州灣條約第二章第一款　中國國家允准德國在山東省蓋造鐵路二道。其一由膠澳經過濰縣青州博山淄川鄒平等處往濟南及山東界。其二由膠澳往沂州及由此處經過萊蕪縣及濟南府。

(5)同第二章第二款　蓋造以上各鐵路。由德商華商合設公司。其股份惟德華兩國人可以購買。

(6)同第二章第四款　於所開各道鐵路附近之處相距三十里內。如膠濟北路在濰縣博山縣等處。膠沂濟

南路在沂州府萊蕪縣等處允准德商開挖煤斤等項及須辦工程各事亦可德商華商合股開采

(7)光緒二十五年中法廣州灣條約第七款　中國國家允准法國自雷州府屬廣州灣地方赤坎至安鋪之處建造鐵路旱電綫等事(中略)其修造行車需用各項材料及繕修電路各費均歸法國辦理

(8)光緒廿八年中英新商約第八條　中國因知開礦爲國家之利且深願華洋商共出資本速興礦務故允自簽押此約之日起於一年以內改定中國現行之礦務章程且外國資本之輸入苟無損於中國主權者皆設法招徠不予阻礙又使外國資本家所享權利一如立於普通之外國礦務章程之下無特別之損害

(9)同第四條　前此中國臣民投資本於英國之商號及公司者不少其權利義務未經訂明今憑此約中國國家承認此等舉動無論在現在在既往在將來皆非違法……其中如有限公司之股東凡中國人入股於英國之有限公司者其權利義務悉與英國人平等(中略)

英國政府亦允許英國臣民投資本於中國人所立公司與中國人之股東有同一之權利義務

(10)光緒廿九年中美新商約第七款　中國因知振興礦務於國有益且應招徠華洋資本興辦礦業(中略)美國人民若遵守中國國家所定爲中外人民之開礦及租礦地輸納稅項各規條章程並按照請領執照內載明礦務所應辦之事可照准美國人民在中國地方開辦礦務

(按)英美新商約訂明將中國舊日所頒礦務章程修改者蓋指光緒二十四年路礦總局所奏定及十八年二月外務部所奏定之章程今舉二十四年章程內容之要點(一)東三省山東龍州三處礦路事務均與交涉相關此後無論華洋股份概不得援案辦理(二)集股以多得華股爲主(此款旋經二十五年總

署奏定除已經批准案不計外嗣後華洋股份各占其半方准開辦。）（三）借用洋款必須先稟明總局核准給照方得議借（四）無論入洋股借洋款其辦理一切權柄總應操自華商云云其光緒二十八年二月外務部奏定之礦務新章惜此間偶無原本無從參照閱者諒之。

（11）光緒廿九年中日新商約第四款　中國人民與日本臣民爲辦正經事業合股經營或合辦公司應照其合同章程損益公任（中略）日本臣民與中國人民合股經營或合辦公司亦應照其合同章程損益公任。

（12）同第三款　中國國家允能走內港之日本各項輪船在海關報明由通商口岸往來報明之內港地方貿易悉照所定正續各章程辦理。

（13）同第八款　光緒二十四年五月七月先後所訂內港行輪章程間有未便是以中國允將此章程從新修補附載此約。

（按）內港內河通航權本由光緒二十四年英國首先提議獲得其條約原文頃未覓得故闕登載其年七月頒行章程九條去年八月依日本新商約改定爲十一條其內容最要者則（第八條）此項輪船准在口岸內行駛或由通商此口至通商彼口或由口岸至內地並由該內地駛回口岸並准報明海關在沿途此次所經貿易各埠上下客貨但非奉中國政府允准不得由此不通商口岸之內地至彼不通商口岸之內地專行往來（第一條）日本輪船東可向中國人民在河道兩岸租棧房及碼頭不逾二十五年租期如彼此兩願續租亦可從新再議云云

（以上條約）　按條約中關於外資輸入特權者尚多著者以時日短促未能悉搜其材料姑列此以備

異日之修補闕者諒之。

(14)光緒二十四年督辦鐵路大臣與比利時公司訂定蘆漢鐵路合同（第一條）以鐵路總公司之名義。託比利時公司借外債庫平銀三千七百五十萬兩年利五分。（第五條）一千九百七年以前不許償還。其年以後任意或償還若干或全數償還。（第八條）鐵路每年所得贏利存貯於比利時中央銀行該銀行除出應給債劵之利息外其餘作爲總公司存銀隨時提取。（第十條）總公司以蘆漢鐵路及其附屬材料作爲公司按保若總公債不能按期派息或不履行條約之時比利時得以有力之方法處置此按保。（第十九條）蘆漢鐵路除蘆溝橋至保定間屬於中國政府資本築造者其餘全線工事統由比利時公司之代表人指揮監督（又附章第一條）鐵路總公司委託比利時公司使選派妥當人員代辦一切事務。（第二條）每段工程完竣經工程師交與總公司驗收後卽由比利時公司選派人員以全權管理營業。

(15)光緒二十四年總理衙門與英德合資公司訂定津鎭鐵路合同（第一條）中國政府託英德合資公司借外債七百四十萬磅年利五分。（第八條）公債利息由中國政府擔保若鐵路收入不敷償還當由政府另行設法支給。（第九條）以鐵路及其附屬物及財產全體爲公債之按保當公債未經清還以前。非經合資公司承諾不得復以之作按另募公債。（第十九條）設理事五名內華人二名由中國政府指派歐羅巴人三名由英德公司選舉。（第二十九條）英德合資公司當此公債未償還以前（按公債期限五十年也）以全權代中國政府經營此鐵路至還淸以後此條約卽作廢以鐵道線路及財產全交還中國管理。

(16)光緒二十四年山西商務局與華俄銀行訂定柳太鐵路合同　（第一條）商務局委託華俄銀行借款二千五百萬佛郎。年息六分。期限二十五年。（第三條）商務局或願還款。或如借款之數分塡華洋文股票。暫存於華俄銀行。由銀行於廿五年內逐年按照應還本銀之數。將股票繳歸商務局。亦無不可。待借款掃數完清。則銀行與此事之交涉斷絕。（第十三條）　商務局若不能按照定限歸本付利。卽將此段鐵路暫時由華俄銀行代管。

(17)光緒二十四年中國駐美公使與美國合興公司訂定粤漢鐵路合同　（第一第二條）中國政府委託合興公司借款四百萬磅。年利五分。限期五十年。以鐵路及其附屬財產爲担保。（第三第五條）築造及管理人員由開發公司派委。惟須經督辦大臣之承諾。

(18)光緒二十四年山西商務局與英國福公司訂定山西礦務合同　（第二條）由商務局自借洋債。不得過一千萬兩之數。（第二條）凡調度礦務與開採工程用人理財各事由福公司總董經理。山西商務局總辦會同辦理。（第六條）每年結帳盈餘。先按用本付官利六釐。再提公債一分。逐年還本。仍隨本減息。

（第九條）公司所開之礦。以六十年爲限。限滿將全礦及附屬財產報効中國國家。

(19)光緒二十四年河南巡撫批准裕豐公司與美國公司訂定河南礦務合同　（按）此合同之要點與山西福公司之合同殆全同。惟　（第十五條）聲明若中國人買受該公司股票四分之三之時。則將全權交還中國股東管理。

(20)光緒二十五年四川礦務局與華益公司會同公司訂定四川礦務合同　（第二條）華益公司專集華

款。不參洋股。主購礦山管理官民交涉等事。（第三條）會同公司。係由華商總辦。洋商會辦。先儘華股五成。聽入洋股五成。（第十八條）會同公司所開各礦。以五十年爲期。期滿報効國家。（第十九條）如華益公司及此外華商紳富。於五十年限內將會同公司股票收至四分之三。卽將該礦收回。由礦務局飭交該華商自行經理。

(21)光緒二十五年四川礦務局與保富公司福安公司訂定四川礦務合同（按）與華益會同之合同全同。略同。

(22)光緒二十八年浙江巡撫批准寶昌公司與惠工公司訂定浙江礦務合同（按）與山西河南四川合同略同。

(23)光緒二十八年閩浙總督批准華裕公司與大東公司訂定福建礦務合同（按）與四川合同略同。

(24)光緒二十九年鐵路總公司與英國銀行公司訂定滬甯鐵路合同（按）大旨與粵漢鐵路合同各要點相合。今不具引。

(25)光緒三十年外務部批准安徽礦務局與英國安裕公司訂定安徽礦務合同（按）此合同大旨俱參酌山西河南四川合同。惟（第二條）言安裕公司資本約一百萬磅。華洋兼收。設華總辦一員。英總辦一員。凡與中國官紳交涉。歸華總辦管理。凡開礦工程銀錢出入。歸英總辦管理。（第五條）言安裕公司。先報効銀兩於政府。

（以上合同）按關於此種類之合同。尙有數種。恨著者一時未能搜全。又各合同原文甚繁。以上所列。皆擇其要點。且撮舉其大意。閱者諒之。

合觀十年來諸條約諸合同則外資勢力漸進之情狀可得而論次焉日本馬關條約特提機器改造土貨一事實爲第一著手自彼約既定後數月總稅務司赫德旋擬出機器製造抽稅章程思所以助外資之氣燄而阻本國之進步比附觀之肺肝如見然猶僅注意製造一業未敢及其他也及第一次中俄密約即喀希尼條約要求東三省鐵路礦務權實爲第二著手眼明手敏之德國遽爲膠州灣條約以同一之要求條件肉薄前進然其約中僅言兩國人民同有此權利未嘗組織一公司舉行合資辦理之實也雖彼國政府著著實行然以特別國際條約所規定其性質非普通者其勢力猶有限制也盧漢鐵路合同實爲第三著手開正式借債興業交涉之端緒然借債之主動者猶限於中央政府其勢力猶未普及也山西福公司合同實爲第四著手民間一私人任意假財團法人之名號與外國資本家交涉其輸入之途大寬矣然其名猶曰借債得掩耳盜鈴曰主權在我債務畢而利權固在也四川華益公司合同實爲第五著手則其名曰華洋合股而非以華人之主權借洋債矣然猶冒名曰華人發起洋人附股華人總辦洋人幫辦也義和團事件以後中英中美中日新商約實爲第六著手正定內外人合資營業之權利義務要求改正礦務章程外資輸入至不必假名中國人門限全撤自由輸進游刃有餘地矣此十年來大勢趨移歷歷可按者也

第四節　外資輸入中國之分類

甲　事業的分類

外資輸入之種類其大者不過五端一曰鐵路二曰礦務三曰輪船四曰改造土貨之機器廠五曰購地今分類

表列。以觀外資侵略我市場之大勢焉。

鐵路之部

(名稱)	(資本國)	(線路)	(資本額)
東方鐵路	俄國	自士德黎頓至海參威其支線至吉林	股金五百萬盧布債券在外
旅大鐵路	同	自滿洲線分歧達此二港	不詳
正太鐵路	同	自太原府至正定府與盧漢幹線連	借款二千五百萬佛郎
滇越鐵路	法國	自安南東京經紅河達雲南	不詳
桂越鐵路	同	自諒山經龍州達南甯	不詳
北海鐵路	同	自廣東廉州之北海通內地	不詳
膠濟鐵路	德國	自膠州灣分兩線達濟南	政府補助金千五百萬磅
津鎮鐵路	英德	自天津達鎮江北歸德南歸英	借款七百四十萬磅
晉礦鐵路	英國	平定州忻州潞安平陽一帶礦地	包在礦務資本內
豫礦鐵路	同	全省礦地	同
楡營鐵路	同	自山海關至營口	未詳
滬甯鐵路	同	自上海至南京	三百二十五萬磅
蘇豫鐵路	同	自南京至河南接盧漢鐵路	未詳
杭甯鐵路	同	自蘇州經杭州達甯波	未詳
浙礦鐵路	同	浙江全省礦地	未詳
九龍鐵路	同	自廣州至九龍	未詳
滇蜀鐵路	同	延長緬甸線經雲貴以達四川	未詳
粵漢鐵路	英美	自漢口達廣州	借款四百萬磅
盧漢鐵路	比利時	自正定達漢口	借款三千七百萬兩

礦務之部

（省屬）	（礦地）	（資本國）	（資本額）
東三省	全省	俄國	不詳
山東	膠濟鐵路兩線之附近實則全省	德國	約六千萬元
四川	全省之礦未經內外公私人認採者	英國	一千萬兩
又	灌縣犍爲威遠綦江合州重慶	法國	一千萬兩
山西	盂縣平定州潞安州平陽府煤鐵及他處煤油	英國	一千萬兩
河南	懷慶府附近及河南全省	同	一千萬兩
安徽	歙縣銅陵大通甯國廣德潛山	同	七百萬兩
又	宣城	日本	二百五十萬兩
浙江	嚴州衢州溫州處州	意國	五百萬兩
貴州	不詳	法國	不詳
福建	建甯汀州邵武	法國	七百四十萬兩

輪船之部

（公司名）	（航路數）	（資本國）
東方鐵路公司	五綫	俄國
怡和洋行	九綫	英國
太古洋行	八綫	英國
美最時洋行	三綫	德國
麥邊洋行	一綫	英國
鴻安公司	一綫	英國
漢堡亞美利加公司	三綫	

他克拉公司	一綫	
禪臣洋行	一綫	英國
瑞記洋行	一綫	德國
大阪商船會社	八綫	日本
大東汽船合資會社	四綫	日本
湖南汽船株式會社	一綫	日本
西江輪船公司	一綫	英國

以上所列諸線。皆來往於中國境內者。其由境外至境內之航路。概不列入。十年以前。外國人投資營業於中國內地者。惟此項最爲大宗。但所通航。率在沿江沿海而已。自光緒二十四年。英國始得內河通航特權。得由通商口岸。以航於不通商口岸。義和團之役以後。英日重定商約。皆特提此事。日本商約中特附專條。無論汽船帆船。一律准行。且可以由此不通商之口岸。以航於彼不通商之口岸。（原約云此項須得中國政府臨時許可）於是茲業始大擴張矣。現在最奮發以從事此業者。莫如日本。其行福建內地者二線。上海蘇杭間者二線。湖南湖北間一線。次之則英國也。茲業今始萌芽。此後方興未有艾矣。（按各國內河湖泊皆不許外輪通航美國限制尤嚴凡掛他國國旗之船從海外至美國者只許以一口岸爲終點不許經過停泊第二口岸也）

此外製造業購地業。無調查材料可據。無從列表。購地業限於租界內。然此種不動產之總額。亦當不少。（建造房屋倉庫等皆附屬此項）製造業未甚發達。因今者各國方馳逐於路礦兩業。擇最肥者而先噬焉。目前固尚未暇及此也。然上海紡績機器廠八家。其屬於外人資本者已五家焉。前年日本人亦有欲購湖北織布局之事。此皆其見端也。其餘火柴紙烟等製造公司。已紛紛開設。而電燈電話等業。亦經外人之手。陸續起於北方。十年以後。吾知此等事業。

其必盈國也已。

乙　性質的分類

以上所敍列外資之從種種方面輸入中國者。但其性質亦駁雜各殊。今分論之。

（甲）客觀的分類

（一）債權全在公家者。（卽外國政府）　如俄羅斯之東三省鐵路是。

（二）債權公私不分明者。　如德國山東鐵路礦務英國川緬鐵路法國滇越桂越鐵路等。由民間集股。而政府補助之其管理營業之權實在彼政府。

（三）債權全在私人者。　其餘各路礦皆是。（雖然政府亦往往以間接力干涉之。如比利時於蘆漢鐵路等類是也。）

（乙）主觀的分類

（一）以借款之名義輸入者。　復分爲三。

（一）以政府之資格借款者。　復分爲二。

（一）我政府借之於外國政府者。　如俄羅斯之東三省鐵路是。

（二）我政府發債劵借之於外國民間者。　如津鎭鐵路。粤漢鐵路。滬甯鐵路是。

（二）以半公私之資格借款者。　如中國鐵路總公司。借比款以辦蘆漢鐵路。山西商務局。借華俄銀行款以辦柳太鐵路之類是。

(三)以公司財團法人(實私人)之資格借款者。如山西礦務。河南礦務。浙江礦務是。

(二)以合股之名義輸入者。復分爲二。

(一)由兩政府之條約號稱許我商民入股者。　如東三省。山東之礦務是。

(二)成立一公司號稱華洋合股者。　如四川之華益。福安。安徽之安裕。福建之大東等皆是。

質而言之。則無論其名號爲借款爲合股。要之其管理營業之全權。純在外人。此則五尺之童皆能知者也。號稱借款者。其所圖決非在區區將來償還之本息。號稱合股者。華人股份決無一文。外資輸入之地。卽爲生計權移於外人之地。生計權移於外人之地。卽爲政治權移於外人之地。此則今日稍有識者所同痛心疾首無俟余喋喋者也。至其利害得失之眞相。及救治之第一根原。吾將續論之。

第五節　據生計學學理及各國先例以研究外資輸入之利害

本論第一節所論次四種之國土。其甲種(母財富於力役而業場甚廣母財尚不足以盡之者)丙種(母財不足養其力役而亦不副其業場者)皆深有待於外資。外資之來。非特投資者享其利也。而主國宜亦食其賜。此實不刊之公例也。故不審情實。而徒畏外資如虎。憎外資如蠍者。未可謂健全之理論也。夫國民全體之生計。與一私人一會社之生計。其理正同。苟一私人一會社。確見夫某種事業。可以博奇贏者。而己之資本不足以舉之。從而稱貸之於人。苟其事業之管理得宜。而計其所獲之贏。足以遞年償還本息而有餘。而後此所入。我自得之。誰亦謂其稱貸之不當者。一國亦然。苟其國中天然之富源無限。而國民之總殖。不足以開發之。其勢固非借重外資不可。此理之最淺而易見者也。不寧惟是。凡一國中以特別事故。（例如戰爭忽起興業驟盛）致生金融緊迫之現象者。最善莫如得外資以爲之調和。（日本大藏省次官法學博士田尻稻次郎所著「財政與金融」一書其論公債有云『苟外債使用之方法得其宜可以大助長一國經濟之發達且鎮靜市場之紊亂夫使募集外債投之於生利的事業其所得贏利足以還外債之本息而有餘則所餘者即一國之總殖所由增加也例如用外債以興鐵路鐵路所歲入除償清債務以外此後且緣此鐵路而使一國之交通益加完備於以獎勵產業啓發民智其有形上無形上受外債之賜者不亦多乎又如當國際貿易差負之時正貨流出市場紊亂得外資以劑之則能輸入正貨防遏其擾亂於未萌彼俄國政府固屢用此手段以調和其生計界者也』此論發明外資之利益殆無餘蘊）彼歐美方興之國。未嘗聞以有外債爲病也。（但其外債非以特別之契約直接借諸外國者即本論第二節所列甲種第二款全由本國公債債券內其一部分在外國人之手是也）當普法戰役後。法人所募公債。其本國人應募者五十一億圓有奇。外國人應募者百零四億圓有奇。其仰助外資者殆三之二。意大利初建國時爲戰爭及建設種種事業。募巨額之公債。其自初十年間債券在外國人手者。亦三之二。當時旁觀者。無不爲意法危。然其政府之信用既堅。財政之步驟日調。國民總殖。蒸蒸日上。曾不數年。而外國人所持其國之債券。冥冥之中自歸返於其本國人之手。（公債券當一種動產可以展轉買賣其本國人以私人資格陸續買回非關政府之干涉也）至一八七七年。（意大利建國在一八七〇年）而意國公債在外人手者。不過四五分之一。一八八四年。意國公債利息支出於外國者。不過五千六百餘萬圓。而支出於本國者。已一萬五千六百餘萬圓矣。（法國亦稱是）此何以故。蓋（一）由本國人民富率漲進。競有餘力以購此國際動產。（西人名公債及各大公司之股份社債皆爲國際動產蓋以其展轉買賣通於各國也）（二）由本國政治之改良。本國人知之尤悉。故信任其政府。而樂以債權寄託之以自固。此固非由政府有特別手段以爲之干涉。亦非徒恃客氣的愛國心所能致也。（若全國市場復遇應需外資之時其中央銀行將金利稍提高則外人復購其債券而外資遂又從而流入（參觀本論第二節）以此之故故各國資本互相灌輸挹注以甲所羨補乙不足流動不居而常劑於全世界之供求所謂「生計無國界」之格言至是乃實現矣此現在歐美各國之情狀也若日本者則猶隔一層未足語於斯也）由是觀之。苟政府財政之基礎穩固。而所以運用之者適其宜。則外資之必不足爲國病明矣。其最著者。如美國當南北戰爭以前。國民所建設之大營業。如鐵路。如礦務。

如郵船。如大製造廠。其資本一點一滴。無不仰給於歐洲。此世界所同知也。就中其政府所負擔債務。（即公債）二十八萬萬弗（一弗約值墨銀二元）有奇債權屬歐洲人者十之六七。而各公司各私人之債務尚不計。當時歐人笑之曰借金國民。曰負債國民。曾幾何時。主客易位。當一八七一年。其公債券在歐人手者。尚值八萬萬。乃至十萬萬弗。每年在歐洲市面償公債利息總額五六千萬弗。至一八七八年。其公債返歸於本國者。已占總額六分之五。其在歐洲市面償出利息。僅值千二百萬弗耳。而民間以財團法人之資格所借入外資。亦次第償完。（其股票及社債券皆返歸於本國人之手）至今日遂以第一等資本國債權國聞於世界。且賈餘勇以還侵略歐洲之市場。使舊債主股栗矣。揆厥所由。非食外資之賜。安得有此。又如印度。自三十年前。其殖產興業之資財。亦點點滴滴無不仰給於英。近亦將次清還。不數年後。印度於生計上財政上純然爲獨立之形矣。

（附注）印度爲英國人之印度。而非印度人之印度。固無待言。但其財政機關。及生計上種種施設。非直接受監督於母國。蓋英國人之印度與英國人之英國。常立於對等之地位者也。故當印度與英國利益相衝突之時。印度政府印度國民往往不肯稍假借。此談印度事者所不可不知也。特所謂印度政府者。指英國人所組織之政府。所謂印度國民者。指在印度之英國國民耳。

又如日本。自甲午戰役以後。政府之財政計畫。屢次失敗。朝野上下。望外資之輸入。如望雲霓。顧緣其國情與外資不甚相適。（本篇第一節所論甲種乙種之國情最適於投資本故資本家競趨若鶩若日本則兩皆非其類也）而復有種種特別法律以爲之障。故需之愈殷而應者愈寡。至今彼中當局者及政論家。日夕汲汲研究所以吸入外資之方法。以是爲戰爭中一大問題。其報紙上論列此事者。殆不下千百見也。今附譯其前駐俄公使栗野愼一郎之言。以爲此種輿論之代表。且爲研究外資利害之眞相者一資料焉。

栗野氏原文題曰「外資輸入與我邦之責任」凡萬餘言先論日本現在情形外資輸入之萬不容已因推原其輸入困難之由謂有四原因其一由本國財政經濟之信用在海外者甚薄弱其二由海外資本之融通不行其三由外國人在本國者不能享民法上商法上之完全權利其四由本國民商業道德之不發達右四項中其第三項最足與中國今日之國情今日之政策相對應今擇譯之（又按其第二項言與海外資本之融通不行者即本論所屢述各國國際動產互相灌輸挹注所謂「生計無國界」之現象現日本未能致也此款原因太複雜論之者詞太冗長今不具譯

栗野氏曰我國民法第二條云『凡外國人除爲法令及條約所指明禁制之事件皆得享有私權』由是觀之則外國人於法令所不禁之範圍乃得享私權也今考我國與各國通商條約明不許外人在我國購買土地然則外人雖欲投巨額之資本在內地經營製造之業但其建築商店及工場所最急需之土地而彼不得所有權假令資本已放下事業正著手而土地「所有主」收回原地將若之何此所以裹足而莫敢嘗試也（中略）又我國礦業條例雖許外人以採掘之權然其稟請批准之間立例甚煩苛且其範圍亦甚狹外人見其勞多而結果少也亦孰肯從事焉（中略）又我國商法所規定凡外人雖得買受我商業公司之股份票然不得當公司中理事監事等要職不得親自處理營業之方針及實行監督權此實不可思議之條例也彼投其貴重之資本於一公司而於其公司營業上之利害一切不許過問夫誰樂之夫誰信之（中略）故今日我國人誠欲外資之輸入者則於此類種種不平等之條例不可不改正之廓然大公使各國人皆享同等之權利負同等之義務此眞今日之最急務也

栗野氏復詳述美國專利用外資以致富强之成例且引俗論而駁正之謂或疑外人享有私權將遑跋扈以生患害其實不然民法商法上之權利皆可以政治上之權限力制之斷不足憂憂此者不過仍鎖國時代之僻見云云原文凡萬餘言今不詳引

栗野氏爲彼中一有力之政治家而其論若此且此非彼一人私言而實舉國中有學識者之大多數所贊成也（栗野此論見壬寅年二月之太陽報中當時和者尚少近今數月彼中有力之數大報館皆襲其說而鼓吹之吾料此次戰役結局後日本當改正民法商法中之此數條矣）夫使外資非有利於大局則彼中識者何故懽迎之渴望之至於如是其極乃至議改正本國法律增長外人之權利以相遷就耶參伍觀之外資之功用其可以見矣

財政學家言當外資輸入之際有一種不良之結果最易發生者則通貨（即錢幣）驟膨脹於國中金融市場忽生擾亂坐是而物價之變動甚劇何以故市場通貨供過於求則物價必騰騰則外國物品必競入以承其乏而貿易差負之現象必驟起起則通貨復流出而物價已旋暴落（一國中之錢幣必不可逾其易中所需之正額苟幣太多必致通貨流出此理本集斯密亞丹學說篇及中國貨幣問題篇屢論及之）夫泛言曰外資輸入在淺識者以爲是卽通貨由外國輸入之意義也而不知其結果往往導通貨使自本國流出此治財政者所最宜兢兢也斯固然也雖然此現象惟輸入過度時乃有之夫天下雖最善良之事苟過度未有不爲病者豈惟外資故坐是而因噎廢食以詬外資外資不任受也且使所謂外資者純然以現金輸入則此等現象固易發生然按諸實際外資之來者一千萬其引受現金通例不及一二百萬蓋其大半皆由各種國際動產券面上所有權之移轉而甲國之中央銀行與乙國之中央銀行爲一紙匯票之劃撥而已如彼一七八一年法國償五千兆佛郎於德國而德國市場之通貨未嘗見其增法國市場之通貨未嘗見其減此

前例之最著明者也。當時法國大募集公債而應募者或爲法國人或爲他國人大率售去其舊日所持之他國公債券及他國公司之股份票社債券等而以其金購法國政府之新公債彼其舊所持之公債券股份票社債券而屬於德國之政府及各公司所發也則不過其券一易主而該券所值之通貨不復展轉出境入境無須從法國運來固也即其券而屬於英奧意美等諸國也又非必由彼諸國售券得現金而不致諸法國乃再由法國而致諸德國也彼德法兩國各有其中央銀行與諸他國之中央銀行不過多一層之間接交涉而已而各國市場通行之現金可以一毫不受其牽涉現今全地球資本融通之妙用有如此者此實極複雜而涉有趣味之一原則讀財政學公債論諸書自能知其詳也在東方諸邦。如中國如日本者。未能純加入於全世界資本通融之團體中。此等影響。時或有之。若歐美諸國。則此問題殆可置諸度外矣。即以中國論此等影響亦甚微本集輸出入正負差之原理一篇已略言其情狀矣今日中國未有法定之通貨其對於金本位國純然以地銀爲易中物以現在銀價下落之風潮即徵外資之輸入而全世界廢棄不用之地銀已從各方面全注集於中國通貨之膨脹過度乃至其相緣而生之結果如物價騰貴地金流出等種種現象皆勢所必然並不繫乎外資之來否也故所謂金融市場忽生擾亂之一結果殆可無慮也

此外復有一種不良之結果。則外資之輸入太驟。原欲以之興辦各種生產的事業。無奈本國之業場。不能與之相應。則其末路有大可危者。如南美洲之阿根廷國。日本譯爲亞爾然丁其前例也。阿根廷當四十年前。圖治太銳。大借金於英國。以奬厲產業。其始驟得巨額之資本。舉國欣欣向榮。儼然呈大進步之幻象。乃實利未收。而償還本息之期已至。於是全國騷然。百業中止。而國勢從此不可復振。一八七六年。阿根廷大統領亞威拉彌達氏嘗自懺悔云。

現今之恐慌。全由政府政策之誤也。我國人口不滿二百萬。而今者外資輸入之額。實與六百萬人口之國家相適應。一時失計。任英國資金之濫入。以有今日。悔之何及云云。

此誠閱歷甘苦之言也。而阿根廷自一度失敗以後。此後民國信用。掃地以盡。更無復借金之途。至今國運永沈九淵。故言外資者。咸以爲戒焉。凡百事之進步皆當以漸若太驟未有不蒙意外之害者不獨阿根廷爲然也即如普魯士戰勝之後驟得巨額之償金於法國金融忽大緩和而政府復乘此機

會將前此所負之公債還諸民間以是一國之資本如忽大增加者然人民興業之熱驟盛一年之內新設公司六百八十七公司資本合計爲四萬萬八千萬圓有奇於是都會之繁盛忽聳動全國小民競棄其野業以就邑業以邑野失平均故一八七三年之秋遂不支新設公司倒閉十八九全國失業人民流離其影響直及於全歐此十九世紀生計史上最大之紀念期也夫人民有資本以相競於殖產興業豈非國家之福然用之太驟其弊乃若此生計學理之不可以不明也如是夫日本自乙未以後全國生計界亦爲一大恐慌一時期其原因亦與彼時之普國全同也若此者正與四十年前之阿根廷同病特阿根廷之資本全假之於人故一蹶之後無從補救此其結果之所以不同耳若以吾中國業場之廣勞傭之衆雖投以數十倍於今日之外資猶未能舉中國應興之事業而盡興之故如阿根廷前例所謂資本過度之結果可無慮也。

然則外資最可怖之問題何在乎曰不問其外資之來源而問其外資之用途用之於生產的往往食外資之利用之於不生產的勢必蒙外資之害此其一曰不問輸入時之受納法而問輸入後之管理法苟能全盤布畫分期償還則雖多而或不爲病反是則其末路之悲慘不可思議此其二若前世紀中萬目共覩動色相語所謂以外資亡國之埃及其最炯戒也埃及借債之歷史及其使用法管理法之如何失敗今避繁冗不復具述參觀廣智書局印行之埃及近世史要之貧弱國政府對於富強國國民而濫用其資本以快一時則其結局皆當以埃及爲例此可一言決者矣前此國際法家有一未決之問題謂甲國之政府與乙國之臣民爲貸貣之交涉苟甲政府不履行其契約之義務則乙政府果得提出之於國際範圍內作行外交上之干涉否乎博士拔的兒斷之曰一私人之財產聚之即一國之總殖也對於外國言則私產皆屬於其國家一者也政府有保護全國總殖之義務故遇有國民一私人財產被損害於他國政府者當爲外交問題無疑其後一八四八年英國宰相巴麻斯頓據此原理爲宣言至今此類之干涉爲國際法理上所公認矣夫埃及以外資輸入之故馴至舉其國權全委於外國財政顧問官之手而埃及遂不復能爲埃及人之埃及外資之弊害至是而極雖然財政學者之所論猶以爲此不能全歸罪於外資蓋謂苟使用與管理二者不得其宜則非惟外債足以致亡即內債亦足以自滅也但平心論之彼貧弱之國國力有限雖極力羅掘民無應者其浪費自有所限制而外資則有冒險投機者流運詭謀以市之故其幻見易生而受禍愈

烈。謂埃及之非以外資亡其國固不可得矣。

要而論之外資之來能如歐美各國之以本國公債券自由吸集者最善也。蓋有外資之實而無其名。萬無牽涉及於政局之患其利一。不用一毫人事之干涉但應於供求相劑之理吾國資本稍感缺乏則他國之過羡者自能入而補之任彼自已而遂底於平莫之爲而爲莫之致而致其利二。財政當局者稍運政略微予操縱常能別收奇效其利三。本國國殖日進。則債券自源源歸還無須政府別運計謨議償議贖。其利四。凡此皆歐美諸國資本融通之情狀也其次者則利用他國母財以殖吾產而興吾業其得之也或由政府特結契約以借焉或由財團法人私結契約以借焉苟深察乎母財所產出之子息以若干年限之內足償其母而有餘是亦宜懽迎而毋逸其機者也又次者則本國營業之利權與外人共之但使其政治機關嚴整而健全毋使外人挾資者侵及有司則其於一國生計之前途仍利多而害少此日本人今日所以孳孳渴望也其下者出於不得已而假外資以投諸不生產的事業如爲擴充軍備之用爲賠償兵費之用又如現在日俄戰爭日募公債於英美俄募公債於德法皆屬此類苟管理得其宜而量國民之力量足以償補於方來則用之時亦勝於不用也若夫不量國力妄引入外資投諸奢侈無用之不生產的地位而所以管理者復無其具斯無適而可焉矣。凡茲所論皆關於外資之普通利害問題也。

今徵諸中國之外資則自光緒四年至廿七年凡九次所借之外債此種外債實非本論之範圍蓋本論所研究者在實輸入國內而作爲母財者此等外債雖多以間接而爲母財於中國至其名義上則並未輸入也此不過連類附論之耳皆用之於不生產的大部分爲償外國兵費之用而非用之於生產的其動機頗與埃及同各國之肯安然受持我債券也殆隱然以將來之埃及待我此盡人所同知者也雖然吾以爲此猶非中國第一危急之問題何以故以吾國幅員之廣人民之衆而政府前此別未嘗有所負債此額雖巨然以比較諸

歐美各國民每人平均所負擔之額猶覺其輕也苟從此能獎厲產業舉數千年寶藏之利源而開發之以分配於國民使一國總殖蒸蒸日上則視此區區之負擔其猶稊米之在太倉也彼法人之償金於德其銷費國力於不生產之途者視吾尤鉅未聞法人因此而遂不支也至其管理償還法吾政府雖無遠謀然以託諸海關洋員爲代理人其指償者旣有的款以目前論不致如埃及之臨期無著遽陷於狼狽也當辛丑議和時各國公使特爲籌畫分年攤還之表且代爲籌其財源許將前此免稅之貨物多種一例抽稅並許將關稅增至切實値百抽五彼誠非有所愛於我但以中國之前途牽動世界全局不欲其遽陷於埃及之地位故並此瑣瑣而代爲謀及也（但彼所代謀者僅在指償此債項之的款及其管理法耳其所指償者除新訂增稅一項外其餘皆取政府舊有之歲入移彼以供此也如此固可以不至如埃及受債主之逼迫但所移去之項本爲我歲出所必需旣移後當以何途彌補此缺彼不復爲我計也於間接上實足以招我財政之紊亂此不可不分別言之）若是乎僅以彼九次外債之故苟無他種困難問題與之相纏而謂卽此遂足以埃及我中國吾猶謂其太早計也吾以爲今後關係最重大者實爲外人投資本於我國以經營各種事業之問題而此問題求之於各國先例中無一焉相類者請於次節更臚學理鑑形勢以窮極其利害可乎

第六節　論外資影響於我國將來生計界之全體

吾論中國前途最危險之問題不在「不生產的」之外債而在「生產的」之外債（專指外人投資本於內地以經營鐵路礦務及其他大工商業者）此非吾一人私言國中達識之士同茲感慨者固不乏人也然論者率皆毗於政治的方面而忽於生計的方面謂外資所到之地卽爲他國權力所到之地外資之可怖專在於此斯固然矣但緣此而第二之疑問起

爲。且使商權自商權。政權自政權。外資所到之地。非必爲他國權力所及之地。如是則外資遂禍我乎。將禍我乎。此又不可不深察也。吾見夫年來有一種詖說。「謂引商力以禦兵力」其持論頗辯。且於粗淺之學理。影響之事勢。微有所見。其書彌近理而大亂眞。深足熒當局之聽。而攻難之之說。又似未足以服其心也。參觀「浙江潮」第十一期社說門今請先以極端之說。窮極其利害。然後按時勢以折衷之。

一外資與中國勞力者之關係。　論者曰。中國人口過多。國民大半無所得業。號寒啼飢。轉死狼藉。揆厥所由。皆緣母財不足以爲養。得外資以灌輸之。乃將如病渴獲酒。氣象昭蘇矣。夫外資所以來。將利用吾天產。利用吾職工也。利用天產則農食其賜。利用職工則工食其賜。直接以食其賜者一。間接以食其賜者必三。斯一舉而三善備也。此歡迎外資者最有力之持論也。若此說者。吾亦未敢盡謂其非然。然惜夫睹其一未睹其二也。當外資初入之數年或十數年間。此等曇花泡幻之良現象。誠哉其所必有。雖然。爲吾福與爲吾禍。則將視吾後盾之實力。所以應付之者如何。抑論者甯不聞現今歐美政界學界。有至劇烈至危險至困難之一問題。曰社會問題者乎。社會問題者何。自十九世紀初元產業革命以來。富殖之分配。愈失平衡。前此貴賤之階級方除。而後此貧富之階級旋起。舉全社會之人。劃然分爲兩等。其一曰資本家。居極少數。而日以富。其一爲勞力者。居大多數。而日以貧。此近日稍知時局者所能道矣。據著名統計家所調查。英國國富總額約一萬兆磅。而其分配之階級如下。

富　者	一百萬人	所有富額五千兆磅	每人平均五千磅
次富者	七百萬人	〃　四千八百二十兆磅	〃　六百九十磅
貧　者	三千萬人	〃　一百二十兆磅	〃　六磅

（按）所謂富者實不過二十五萬此稱百萬者乃並其家族計之云

據此則最下級人民所有財產比諸第二級之所有不及其百分之一比諸第一級之所有僅及其千分之一而所謂最下級者居全人口卅八分之卅其第二級者卅八分之七其第一級者僅卅八分之一耳生計分配之不均衡至於如此自餘他國大都類是於最大多數最大幸福之一主義爲正反對此社會問題之所由起也於是憂世之士持極端詭激之論謂近兩世紀間物質文明之發達非社會之幸福而社會之蟊賊也何以故以利最大少數人而病最大多數人故此其說之果通眞理與否姑勿具論要之現今歐美各大國勞力者困迫可憐之情狀昭昭不能掩也推其原因則（一）由以人類爲機器之奴隸前此恃巧練之手工可以獲職業以餬口者今則無所用之雖有巧工其所製產萬不能與巨廠爭利非棄其舊業以求雇傭於廠主勢將不能自存質而言之則勞力者一與機器相離遂全失其獨立性也以是之故資本家得有所挾持以制其短長彼等雖屢爲同盟罷工以圖抵制然工一罷則徒手坐食更無他途以得職業其勢固不能支一月以外呼籲無所皆此之由（二）以機器所用工人不須熟練之故前此職工往往須多年學習者今皆不用（中國至今各行職工皆有所謂徒弟者須學師若干年乃能操工泰西前此亦如是）資本家欲得職工咄嗟可集勞傭者之資格至純與尋常物品同惟應於供求之比較以爲庸率之漲落一旦供過於求（即工人欲得職業者太多）庸率即隨而暴落而現在機器以無須練習故婦女兒童競以廉價求傭壯者失業滋衆民以益困（三）由工業組織集中於少數之要地故人民不得不競去野業以就邑業而都會衣食住一切日用品其價率日昂勞力者以所得區區之庸錢勢不能給（四）由機器之製產物品過易往往生產過度而消費遞增之速率不足以應之於是倒閉踵接資本家直接受其害而害猶輕勞力者間接受其害而害滋重凡此諸端

皆歐美各國社會不平之公共現象也而其故皆緣工業組織法經一度大革命後與百年前劃然如隔世是以致此質言之則其原動力實起於資本資本之合同也鉅故兼幷得行資本之移轉也捷故投機癒盛當代社會主義家言必以資本歸公爲救時敝第一着手者凡以現今之社會組織法資本所在即幸福所在而彼以乏資本而喪幸福之小民至可憫也茲義而信也則試默揣將來外資大輸入中國之後吾國中勞力者之地位將何如前此吾中國苟非遇意外之旱乾水溢刀兵癘疫則凡小民之勤儉自愛者無或不可以得一職業雖所入至微而猶不至飢凍以死民之失業者大率由其自取者也若泰西之民之失業者則大率非由其自取而大勢迫之資本家操縱之也同爲貧困而貧困之起原一由自動一由被動自動者可還自救之被動者無所逃避此其所以爲異也此種之社會組織法今雖滔滔徧於歐美而猶未侵入中國外資之來則與之俱生必矣夫彼歐美者分極富極貧爲懸絕之兩階級而此兩階級之人皆屬於其本國國民也識者猶以爲國家一大病態若外資入中國後而此兩懸絕階級緣而發生也則其最少數之極富一階級全屬外國人而吾國民則皆屬於最大多數之極貧一階級者也何也此階級以資本家與勞力者爲界線也幸福既與資本相隨則無資本者必無幸福蓋可以論理學上否定斷案而決之者而今也國中一切生利事業皆仰成於外資則彼外資者其無異紾吾臂取吾民固有之幸福而橫奪之也是外資之可怖者一也

一外資與中國資本家之關係　資本家與勞力者之利害往往相反然則勞力者之所害殆將爲資本家之所利此徵諸歐美現象而皆然者也雖然使中國人而能結合其資本以成大資本也則固可以抵制外資勿使輸入即輸入矣亦能使爲螟蛉之果臝無致有喧賓奪主之患若是者則已軼出外資問題之範圍吾無復斷斷焉

矣。而不然者。以吾現有之少且散之資本。與外人輸入之多且聚之資本相競。其勝敗豈俟交綏而決也。綜觀泰西產業革命之歷史。自株式會社（中國所謂有限公司）興。而中產之商廛。不足以自存。自托辣斯興。而孤立之會社。亦不足以自存。不足以自存。則經幾度逼拶淘汰之後。前此所謂薄有資本者。不得不墮落於勞力者之地位。泰西近年來勞力者之一級。其數歲進。資本家之一級。其數歲減。馴至只有極富極貧之兩級。而無復中人產存立之餘地。皆此之由。今後外資之入中國。殆非復以濺濺涓滴而漸致也。其必挾長江大河暴風迅雨之勢。取其最新最劇之托辣斯制度。一舉而布溢於此舊大陸。五十年後。吾恐今日中國所謂資本家者。一無存矣。是外資之可怖者二也。

一外資與中國地主之關係。　論者曰。彼外資之入。勢不能不以吾之土地爲業場。土地之用既增。則其價亦增。如是食其利者。將在地主。斯固然也。雖然。亦有當分別言之者。礦地皆在山野。其購之也。恆非以重價。若鐵路線所經之地。又大率定一中率之平價。以法律之力。強迫購買。是路礦兩大業。於現在地主之利害。影響甚微薄也。故使外資而爲利於地主。必普通之土地租率。皆歲進。然後結果可期。然以近年來歐美產業界之趨勢。邑業日以盛。而野業日以微。（與前此之野業比較。固見其進。然以邑野兩者之進步差率比較。則野業瞠乎後也。）地租驟騰者。率在於數十大都會。其他固無有也。此等現象。雖在幼稚之社會。莫不有然。愈文明則愈甚。將來外資入中國。則此現象必隨而俱入。勢使然矣。（今者其象已漸著。一國之富力。幾全集於通商口岸矣。）然以外人審機之早。趨利之敏。恐將來所謂數十大都會者。當租率未漲以前。而土地所有權。已強半入彼族之手矣。謂余不信。試觀今日上海黃浦灘岸。除招商局一段地外。尚有寸土爲我國人執業否也。然則外資之於地主。雖未必大蒙其害。而亦未見能食其利也。夫即使地主果利。而以一國總殖計之。已不能與勞力者與資本家之所損相償。而況乎所謂利者又渺小不足算也。其可怖者三也。析富之質。不外三物。曰租曰庸曰贏。而地主資本家勞力者。三分之以今所逆揣則外資與三者之關係。其幾如此。然則外資之可畏。必不徒在政權之間接侵蝕也。昭昭明矣。一言蔽之則外資之來。而十九世紀上半期歐洲產業革命之現象。必隨以俱來。而我國生計界必起一次大擾亂。其始甚微。其後乃著。窮其惡結果之所極。可以至於吾上所云云。我國民前途最險惡之氣運。孰有過此者耶。孰有過此者耶。此極端說也。雖然更有一義焉。吾國產業界果能不經一次革命。長此以終古乎。且使不藉外資而吾國民能以自力變更其產業之組織。以與歐美列强競。則其因緣而起之現象。亦固不得不如前此所云云。若是者固與外資無擇也。然則吾其將因噎廢食。並此而不敢從事乎。雖至愚固知其不可。吾於是更欲陳按勢折衷之說。

第七節　中國今後對於此問題可採之方略

外資輸入其種種險象。旣已若此。則我國人對此問題。蛇蠍視而雞介距。宜矣。雖然吾儕點筆伸紙。爲無責任之言以快口舌則甚易。按實際處當局爲國家籌百年大計以期見諸施行則甚難。吾於是更欲提出兩問題。

一曰且使今日舊政府老朽悉避賢路。而國中才智之士。或以自力或以他力忽進而立於有勢力之地位。以組織成一吾儕理想的之新政府。此政府欲開一國利源。謀一國公益。將以屛絕外資爲政策乎。抑以利用外資爲政策乎。

二曰且使今日吾政府吾國民。日日猜忌外資。痛惡外資。設種種方法以拒絕外資。而此後究能使外資絕跡於中國乎。

欲解決第一問題。則當先問吾國民現在之資本力。果足以開發一國重要之利源與否。此前提定。然後此斷案乃得定。夫以人數五萬萬員天產二十六萬種之天府國。而謂其資本力不足以自開發其利源。無是理也。雖然。有資本而不能聯合。有資本而不能移轉。而欲驟以自力舉辦大事業。能自信乎。夫蘆漢鐵路。創議在十年以前。其時固云以本國之官力民力獨任之也。及其究竟。乃卒不得不仰資於巴黎之華俄銀行。粤漢鐵路初發議時。鑒蘆漢覆轍。欲以湘粤民力自舉之。乃求諸國內。求諸南洋。終不獲集。而卒不得不仰資於紐約之合興公司。以過去之歷史觀之。其情見勢絀。既若此矣。今者粤漢一路。爲俄法比同盟國所攘。於是有廢約贖路之議。而用去之小票五百餘萬元美金。尚且毫無著落。而贖回之後。接續自辦之工本。更不必論。其拮据危險也若此。此固由現在政府腐敗。種種原因有以致之。苟能變置政府。則現象亦當一變。斯固然矣。雖然。新政府法度之實行。非旦夕之效也。新政府之堅信用於國民。非旦夕之效也。以今日之力。而不能舉半截之幹路。而謂一變置政府。即能舉全國利源而開發之。毋乃太早計乎。充其量以二三年間。集百數十兆之款。自辦四五千里之鐵路。止矣。試問中國欲植勢力於全世界生計競爭之舞臺。果四五千里之鐵路所能有濟乎。僅鐵路一端。其應備資本。已當十倍於所謂百數十兆者。其餘若礦務若製造若轉運商業。其所需資本之鉅。以比例推算之。又當得幾何。夫甯能日以全國之母財。專注於路政。而此外皆不過問也。故吾國而不欲產業之勃興則已耳。苟其欲之。而曰專恃吾固有涓滴散漫之母財。此不通時局之言也。而論者則復爲消極之說曰。信如是也。則與其急進。毋甯漸進。就吾力所能及。先擇一二重要之事業而興舉焉。及其成效既著。則前此窖藏廢置之資本。將漸出。前此散漫零拾之資本將漸聚而其他事業相緣而興矣此亦可謂持重有識之言也雖然欲評此政策之是非則不可不先爲比較之研究夫使外資之來果實爲亡國之左券而更無他術以救其敝則吾於彼消極論者之政策誠無以易也然其害固非必至是若語其利則無論何種事業皆與他事業有連雞雙飛之關係（如欲鐵路之有利必藉內地農礦工商各業之勃興欲農礦工商各業之有利必藉鐵路全開交通利便又如鐵路僅有一路而無他路與之接續則乘載少而利薄到處脈絡貫通則乘載多而利厚自餘各業以此類推）必百業並舉然後其效果乃著更以家國全局之前途論之則交通殖產早興一日受一日之益普及一地爲一地之福今日之中國無論爲破壞後之建設爲不破壞之建設苟誠欲爲國家百年計者要當以救火追亡之劍及屨及之氣以赴之苟一國之總殖不增則凡教育軍事乃至種種行政機關皆不得舉即舉矣而左支右絀終不能貫澈其最高之目的而欲增一國之總殖則無資本其何以行之哉無資本其何以行之哉一國固有之資本既止此數吾一面設法獎勵求民間資本之聯合發達此爲要著不待論也而草創伊始殆爲全國生產界驟添活力間接以發起人民殖產思想則其效亦孰有速於利用外資者耶使眞無術以使之速而偏也則亦已耳苟有術者而猶云甯緩毋速甯局毋偏此必非憂時君子之本懷明矣且吾於一方面爲得寸得尺之謀其能保外資之不由他方面滲入乎是則又牽涉及第二問題而事理逾顯著者矣

欲解釋第二問題則當以第一問題爲前提苟我國母財誠足以自盡其地力而無復外資滲入之餘隙夫然後可語於拒外資否則爲生計無國界之一公例所支配彼外資者競趨夫求過於供之地若水就下又恐非以空言之所能抗也其最近最顯之炯戒莫如朝鮮數月以前日人以開墾荒蕪地權利要求於朝鮮政府朝人大憤乃倡議組織一農礦會社自墾全國蕪地以抵制之乃資本無著不旋踵而遂被解散至今則日人之勢力愈益

牢也。我國現狀。雖未至若朝鮮之甚。然使我之動機及其實力無以遠過於朝鮮。則其結果亦必無以遠過於朝鮮。此則吾所敢斷言也。夫甯不見我川漢鐵路倡辦經年。而英法猶指名坐索乎。夫寧不見我湖南礦務總公司。經紳商無量心力所造成。而各國公使遽起而爲抗議乎。苟吾無實力以盾其後也。則一二年後彼兩局面其終爲朝鮮農礦會社之續也。所謂實力者何。則資本是已。一言蔽之。則惟內資爲能抵制外資。無內資之整備。而徒以口舌筆墨反對外資者。皆無責任之言也。

讀者其毋以我爲歡迎外資者流也。依第一問題之解釋。則外資之來不來。權猶在我。所爭者能進取與不能進取而已。依第二問題之解釋。則外資之來不來。權已在人。而能保守與不能保守。將鍵筦於是焉。夫五十年前。我國上下皆懷閉關絕市之思想。不得不謂愛國之誠所發者也。使誠能閉能絕也。甯非大幸。無如不能。毋寧自初焉熟籌所以對待之之法。爲一定之方針。彼利用我。而我亦利用彼。則受斂亦安至如今日之甚。計不及此。而徒嚣嚣然鼓客氣曰閉之絕之。迨情見勢絀。則又相與委心任運。或太息痛恨於當道之無狀而已。夫既何及也。吾見夫今後外資輸入之動機。頗有類於是。吾不忍爲諱疾忌醫之詞。吾尤不敢學旁觀笑駡之派。故吾於今後處置外資之法。猶欲貢一言。

雖然。吾所論者。則新政府建設之後所有事也。卽不爾。亦必當斯局之一二大吏。眞有肫肫懇懇衞顧國民之實心。然後可以見諸施行也。若今日之政府當局。吾懼其采吾言而弊益滋也。故吾不欲言。雖然。吾又不忍不言。吾故先取現在吸受外資之缺點一評之。次乃陳補救之法焉。

華洋合股者。現在吸受外資之一法門也。此掩耳盜鈴之言。策之最下也。自會同公司初謀蜀礦。其章程聲稱先儘華股五成。聽入洋股五成。華商爲總辦。洋商爲副辦。此後福安公司（蜀礦）惠工公司（蜀礦）大東公司（浙礦）安裕公司（皖礦）隆興公司（滇礦）寶興公司（黔礦）皆援成例立案。就章程表面上觀之。未爲失也。不知所謂華商爲總辦者。不過傀儡。就使華股果占半數。亦斷不能如西人公司通例。令吾華股東占權利之半。而況乎按諸實際。華股決無一文也。此其爲奸商詭名賣國產以飽私囊之伎倆。至易見也。（非惟華人倡辦者爲奸商。即西人倡辦者亦奸商。彼實不名一錢。徒恃運動我當道得一紙文憑。再藉此文憑以爲運動資本家之地耳。凡各礦務之首事洋商。大率類是。如最近粵漢鐵路之交涉。欲新託一美人名柏許者承辦。而其人亦不名一錢者。一月前湘粵紳商在滬爭議此事。已揭其隱矣。）夫使我國果有完備之商律。正定公司股東及責任員之權利義務。而倡辦者復有組織公司之常識與其實力（卽資本）。然後外人有欲與股者。聽其樂附。則此所謂華洋合股之一辦法。夫寧非最可歡迎者耶。彼日本人今所日夕渴望。卽在此矣。而無如今日中國之現狀若是。則華洋合股之契約。卽爲外人制吾死命之左券。故有倡是議者。吾儕竟視爲國民公敵焉可也。

商借商還者。又吸受外資一法門也。此說在數年來最爲有力。蓋以爲貸者不屬我政府。則我政府可不任其責成。貸者不經彼政府。則彼政府無從恣其干涉。謂若是則無致以生計範圍牽涉於政治範圍也。雖然。私人貸貸之權利義務。已爲國際私法中一重要問題。欲不負責成。欲無受干涉。安可得耶。於官借官還。其利害爲直接。商借商還。其利害爲間接。直間雖殊。利害均耳。夫以今日官吏界之腐敗。則無論何事。與其官辦。毋寧商辦。斯舉國所同認矣。雖然。商人腐敗之程度。亦未見其有以愈於官吏。而倡借外債之說者。又率皆奸儈爲人作倀。委以茲權。爲毒逾烈。故吾謂苟政府不改革方針不確立者。則無論官借商借。無一而可。使誠能有一二才智之士統率於上游也。則與其商借而散漫無經驗。毋寧官借而統一有責成也。

「借何國之款，即用何國之人。」此盛宣懷氏初議辦中國鐵路總公司時（光緒二十二年）上總理衙門條陳中所言也。（見第一年時務報）此實近年來對待外資種種失敗之源泉矣。今勿論他事，先言鐵路。誠欲用外資以辦一鐵路，則其事業當分三大段。一曰借款，二曰築路工程，三曰管理成路。此三事者渺不相屬也。我誠善駕馭者，則借款之後，築路與管路由我處置，非債主所得過問也。或借款於甲國，而借材於乙國以司工程，借材於丙國以代管理，尤非債主所得干涉也。今也不然，代我借款之人，即監督工程之人；監督工程之人，即將來管理全路之人。夫是以全權皆在彼，而我無復容喙之餘地也。盛氏對於粵漢鐵路之交涉，嘗自慨歎，謂政由甯氏，祭則寡人。（盛致美使梁氏函中語）此事勢必至之符，自造惡因，自食惡果，而盛氏何見事之晚耶。故非將此間權限劃清，則利用外資之事無可言者無可言者。

故吾欲爲一最簡單之結論曰：毋用洋股，寧用洋債；毋用商借，寧用官借。（外國社債之性質全由商借，官不干涉，其法甚良。今吾語商借毋甯官借，似頗駭聽聞，實則以今日商人程度論之，不得不如此立論，非謂可以概將來也）而債權與事權之所屬，必釐而二之。如是則可以用外資。其道當若何？曰：

第一，法宜由政府以普通之名義大募一次外債，其對於外國應募者，不必宣言此債之用途何屬也。而政府內部自調度之，指定專爲興辦某某事業之用。日本明治初年有所謂起業公債者，即此辦法，但彼爲內債而非外債耳。又日本當甲午戰役後，兩次募公債於英美，其用以擴張軍備者半，用以調和金融獎厲殖產者亦半。建設伊始，斯爲最宜矣。或曰：埃及、阿根廷諸國皆以外債取亡，今尤而效之，爲險何如？曰：吾固言之矣。以中國之國力民力而負擔前此區區之國債，雖重而猶未爲重也。即於前此總額之外更負擔數百兆，其力猶能任也。所問者後此之財源能有道以指償否耳。今若不亟亟開發產業，謀一國總殖之增加，則前此所負外債已無以善其後。

雖無新債。猶將窮也。苟總殖加矣。則新債何害。故募債以興業。乃正所以拯舊債之疲弊也。或曰。我欲募矣。其能謂人之必余應耶。曰。是乃無慮。政府財政之信用。苟可暴著於天下。則外資者循生計無國界之例。其至也如水就下也。或曰。使政府聞子言也。乃無忌憚以募外債。乃不用諸生產而用諸消費。則後患庸有極耶。曰。吾固又言之矣。吾所論者新政府建設以後所有事也。若今政府而用斯道。則弊益滋也。且以今政府對於海外之信用。如彼其薄弱。則誠募焉而莫余應矣。

其第二法。則指定一事業以借債。而務釐債權與事權而二之。吾與某國之某公司或某私人爲借款之交涉。則所交涉者借款而已。其他皆非所得過問。此各國公司借社債之通例也。若借社債而債主遂羣起干涉公司之營業。吾未之前聞也。吾中國近年如津鎮蘆漢粵漢滬寧諸鐵路。一切資本。皆仰給於吾政府所發出之債券。（近日粵漢鐵路交涉案牘通譯債券爲小票）其性質與各國之社債全相合也。顧最可異者。則代我周旋借債之人。即爲代我築路代我管路之人。彼其人之初受託於我也。甚乃或不名一錢。徒藉我一紙之契約以爲號召。臨時運動彼中資本家以受取我債券。事前不費銖黍之血本。事後乃得莫大之權利。天下不平之事。孰有過此也。（如合興公司福公司會同公司福安公司惠工公司安裕公司等其發起人大率類是彼等皆非眞資本家也徒用冒險投機之伎倆要索一合同後乃挾以爲招搖之具事成則享後此無窮之利益不成則所損者區區之運動費而已彼其人物望不高信用不厚往往雖挾此合同而猶不足以動人故蜀滇豫浙之礦定約經一年而款不能集粵漢一路發起人無款自辦而實權乃轉而入於比法皆此之由惟津鎮蘆漢等一二大舉由彼政府助力故事速集耳）夫以莫大之權利畀諸彼中一二無賴之投機冒險家。而使之間接以代我募債。則何如我自據此權利而直接以自募之爲愈也。難者曰。吾直接自募。恐人莫余信莫余應也。釋之曰。他事勿具論。請言粵漢鐵路之合興。歐美人之購買合興債券者。信巴遜士乎。（合興舊總理）信何域查乎。（合興現任總理）信柏許乎。（合興擬易之新總理）不過以其債券上大書特書名曰「一八九六年五釐常息之中國公債」（粵漢鐵路合同第一條所定債券名稱如此）有我駐美公使及督辦鐵路大臣爲之簽署，有我政府爲之保證，有全鐵路以爲之頭次抵押，彼資本家之信合興債券而樂售之也，特此而已。今以同樣之簽署，同樣之保證，同樣之頭次抵押，任委一中國人或中國公司以募資於歐美市場，其信而應之者如故也，而何必合興，何必巴遜士，何域查柏許之始能集事耶。吾所謂自據有築路管路之權利而直接以募外資者，何不可行之與。有難者又曰，子言誠辯，其奈吾國中無一可任築路管路之人才，此萬國所知也。今曰吾自築之自管之，則資本家皆爲此路之前途危，夫孰肯冒險以應吾募也。況吾既無人，終不得不借材域外，苟不爾，恐款雖借得而路終無成時也。釋之曰，此固吾今日最痛心之事，我政府我國民苟念及此，誠宜自愧自奮，急起直追，以爲他日謀者也。若夫目前權宜兩全之計，亦非無道矣，則吾所謂借款甲國借材乙國之說，實今日駕馭外資之不二法門也。今微論他國，如彼日本者，其生計界極困難，未能有羨餘之母財以侵略我中國，此我所能信也，而苟借其材以代我辦一路之工程，必能勝任愉快，此又非徒我所能信，亦各國所共信也。今有一路於此，吾以政府或一公司之名義自辦之，用日本人以司工程，（路成後而管理之，則吾中國今日雖乏才已極，養成此種人才決非難耳）而發一種債券，與粵漢鐵路爲同樣之簽署，同樣之保證，同樣之抵押，以募諸歐美市場，而謂應募者必不能如現在合興之踴躍乎，殆非然矣。嗚呼，今者合興廢約之議方漸進行，吾以爲合興之約而能終廢也，則將來善後之策，不可不出於此途，即繼合興而欲經營他路，或經營鐵路以外之事業也，其進戰退守之計，亦不可不出於此途，能若此者，則可以用外資，不爾，則一文之外資，即一枚之割地快刀也。抑此議之實行，無俟新政府成立以後也，即現今猶優爲之，苟能是，是亦足矣。若夫當世極端之憂國論者，日日攘臂以排斥外資，曰吾其以自力辦某路，吾其以自力辦某礦，其熱誠吾甚敬之。其提議吾亦贊之。顧吾懼乎託諸空言者既數見不鮮。而客氣復不能持久。遷延遷延。稍經歲月。於此方面之目的既不得達。而彼方面受敵人之來襲者。復倉卒無以爲應。而卒蹈前此再三繰演之覆轍焉。則雖附益以更番之痛哭。其將何及也。吾故犯舉世排斥外資之最高潮。而獨研究外資利用之一問題者。正爲此爾。正爲此爾。

（附言）鐵路當爲國有當爲民有之一問題。（國有者由國家管業也。民有者由民間一公司或一私人管業也。）實現今生計學家論辨競爭之點。甲難乙駁。未有定論也。而爲防託辣斯兼并之勢。則國有爲優。爲調劑勞働問題之窮。則亦國有爲優。故「國有」政策。自今以往。日益占勢力矣。而社會主義家言。且並倡資本歸公（卽資本國有）之說。此其義在今日中國固萬難實行。（卽泰西各國亦未能實行。）然此實世界之公理。將來必至之符。今若爲國家百年長計。則改革伊始。不可不爲應此趨勢之預備。吾意新政府若立。莫如大借一次外債。以充國有之資本。而經營各業。純采「國家社會主義」之方針。如現今德奧諸國所萌芽者。則數十年後。不至大受勞働問題之困。而我之產業制度。或馴至爲萬國表率。未可知耳。雖然此其理至長。其事至遠。今日而言之。其猶語西江於涸鮒也。故不復贅陳。略述其倪而已。

雖然。利用者。對待外資問題之一義而已。必能抵制而後能利用。既能抵制則又不可以不利用且不妨利用抵制經也。利用權也。吾更欲於次節陳抵制之義。

中國貨幣問題

緒言

甲辰春。美國會議貨幣專使精琪氏至北京。爲中國貨幣問題有所策畫。草定條議十七則。附以解說數萬言。二月間。余在上海。獲見其原本。以爲中國若誠有事於改革。當無以易其議。顧其所根據之學理頗深邃。非研究斯學者驟讀竟難索解。雖有漢譯本。然詰鞫爲病。譌謬至多。讀之更墮五里霧矣。乃撮譯其大意。附以鄙見。旁參近世生計學者所發明之原理。博引各國改革貨幣之故實。以證其立案之所由。且於將來推行之法。所以挽國權勿使旁落者。亦綴論焉。斯事爲實際上一大問題。無論現在將來。總不得不出於改革。所爭者改革之權在我與在人耳。當軸之有責任者。與夫國民之治實學者。斯一省覽。幸勿以其艱深遼遠而置之。

甲辰三月　著者識

第一章　問題之起因及原案

自通商日盛。與地球諸工商國交涉日繁。凡懋遷我國者。靡不以貨幣制度混雜爲病。屢相忠告。使圖改革。莫或省也。（附注）日本維新前貨幣制度不立。亦與我等。各國公使婉勸强迫。故幕府末葉已議更革。至明治三年。遂定新幣制。庚子之役。償款巨億。而銀價日落。虧累倍蓰。當局者始竊竊憂之。顧茲事體大。非元本精深之學理。熟察當今之大勢。則無由制定斯案。即制定矣。而亦將不能推行。此固非我國現今政治家及學者之所能任也。加以交通頻繁。一國之利害。動與他國相倚。當局者自以國權微弱。更不敢孤行其志也。於是乎有求助美國提議貨幣改革案之事。實壬寅臘月。

其時南洋海峽英屬殖民地及暹羅。皆採用「金本位制」（解說詳下）美國新得菲律賓。亦相繼推行。於是全地球用銀國。惟餘中國及墨西哥。大勢所迫。幾不克自立。至是兩國駐美公使同時提議於美政府。乞相協助。美總統乃以國會之決議。派三人爲專使。歷聘歐洲日本諸國。且調查我國內情。將開萬國貨幣會議。謀實施焉。精琪氏即三專使中之一人也。

精琪等乃草擬中國圜法條議十七條。其文如下。（照原文直譯）

（一）中國政府應速定一有效之政策。以期設立圜法。該圜法以能有一定金價之銀幣爲主。其實施以能得賠款國之多數滿意爲歸。

（二）中國政府將設立此圜法。且管理之。應聘用適當之外國人以相援助。

（三）中國辦理此事。應派一洋員爲司泉官（Controller of the Currency）總理圜法事務。該司泉官有權辟用幫辦數人管理製錢局及别項事務。爲司泉官所指派者。

（四）司泉官每月刊造詳細報告書。申明錢幣情形。凡消流（Amounts in Circulation）借貸（Lend）及外國信用匯票（Drafts on Foreign Credits）等項各若干。皆備載之。（原注云此帳目並非中國政府之帳目。）凡各國之以賠款事與中國有交涉者。准其所派代表人遇適當時。許以查看。且有條陳獻替之權。凡此皆爲使新幣制昭信於各國起見。

（五）中國政府應定一單位貨幣（A Standard unit of Value）爲價值之主。該單位貨幣。應額定含純金量若干。大約所值金價。應兌銀一兩。或比墨西哥之一銀圓。其值稍昂。並定章許民間隨時攜金來託代鑄此單位貨幣之五倍十倍二十倍者。但量收其鑄造之費。或將來政府亦自行採金鑄此種貨幣。

（六）中國應亟鑄銀幣若干圓。通流本國。該銀幣應有相當之模範。其大小約照墨西哥洋圓。其與彼單位貨幣之比價定爲三十二換。設法維持。以後隨時按照下文所指辦法。調查全國應需之數。陸續添鑄。至補助貨幣（Subsidiary and Minor Coins）即小銀幣及紅白銅幣。其分兩價值。亦應劃定。惟以適用爲主。

(七)新鑄之金幣銀幣。無論在何省完納賦稅等項。皆照國家所定比價平等收用。若此等公項前此原定銀數者。皆准用新定幣價推算。

(八)中國政府應飭下各督撫曉諭各省。限定某月某日起。將所鑄新幣作民間完付種種債務之用。惟限期以前之債款。仍照合同支付。至某地自某日起。限由政府審定頒示。

(九)中國政府為維持銀幣定價起見。應在倫敦及別處通商巨埠。置備一信用借貸款。(Credit Accounts)以便出售金匯票。其滙價較平日銀行匯價稍高。譬如按照新制平日銀行倫敦匯價。應以新銀幣一圓兌換英金二先令。政府則俟每一圓零百分圓之二兌換二先令時。方賣匯票。此等匯兌歸司泉官專理。惟無論何人。欲購此匯票。必銀數在一萬兩以上。方許出售。

(十)為設立新圜法。且置備適當支兌之匯款。所需不資。若政府不能猝備。可以借外債充之。惟應指定一財源作抵。其財源應敷支付利息及償還資本之用。至管理此財源之法。須令各國之有關係於此事者。咸表同情。

(十一)所有鑄幣溢利。(Seigniorage Profit)應另行存貯。一俟貯至五十萬兩。應按照匯票之多寡。攤分外國各埠之代理人款處存貯。此存貯金款。最少積有……萬兩之數方止。

(十二)倘匯票出售日多。所存金款漸乏。准由政府所派駐外洋代理人收買銀匯票。吸回金幣。以補其缺。其價目由司泉官臨時定奪。

(十三)應設法頒定銀行律。准由國立銀行或別種相當之銀行。發行鈔票。與通寶同價並用。統歸司泉官監督。

（十四）爲推廣新幣起見。使其流通各省。愈速愈妙。應由司泉官託各省地方官吏或票莊錢莊及可信之商家代爲經理此事。

（十五）限五年內各通商口岸。一律須用新章。凡收納關稅。須用新幣。其僻遠地方。逐漸推行。一俟新制通行。則所有賦稅。俱收新幣。並正定章程。凡稅則皆以新幣計數。

（十六）俟新幣鑄成……萬圓之時。新章卽行開辦。

（十七）司泉官及各國代表人有權爲中國提議整頓財政。

以上十七條爲精琪氏所草擬原文。可撮分爲五大綱。

（一）畫一國內通行貨幣之事。（第六條）

（二）推行新貨幣於國內之事。（第七條第八條第十四條第十五條）

（三）維持金銀比例定價之事。（第五條第六條第九條）

（四）維持金銀比例定價法之預備及附屬。（第十條第十一條第十二條

（五）關於財政上主權之事（第二條第三條第四條第十三條第十七條

原文詞旨簡單。驟讀頗難得其用意所在。故今先爲提挈詮釋。次乃論其得失。

第二章　新貨幣案之解釋

挈論精琪氏原案之要點。凡得十六端。

第一　中國內地仍以銀幣爲本位正貨。

第二　本位正貨之銀幣其款式重量皆須畫一。大率每圓之價值當與美國之五十仙英國之二先令日本之一圓俄之一盧布法之二法郎半德之二馬克略相等。（附注）其大小約與今廣東湖北各處所鑄龍圓相等也

第三　除本位銀幣之外另鑄補助小幣分爲七品（一）半圓（二）四分圓之一（三）五分圓之一（四）十分圓之一（五）二十分圓之一（六）五十分圓之一（七）百分圓之一。或應加再小之數千分圓之一者隨時酌定其原料以銀白銅紅銅黃銅四品充之。（附注）即五毫二毫半二毫一毫五仙二仙一仙之七種也其所謂千分圓之一者約當今銅錢一文也

第四　別定本位金幣正貨爲價格之標準。其價即如美國之五十仙英國之二先令等。（附注）此本位金幣者即銀幣價值之所從出也本位銀幣一元所以能與美國五十仙英國二先令當有同等之價值者皆恃有此本位金幣爲其標準其理由詳下文

第五　此種本位金幣不以通行於國內。政府不必多鑄。初辦時即竟不鑄亦可。惟民間有攜金塊金條託代鑄者。政府則收受之。爲之代鑄。而薄抽其鑄費。

第六　政府當設法維持金銀定價使常爲金一銀三十二之比例。（附注）即三十二換　其所以能維持之者。用下列第七至第九各條所舉之政策。

第七　政府當精密調查全國應需貨幣之總額若干。定爲限制。凡政府所鑄造發出之貨幣。不得逾此額。

第八　政府當創設一局面專理國際匯兌之事。若市面匯價稍有漲落之時。政府即以此局操縱之。或收回銀幣於國庫。或吸入金貨於本國。

第九　此局面開設於倫敦。巴黎。柏林。聖彼得堡。紐約。橫濱。六處。若能開國家銀行分設各處。最善。即不能。則但存款於彼六處。專派一員駐劄經理。亦得此宗存款。若政府一時未能措備。則可借外債充之。惟所借外債。當指定一財源作抵。

第十　政府鑄造銀銅等幣應得利益。即存貯之。以爲將來吸收金塊之資本。

第十一　爲實行第七條所舉政策起見。故一切貨幣。不許各省自由鑄造。統由中央政府專理。擇地設局。以昭畫一而嚴限制。

第十二　此新案之實施。當有次第。先限五年內通行於通商各口岸。其餘內地。亦逐漸實力推行。以速爲貴。

第十三　新制實施之後。凡公私債務。皆須以新幣完納。並依國家所定金銀比價。

第十四　中國政府應聘用一洋員。授以全權。總理此事。且聽其辟用屬員。

第十五　中國政府辦理此事。須得各國之有債權於中國者（附注）即賠款有關係之諸國之同意。並聽其派代表人。隨時查察提議整頓。

第十六　開設國立銀行。發行鈔票。與正貨相輔而行。其事統歸所聘用之洋員經理。

以上各條。撮譯精琪氏原著「中國新圜法案詮解」之大略也。原著凡分十章。（一）論新法之益。（二）論中國改革之難。（三）論試辦方略。（四）論聘客卿相助之理由。（五）論圜法綱目。（六）論維持金銀比價之法。（七）論創設外國匯兌及存貯金款。（八）論銀行鈔券。（九）記會議之結果。（十）論繼續善後之法。全篇凡二萬餘言。凡以反覆說明其所根據之學理及推行之方略。今欲醒讀者眉目。故檃括之爲十六條云爾。

十六事中其第一第二第三各端。爲盡人所同知者。第十二十三兩端。爲推行以後必至之勢。皆無俟多陳。獨第四至第十一。爲本案最重要最竅妙之點。第十四至第十六。爲將來國權消長絕大關係。故分章批評之。

第三章　新貨幣案之批評

第一節　論所採本位制度

欲研究貨幣者。不可不先明本位之義。本位者。英語曰斯坦迭 Standard 政府所定幣制。於五金之中擇其一爲正貨。而他種幣皆以此正貨爲標準。以推算其價値。所謂本位也。上古種民有用鐵本位銅本位者。今則已絕跡於文明國中。以故近世生計學者所研究本位問題之利害得失。不出三端。一曰銀本位。二曰金本位。三曰複本位。銀本位者。以銀爲主幣。其餘若金若銅。皆以銀幣價値推算。如光緒二十三年以前（明治三十年）之日本。光緒二十五年（千八百九十九年）以前之印度及現今之墨西哥等國是也。金本位者。以金爲主幣。其餘若銀若銅。皆以金幣價値推算。如嘉慶二十一年（千八百十六年）以後之英國及近今歐美日本諸文明國通行幣制皆是也。複本位者。金銀二品並爲主幣。而嚴定其兩者之比價。如光緒二年（千八百七十六年）以前之法國。光緒二十六年（千九百年）以前之美國是也。歷覽數千年來貨幣史之變遷。大率由鐵本位進爲銅本位。復進爲銀銅複本位。復進爲銀本位。復進爲金銀複本位。而歸宿於金本位。此其大較也。以近世商務日盛。貨物批發爲額日鉅。非用金無以資流通。故千八百十六年英國首行金本位。實自然發達之勢所必至也。其時所謂拉丁民族同盟國者（法蘭西意大利瑞士比利時諸國）創行複本位制。定爲金一銀一五半之比例。行之數十年。美國效之。（定金一銀十五之比例）其效頗著。及同治十年（千八百七十一年）德國統一業成。採行金本位以後。而銀價次第低落。複本位國不勝其敝。越五年而拉丁同盟國遂一變方針。進爲金國。夫複本位之所以不勝其敝者何也。生計學之公例。凡兩種貨幣並用。以人力强定其比價者。則低價之幣必驅逐高價之幣於國外。學者稱爲「格里森」之原則。（格里森Gresham者英國一人名。此例由彼發明。故以名之。格里森原則學理頗賾。證據尤夥。今不能詳述。讀者任取一經濟學書。無不有論述之者。）近三十年來。銀價下落日甚。於是金銀並用之國。適應於此格里森原則。金貨寖漏巵於國外。惟餘銀貨獨專市場。名爲複本位。實則銀本位。如日本當明治三年。即頒金銀並用之令。而迄明治三十年間。實際以銀爲獨一無二之主幣。是其切證也。然則任其所之。以銀自安。其又何如。彼其以銀幣行國中。或有所甚便。其奈今日非閉關絕市之時代。勢不得不與用金國有國際匯兌。既無比例定價。則本國貨幣僅得與銀塊同功用。（其理由詳下）乘今日銀價下落之大勢。而敝且滋甚。以故近七年來。日美印諸國。不得不毅然有事於改革。皆此之由。

然則我中國前此果屬於何本位之國乎。嗚呼。吾蓋羞言之。我中國前此實無本位也。藉曰有之。則千年來絕跡於歐美之銅本位。乃正我國所通行而未完備者也。夫所謂貨幣者。必其有一定之格式。一定之價值。以其單位之個數（單位者英語曰么匿Unit。一磅者英幣之么匿也。一圓者日幣之么匿也。一法郎者法幣之么匿也。一馬克者德幣之么匿也。而銅錢一文者。中國貨幣之么匿也。故曰中國現行銅本位也。）爲易中之標準。以衡量百物之價者也。中國現行之貨幣。惟銅錢足以當之耳。其用銀也。則曰若干兩若干錢。夫兩與錢。乃衡量他物之名。非數計貨幣之名也。以云用銀。是烏乎可。（譬有千錢之物。價於此而曰值銅六斤四兩。豈不可笑。）嗟夫。自齊太公迄今垂三千年。猶濡滯於銅本位時代而不能自拔。嘵夫吾羞言之。（近來各省稍鑄龍圓。暫進爲銀銅複本位時代。然龍圓未通行全國。不足以當本位之稱也。）

然則我中國今後當定爲何本位之國乎。以世界大勢論之。雖以拉丁同盟國之堅持。以美國之倔强。以印度日本之習慣。終不能抵抗用金之勢力。卒降心以改進。無已。吾其從多數。用金本位。雖然。熟察吾國中生計程度。內地細民每日庸率。不過銅錢數十。易銅而銀。猶懼不適。而況於金。其難一。德之改金本位。利用法之償金也。日之改金本位。利用我之償金也。其他若俄若印度之改金本位。則皆自十餘年以前汲汲準備。吸收金塊於海外。準備閏滿而始從事也。以我國而驟行改革。從何處得此現金。其難二。若是乎金本位之萬不能幾也。如曰銀本位也。則今日幣制問題之動機。本以銀價低落。迭受虧累。爲之原。改制而仍用銀。則奚救焉。夫鄙人疇昔固頗言銀本位之爲利者也。以爲全世界皆金國。而我獨銀國。使吾內治不修。長此終古。則亦已耳。苟經大改革。後工業大興。乘銀價下落之勢。而利用之。則可以獎厲輸出。而抵制輸入。利莫大焉。（當日本明治十三年改金本位時議院之爭論極劇其反對論者即持此議且歷引彼十餘年間工藝品輸出之盛證以實事謂皆食銀價下落之賜然則此種理想非全無據也）由今思之。此不過百年前重商主義派之謬見耳。（參觀生計學沿革小史篇）近則公理大明。學者知惟兩利乃爲眞利。而輸出超過輸入。其勢萬不可以久也。（輸出貨物多則外國應償我之金銀必多然我非能以徒手捆載其金銀以歸也果爾則失貨幣流通之功用我何利焉故勢必以所得金銀仍購物於彼國運回以求複利故輸出多而輸入亦必隨之而多此不易之原理也自斯密亞丹以後此義大明矣）卽有之。而一國之利害。全不以此爲輕重也。（近百年來英國統計表皆輸入貨物超過輸出近五十年來法德荷蘭諸國亦然何損於其富）且金銀之來聚與否。亦不係乎貨物輸出入之正負也。（參觀本段末附注）故矯揉造作以求輸出之增率。謂藉此以瘠彼而自肥。此必不可得之數矣。夫中國當實業不振之今日。苟一旦振奮。而利用銀本位以爲進取。則吾所希望者。雖非在輸出之必超過輸入。然以此之故。輸出自必倍蓰於疇昔。而輸入亦將隨之以漲。則於通商兩益之誼。固有合焉。夫亦孰謂其無利。雖然。就一方而觀之。則借此以直接獎厲輸出。而並以間接獎厲輸入。誠進步之徵也。就他方而觀之。則以金銀比價漲落無定之故。致從事國際貿易者。皆有所憚。而裹足不前。以直接損壞商業。而並以間接損壞農工業。（國際貿易喪則國內生產力必不能發達此生計學者所常道者）斯又阻進步之徵也。兩利相形取其重。兩害相形取其輕。用銀之利。不足以償其害也明矣。

而況乎有償款一大問題之介其間也。若是乎銀本位之亦不能用也。夫複本位制以法美諸國之久經試驗。而卒歸失敗。其不可採也既如彼。而金銀兩者之單本位。其不可採也復如此。然則我國改革幣制其將何塗之從。

（附注）查德國近三十年來貿易表有足證金銀來衆與否不係乎貨物輸出入之正負者茲錄之以供參考單位十萬萬馬克也

	（貨物之部）		（金銀之部）	
一八七二—七九年	輸入超過	九二〇四	輸入超過	六三〇
一八八〇—八四年	輸出超過	三四四	輸出超過	一四六
一八八五—八九年	輸入超過	八八〇	輸入超過	四〇
一八九〇—九四年	同	五一二八	同	四二二
一八九五—九八年	同	四一三四	同	一七九

由是觀之金銀出入之正負差。與貨物出入之正負差。適成此例。此可以證重商派理論之虛妄。而矯揉以抵拒輸入品之爲無謂矣。

精琪氏此案。則亦金本位。亦銀本位。亦複本位。非金本位。非銀本位。非複本位。一奇形怪狀不可思議之幣制也。精琪氏自言此案根據金本位。且其詮解中歷駁非金本位者之說。夫既以金幣之厶匱爲價值之主。（參觀第一章所譯原案第五條）而一切銀銅幣價值皆由此推算焉。故謂之亦金本位。雖然。尋常金本位國皆以金幣通行國中。而我獨否。尋常金本位國其用銀皆有限制。而我獨無有。（凡金本位國皆以銀爲補助貨幣英國補助貨幣限通用於二磅以內日本補助貨幣限用於十圓以內德國限二十馬克以內法國限五十法郎以內）尋常金本位國民間有持銀幣以易金幣者。政府必應之。而我獨不應。即有賣外國匯票之舉。而非萬金以上不肯出售。且售亦必擇其時。故曰非金本位。以銀幣爲無限法貨通行國中。全國所用貨幣其原料更無貴於銀者。故曰亦銀本位。銀本位之價值皆由金厶匱而來。銀幣不過爲金幣之代表。（精氏原案所擬銀幣其性質略如日本之紙幣吾故曰爲金幣之代表若英之先令等則補助也非代表也）故曰非銀本位。金銀雙存。以法律之力强定金一銀三十二之比價。故曰亦複本位。

雖雙存而不並行絕無受格里森原則之影響致正貨流出國外之患故曰非複本位準是以談則精琪氏此案所以斟酌於三種本位之間者可謂良工心苦後有作者必來取法有斷然矣

第二節　論法定平價之重要

中國貨幣問題之動機則銀價下落之爲之也銀價下落而我獨蒙其影響其故何由蓋當今國際貿易大發達之時甲國與乙國勢不能無國際匯兌之事而在彼此用同一本位之國則可以有法定平價(Mint Par of Exchang)者以爲之準衡法定平價者何卽法律上所定平等之價格是也其法以甲乙兩國所通用之貨幣（卽斯坦迭么匿也）相比較觀其所含有金屬之分量幾何而因以定其價如英國之單位貨幣爲鎊一鎊之全量爲百二十三忌連零二七四四七內含金十一銅一之差量故其純金量爲百十三忌連零零一六（$\frac{123.27447\times 11}{12}=113.0016$忌連）日本之單位貨幣爲圓一圓之全量爲十六忌連零六〇三一七內含金九銅一之差量故其純金量爲十一忌連零五七四二（$\frac{16.60317\times 9}{10}=11.5742$忌連）（各國貨幣之有差量者因鑄幣不能用純金純銀必須攙雜下等金屬少許如英國則用十一分金一分銅之差量日本德國美國拉丁同盟國瑞典那威皆用九分金一分銅之差量推算法價時必須將其雜分量除出其所餘者謂之純金分量）故兩貨比較英貨一鎊當日貨九圓七十六錢三釐（$\frac{113.0016}{11.5742}=9.763$元）日貨一圓當英貨二先令零十六分片士之九强（$\frac{11.5742\times 240\text{片（卽一磅）}}{113.0016}=24.5828=2\text{先}\frac{9\text{片}}{16}$）是卽英日兩國之法定平價也其他諸國之法價皆依此例推算

以此之故故彼此匯兌常有定價卽如日人欲匯百鎊之值往英卽以本國貨幣九百七十六圓三十錢爲其定價英人欲匯千圓之值往日卽以本國貨幣一百零二鎊六先令十片士强爲其定價其事至簡至便雖金融時價稍有漲落然斷不至過甚（國際匯兌既有法定平價然金融時價仍間有漲落者則視其供求兩率之多寡耳如日本欲匯金與英國之數少而英國欲匯金與日本之數少則日本匯票求過於

供英國匯票供過於求在日本爭購匯票爭者多而其值昂則平日九百七十六元餘之定價或不能購得百磅之匯票而溢至千圓以外者有焉矣此其理與尋常物價以供求之率爲漲落者相同非緣貨價之價格有升降也故其漲落斷不至過甚蓋生計學定例供求之率任物自已而必趨於平故也

雖然此法定平價惟彼此用同一本位之國得行之耳若夫金本位國與銀本位國之國際滙兌不得用此例何以故蓋法價之所由定者以推算彼此貨幣中所含有金屬之純量而已而甲國某貨幣中含有純金量若干忌連乙國某貨幣中含有純銀量若干忌連於此而欲正定甲幣若干當乙幣若干其道無由蓋地金地銀（即金銀塊金銀條也）兩者之比價常應於供求之率以爲消長變動而不居者也故金幣銀幣之比價勢不得不隨其本質而動搖此異本位國所以不能立法定平價之理由也

既無法定平價則其國際匯兌將如何曰其在用銀之國只能以地銀價值推算而貨幣之功用將全滅卽金銀時價爲一與十五之比例者則吾將以十五忌連之銀易一忌連之金金銀時價爲一與四十三之比例者則吾將以四十三忌連之銀乃能易一忌連之金夫美國銀貨一弗（弗者美國銀幣一圓之譯名也原文爲打拉Dollar省書作$日本人取其肖形譯爲弗字以別於日本之銀圓今從之）與中國近年各省所鑄龍銀一圓其全量同爲二十六忌連有奇所含純銀量同爲二十二忌連有奇而美國之一弗無論銀價漲落如何總能易英幣四先令內外中國一龍圓則七年以前猶能易英幣二先令今則不及一先令半者蓋彼之弗不過爲金幣之補助不以弗中所含銀量計算而我則除計算銀量外無他術也故用金國絕不蒙銀價漲落之影響而惟用銀國獨蒙之皆此之由（即實行完全銀本位之國猶受其影響若我國之用銀塊而非用銀幣者更不待問矣）其影響奈何若遇進出口商務爲差負（輸出超過輸入爲差正輸入超過輸出爲差負）之時則我須匯銀出口使所匯出之銀而往用金國也疇昔以十五忌連當彼一忌連者今乃以四十三忌連當彼一忌連則虧累莫甚焉查中國近十年來（光緒十六

年至二十七年國際貿易統計。其差負總額凡九千九百七十二萬零三百一十四兩（海關兩）若使此數而必須匯出國外也。則以銀價低落之故。其負累不亦重乎。此其一。（此節却非甚可慮者蓋此不過仍重商主義派之杞憂耳其實國際貿易斷無常爲差負之理即常差負亦必有別種原因如英國近數十年來常差負者因其船隻寄港之所入及本國資本放在外國利潤之所入足以相償也中國近十年常爲差負之勢者其理由吾未能斷言之或有由陸路出口之貨不經海關故不能調查報告此其一因也或進口貨物係爲放利置業之用無須運貨出口以相抵如製造機器等類亦未可知此其二因也若如前一因則不至蒙銀價之影響如後一因則固不免矣何也暫時須匯銀出口也）團匪之變。償款四萬五千萬兩。分年攤還本利。總計已將九萬萬。當議約時。每海關兩一兩合日本銀一圓四十錢〇三（他國稱是）迨二十八年秋冬間。僅合一圓耳（他國稱是）。是四萬五千萬兩之原額。已忽進爲七萬萬兩。而利息尚不計。使銀價更有下落。其償率亦卽隨而增進。銀價所落之極點達於何度。誰能料之。則我償率所進之極點達於何度。亦誰能料之。此其二。若金銀比價有定。則無論內商外商皆安心以從事於國際貿易。而商務因以大發達。觀日本改行金本位以來。貿易表之大增進。雖其原因甚多。而國際匯兌之整便。亦其重要之一端也。我國近年貿易表進步絕稀。甚者如千九百年退減至四之一。雖其原因甚多。而銀價漲落之無常。亦其重要之一端也。故非打破此問題。則國力之發達。終不可得期。此其三。以此三因。故中國今日改革幣制。必以求得與金本位國有同一之法定平價爲第一義。至其何以得此之由。則精琪氏之政策。致可味也。

第三節　論新案求得法定平價之政策

今精琪氏新案。將以金一銀三十二之比例。爲我國之法定平價。夫現今通行者。既以金一銀四十餘爲經價矣。今有何術矯揉之。使銀價漲至半倍。此未通貨幣原理者所不能索解也。今約舉精琪氏之政策。不出三端。

（一）信用

（二）限制

（三）操縱

信用者。政府以信用導國民也。夫貨幣者易中之物。所以爲易。而非所易也。故必流通全國。無所往而不用。然後易中之資格乃成。貨幣爲政府所造。故政府當率先用之。法價（即法定平價之省稱下仿此）爲政府所定。故政府當率先從之。此最淺之理也。故精琪氏原案第七條云『新鑄貨幣。無論在何省完納賦稅等項。皆照國家所定比價平等收用。若此等公項。前此原定銀價者。皆准用新定幣價推算』此義殆不煩言而解。雖然。此實推行新幣之第一義也。

限制者。本案之最要關目也。考近三十年來各國更改幣制之歷史。當其由複本位而進爲金單本位也。則必先下令停止銀幣之自由鑄造（自由鑄造者民間有持銀塊銀條納於政府之鑄幣局者則政府悉爲代鑄無或拒絕也）此諸國之所同也。然此次新案所定銀幣之性質。與各國（專指金本位國）現行銀幣之性質。大有所異。蓋各國之銀幣。祇以爲補助貨幣。限至若干數目以上。即不許用。（參觀本章第一節第四段）而新案所定。則以銀爲國中通用唯一之貨幣。雖累至萬數千元。猶用銀也。故所鑄銀幣。自不能不加多於他國。雖然。鑄出之總數。亦不可不爲立限制。苟無限制。而欲銀幣之時價。常從其法價。勢固不能。夫物價之理。不外緣供求之劑以爲差率。供過求則時價落。求過供則時價騰。百物皆然。而貨幣亦不能外者也。夫今日中國所用之銀。其價所以下落而無所底止者何也。最近半世紀銀塊產出之總額。遠駕金產額而上之。而各國紛紛改金。舊日之銀。悉無所用。以一瀉千里之勢。而爲壑於中國。（世俗論者或以爲如此則全地球之銀如水就下流入我國豈非我之大利耶此眞大惑不解之論也銀也者寒不可衣飢不可食者也惟因其有易中之力故相率而寶之使其易中力全滅則與土石何異卽不全滅而低減至於失其前此之價値則亦與銅鐵何異彼以其不用之物易我有用之貨我則

（徒寶之而一旦欲持以還易彼有用之物則效力全失或全減矣則寶之奚爲者此在稍通生計學理者皆能知之今不贅論）銀之供給愈多。而銀之價值愈減。（金銀比價漲落之由其原因甚複雜他日當別著論詳言之）而我所通用者。又不過銀錠也。銀塊也。曾無一定之格式節制。凡名爲銀者。卽可以通用於我市面。於此而欲提高其價。勢固不能。無待言矣。故必有一定之貨幣。然後有價值之可維持。然貨幣之格式雖定。若猶聽民間或各省地方官之自由鑄造。則民間之持有銀塊者。疇昔須以四十餘兩乃能易金一兩。今一旦攜至鑄幣局。託其代鑄。鑄成之後。則三十二兩卽易一兩。夫孰不趨之如鶩者。（地方官局亦然）若是。則一二年間。而新幣之數。必驟增至不可思議。而全地球他國餘溢之銀。更不期而全集於中國。雖驅之不能去也。如是。則雖嚴定法價。而市面之時價。必仍與地銀（卽銀塊銀條之類）無異。且必因此而更致下落。何也。市面所有之銀圓。遠過於其所需之數。供太多而求太少。價未有不下趨者也。故新案主眼。將鑄幣大權。全收攬於中央政府。凡各省之銀元局皆罷之。中央政府則調查全國中當有銀幣若干。卽可敷用。準此數以爲鑄造之總額。務使所鑄之銀無一圓焉失其所而不得自效用於社會者。（供過於求則銀必有羨焉而莫或過問者是此銀爲向隅矣）夫制既定矣。前此之銀錠銀條。皆不許爲易中之用。其性質與尋常貨物無異。（今若持地銀在日本市場欲易一物不能得也）民非政府所頒之新幣。無可以爲易者。而所頒者只有此數。故政府欲定何價。而市價不得不從之而移。此固無俟刑驅勢迫而始然也。抑亦斷非刑驅勢迫之所能獲也。故限制之法行。而法定平價之成立。思過半矣。

曰。然則爲政府者。故絀其所鑄之總額。使市面上之新幣絕少。而求者常過於供。如是。則市價遂將騰於法價之上。寧不更利。雖然。此又不可能之數也。苟銀根缺緊之現象。永永繼續。則民間遂將棄政府之新幣。而復私用地銀。雖以刀鋸隨其後。不能絕也。如是則不久而新幣制之基礎遂壞。且政府所求者。亦在有此法定平價而已。更提高之使騰於平價之外何爲者。

或又曰。既用此法。則雖將新幣之法價更提高之。使如法美諸國然。爲金一銀十五之比例。亦可也。而何必限以三十二者。曰是固然。然此幣制之精神。藉以抵制外部之漏戹者。不過十之二三。而藉以調和內部之生計社會者。乃十之七八。故必視本國現時生活之程度如何。徒爲過高不相應之制。貪虛名而受實害。無益也。故日本現行之制。亦爲一與三十二之比例。精氏從之。庶爲近矣。

或者猶疑幣值既昂。則民間私鑄之弊。終不可免。而所謂限制者。或致無效。此則視其警察行政之力何如矣。抑鑄造法既改良。非有大機器不可仿製。則盜鑄固非易易也。不然。則普世界各國貨幣所名。何一不優於本值者。彼不慮此。而獨我鰓鰓耶。

既有限制以劑供求。則新幣之通行於國內者。必常能如國家所定之法價。雖間有小小漲落。而斷不至大剌謬也明矣。（全國各地遼遠。交通機關未十分整備。則有時或甲地供過於求。乙地求過於供。則甲地時價必落至法價以下。乙地時價必騰至法價以上。此殆斷不能免者。然此不過一地之現象。於全國大體無關。且其現象又不過在一時。任幣之自已。而價遂趨於平矣。故此不必以政府之力代致杞憂也。）而此法價對於國際貿易能否永久維持。是在操縱之術。操縱者。維持法價之大權也。精氏新案之妙用。全在此點。今更細論之。

據新案所規定。雖號稱金本位。而國中實不用一金。政府雖亦預備金幣。而民間有持銀易金者。並不給予。惟匯兌於外國過萬金以上者。乃出納之。此實頗奇異之現象也。（荷蘭現亦如此辦法。其通行之科爾登銀幣。亦不能換易金幣。印度現在辦法。亦大略相仿云。）今請詳言其理。夫以吾中國人現在生計之程度。用銀較適於用金。此盡人所同認也。故在國內充易中之役者。全無需乎金幣。純以新鑄之銀幣代之。已適用而有餘。若夫鑄造金器首飾等。則所用者全在地金。（地金不過與尋常一種貨物等耳）

與圜法及商務上之供求渺無關涉。然則需金爲用者。惟在國際匯兌之一途。而操縱之妙。即專在此。

今得先言國際匯兌 Foreign Exchanges 之性質。生計學家常言國際貿易者。實物交換之貿易也。（古代未有泉幣無以爲易中則惟以物品互易如孟子所謂以粟易械器又如史家所記美國當十八世紀之末尚有以牛乳易新聞紙之事皆所謂實物交易也英語謂之Barter又稱Natural Economy）何以故。凡自甲國運輸物品於乙國。其所售得之值。則金錢固已。然必非遽輦其金錢以返國也。必以之再販其國之貨物爲本國所缺之者。還而致之。然後可以獲利。乙國之懋遷於甲國也亦然。究其實不過以此國之所羨者。徠其所不足者於他國而已。夫此必非一人直接而爲之也。某甲由倫敦致千金之貨於上海。其所得值。非必親自復致他貨於倫敦也。或遽思輦其金錢以歸者有焉矣。而輦此千金以涉重洋。其勞費。其危險。其遷延時日。皆有種種障礙。於是適有某乙欲由上海致千金之貨於倫敦者。其濤售得值之後。欲輦金東歸。其障礙之多。猶甲也。故彼此以其債權互易。各得其所。而便利且益甚。此即國際匯兌之所由起也。而凡在國際貿易。甲國與乙國之間。其輸出入之代價總額。恆略相等。而莫或大懸絕。此既爲生計學上不可駁之公例矣。於此而兩國比較之間。其物品差額若干。即爲正幣之輸送點。（如甲國輸入乙國總額共值千二百萬乙國輸入甲國總額共值千二百五十萬則以千二百萬彼此相消無庸以正幣僕僕往返其所餘五十萬謂之差額即甲國應輸送於乙國者實五十萬耳若此者在乙國名之曰正差在甲國名之曰負差）明乎此。則知雖在國際貿易。其眞以金銀出口者。不過畸零中之最小數而已。

又如中國近年以賠款及償還外債本息之故。每歲須負數千萬兩之債務於外國。不知者以爲此金殆輦而出之也。及究其實。則決非泉幣外流之增多。而實爲物品輸入之減少。何以故。外國據此債權。則無俟本國運來之物。售之得其代價。而始有所易。遽以此金散諸吾國中。而取攜其所欲之貨以去耳。然後再以其所坐收之賠款。與其輸入品之代價。兩者和算。以與我輸出該國總額之代價比較。其所餘差額若干。即爲正幣之輸送點。（如本年應償英國銀五百萬兩英國輸入品總額值一千萬兩合爲一千五百萬兩而我國物品輸出於英國者僅得一千四百萬兩則我對於英國之正幣輸送額實一百萬兩也而此等輸送點。其數亦斷不至太鉅。何也。生計上學理。不以金錢與富同視。斷未有亦手運金錢以去而以爲利者也。

據此公例。則各國之國際貿易。宜若除此畸零小數之差額輸送點外。則彼此之貨幣。無或有外溢內注之事。然觀普通之貿易表。則金銀進出爲數仍甚鉅者。又何以故。此則全視其國中貨幣與百物供求之差率何如。使國內錢根甚緊。（此錢字通指金銀諸幣）供不敷求。則錢值昂而百物之值必賤。如是。故運貨物出口可以得利。使國內錢幣太多。（如鼓鑄太多則必生此現象）供過於求。則錢值賤而百物之值必昂。（所謂物值之昂賤者指其與錢幣之比例也舍錢幣外無以爲衡量物價之尺度也）如是。故運錢幣出口可以得利。苟利所在。人自趨之。雖嚴刑峻法。不能禁也。譬有國於此。其國內通行者。或爲銀幣。或爲鈔幣。苟所發出太多。以致金匯票及百物之值。以銀鈔兩幣推算。皆覺其漲騰。當此之時。則金幣（或地金）勢不得不出口。故依精氏新幣制。則尋常時日。無所用金者。（即用亦極小數且不旋踵而歸）必須用金。惟此時爲然。

既有信用限制之兩法。則平時銀幣通行於國內者。自能隨國家所定金一銀三十二之比價。不至太有所漲落。至其匯出於國外之畸零小數。（即所謂正幣輸送點）苟在平時。國內貿易所需易中物之總額。與現存易中物之數適相應。則亦自能從所指定之比價。無大偏畸。雖地銀之值低落於現今數倍。而我之幣制不受其影響如故也。然則此後更須費人力以補苴者何在乎。則（一）當內地以種種原因而致商務稍淡。貨幣之用求少於供之時。（二）或者中央鼓鑄偶爾失檢。發出太多。供溢於求之時。（前論限制之法謂中央政府當調查全國中當有銀幣若干即可敷用準此數以爲鑄造之總額云云自理論上固當如是也但按諸實際則一國中實應用金銀多少斷不能有確定不移之尺度以衡量測算之任用如何精密之調查不能遽得其眞數也故必先懸定一大概之數試辦通行然後以論理學之歸納法頻頻觀察之觀其市價（查新幣之市價）與經價（國家所定之法價）之比例漲落若何若市價劣於經價則必其供過於求也宜卽停鑄若市價優於經價則必其供不及求也宜更增鑄如是試驗者一兩年然後國中需用銀幣之眞數可以求得矣然又非求得之後即一定而不移也商務日見擴張則所需貨幣亦日加增故所謂歸納法之觀察無時而可以已而政府操縱貨幣之權力功用亦無時而可以已也當彼之時。則貨幣市價。必劣於所定法價。而懋遷者以運出正幣為利。而我所通行之幣。則銀也。非金也。於斯時也。勢不能不以地金之眞值相匯兌。而所謂金一銀三十二之比例者遂將亂。

然則操縱之術將奈何。在尋常供求相劑。貨幣之市價與經價適均之時。則國際匯兌之事。一任諸本國外國之銀行。政府可無容心也。惟當供過於求。不得不以正幣出口之際。則政府出而代民間任匯劃之事。以調劑之。精琪氏乃議於倫敦巴黎柏林聖彼得堡紐約橫濱六處。以半官半私之資格。各設一局面。預存貯金幣於彼。以備此際之用。譬如平日上海倫敦之金融常價。以我新幣一元易彼二先令。能常如是。政府可勿問也。一旦匯價漲至一元零二分乃易二先令。則政府乃自賣匯票。有持銀幣一萬元以上。萬金以下小數無關輕重故政府不爲茲瑣瑣云至中央銀行。此其假定之名要之政府所設司泉之機關是也託代匯外國者。政府則收之。而照市面通行稍廉之匯價。代爲匯寄。即由該匯往之地。政府所設之貯金處。照原定法價劃付。以一時之外觀論。政府似稍受虧損也。殊不知政府隨將所收之銀幣。存貯於國庫中。不復發出。轉瞬間而匯價必復趨於平。與法價同。蓋外國匯價之所以漲者。由於買匯票出口之數。多於運貨出口之數。而買匯票出口之所以多於運貨出口者。以百物之值較錢值爲昂。百物之值之所以昂於錢值者。以市面通行錢幣太多供餘於求。故一旦政府將錢幣收返於國庫。暫勿使出。則市面必以錢少而值昂。百物必以錢昂而值賤。而懋遷者與其匯金出口。毋寧辦貨以相抵。則貿易表之差負。必轉而出口之匯票與進口之滙票。復保平均。法價之恢復。直一轉圜間耳。此則操縱之爲用也。政府雖或小有損失。然爲大局計。以比諸前此以地金地銀之原價匯劃。其所贏足償所損而有餘也。

反是而或緣銀幣停鑄供率見少或因商務振興求率見多則市面錢根緊而物值賤其時本國外國之商人或以地金（幣制定後則地金亦視同百物之一種耳）交於國庫而易取新幣或以彼國之金幣依其法價交於吾政府在彼處之代理人以還買入口匯票以茲間接則新幣自復散出於市場以爲調劑而市價復底於平如是迴環操縱妙用不窮而幣制之基礎遂以確立各國之中央銀行所以維持金融運樞軸以振一國商務者皆循此道也質而言之則一國之貨幣或使之在國庫或使之在市場審其時而伸縮之而已此事言之似易行之頗難當茲局者非有平日完全之學識更加以臨時精實之調查則誤其機者往往而見也各國大財政家所最兢兢者此物比志也

第四節　論新案之附屬辦法

（一）設立於外國之代理機關　所謂倫敦巴黎柏林聖彼得堡紐約橫濱六處之局而皆爲政府之代理機關助之以圓滑其操縱者也故此機關之辦法爲案內一緊要節目今分三端論之

（一）此諸機關預儲之金額　此諸機關凡以應政府在本國賣出之匯票而由彼處照付者也故其所貯之金額務須足於應付其數當如何精琪氏以爲若專待匯劃市價有變動之日然後政府始代人營匯則其所需貯金不必甚多查印度流通貨幣之總額一千八百兆羅比約合英金一百二十兆磅其存貯金款則不足十兆磅約當其正幣一百分之八而强中國將來若欲辦此則準此推算當無大差

（二）此金額之所從出　精琪氏以爲中國若能從國庫中撥出此項存款最善也即不能可以發出公債票以極低率之利息借之於外國此款既存在外國銀行衆所共信更以一確實之財源作抵不憂債之無從借也

(三)此金額之將來償還法。　試辦之始。既借外債。而此外債將來由何道以歸還乎。精氏曰。鑄幣通例。不用純質。必攙雜下等金屬。於是有所謂鑄頭出息者。此無論政府自鑄及民間託鑄。而皆有者也。此項悉行存貯。不作別用。數年之後。即可以還代理機關之借款。而有餘。此其一。又新幣制既行。可以與各國政府協商。將賠款照新幣所定之法定平價推算。試辦之始。各國或未信辦理之必得宜。則可定一期限。以某年爲公認此幣制成立之年。期限以後。匯劃悉照法價。自無待言。即期限以前。各國亦允暫以現在銀價推算。惟其款不過暫存彼國中。將來屆公認成立之期。許照差數補還。（按）此精氏歷聘歐洲日本諸國時提出此意見而經各國許可者　此款即可爲代理機關儲金之用。此其二。中國內地本有金礦。若開採所得。亦可充用。此其三。夫此款存在外國。苟非市面變動之時。則不動用。且動用後。一到市面。再轉復從海外收買匯票。其款旋亦歸還。當存儲時。其間亦自有銀行利息之收入。非同尋常借債之用之於消費也。故將來指償之一端。可以無慮也。

(二)發行紙幣。　紙幣爲補助幣制之一要素。無待贅陳。精氏之新案。則以銀幣爲金幣之代表也。歐美日本諸國。則純以紙幣爲金幣之代表也。現在日本通行之銀行券記一圓一張之價值者驟視或以爲以一張代表彼十五錢之銀幣二枚不知實以十張代表彼十圓之金幣一枚也彼未改行金本位以前本有一種銀幣文曰一圓重量當現在五十錢銀幣之倍者此種幣前此多流入中國現尚常見之自改金本位後政府全行收回現已絕跡於日本之市塲即有之亦與地銀同價以彼一枚不能易五十錢者二枚也。精琪謂中國試辦改革之始。或未能通行紙幣。而其章程不可不早定之。將來或將發行紙幣之權。給予一銀行。或給予數銀行。苟使辦理得宜。實大爲幣制之利。蓋以銀幣與紙幣參用。以代表金幣。較諸純用銀幣以代表金幣者。其利益有二端。(一)因市面上所需易中之物。有帶循環恆需之性質者。有帶額外暫需之性質者。如市面有額外之需。銀根驟緊。苟無紙幣。則勢不得不添鑄銀幣以應之。一過其時。所需復舊。則羨餘之銀幣。流通市面者過多。匯價隨之而漲。彼時政府欲維持法價。勢不得不發賣外國匯票。以爲操縱之計。則其海外代理機關所存貯金款。必至頻頻動用。支出太多。而銀幣多積於庫底。失其效用。所損亦多。苟有紙幣。則當市面額外暫需之數加多時。卽增發紙幣。其復原減少之時。從而收之。操縱之權。尤簡易靈敏。而所陳之兩病。可以祛除。(二)以紙幣與銀幣通行國中。則鼓鑄之功。更可節省。其費用之廉。亦較倍蓰。凡此皆紙幣固有之特長也。故精氏以爲當試辦之始。不可不妥定章程。開辦後卽次第並行之。本章所論。皆精氏關於幣制本體所陳之意見也。至其管理此幣制之職權。吾將於次節語其利病焉。

第五節　論關於財政上主權之事

精氏原案關於新貨幣本體之辦法。原本學理。適切時勢。吾幾無以爲難矣。獨其關於管理此幣制之主權。有爲吾國民所當兢兢注意者。今不避複沓。再臚原案而評論之。

一中國政府將設立此圜法。且管理之。應聘用適當之外國人以相援助。(原第二條)

一應派一洋員爲司泉官。總理圜法事務。該司泉官有權辟用幫辦數人。管理製錢局及別項事務。爲司泉官所指派者。(原第三條)

一凡各國之以賠款事與中國有交涉者。准其所派代表人。遇適當時。查看司泉官每月所刊之報告書。且有條陳獻替之權。(原第四條)

一代理機關之借款。以一財源作抵。惟管理此財源之法。須令各國之有關係於此事者。咸表同情。(原第十條)

一應設法頒定銀行律准由國立銀行或別種相當之銀行發用鈔票與通寶同價並用統歸司泉官監督（原第十三條）

一司泉官及各國代表人有權爲中國提議整頓財政（原第十七條）

其司泉官所以必用外國人者以中國之大四萬萬人之衆而於此事可以勝任愉快者竟無一人也其必斷斷於各國之代表人者則以此事於賠款問題有關涉不可不求諸國之同意也精氏所著法案詮解第四第九等章言之綦詳今得細論之請先論司泉官職權所轄之範圍據原案則（一）全國鑄造事務由彼管理（二）各省地方官及商號之推廣此新幣由彼委託（三）海外代理機關之匯兌由彼專理（四）緊要屬員由彼辟用（五）將來開設中央銀行發行鈔票由彼監督綜觀五端則其職權之重大何如是不啻舉戶部及各省藩司之權而握其半也以戶部及各省藩司之權之半而畀諸一外國人之手其危險爲何如是又一赫德也赫德僅筦關稅沿江沿海以外之地猶非其勢力範圍若精琪氏所謂司泉官者則在在與內政有切密之關係一舉一動而皆足以制吾死命者也故語於實際則司泉一職萬無可以用外國人之理而今者舉國中能膺此職者既無一人則用客卿亦烏得已如其用之則其最宜注意者二端

一權限問題　前所論五種權第一種鑄造事務直接爲斯事之主力界之宜也第三種海外匯兌機關非通於生計界大勢有相當之學力者則無由操縱以神其用我國人才無足以語於此者不待問也故司泉之客卿所宜有事者惟此二端若其第二種推行新案於各省則屬行政官權力之範圍我政府若試辦之則自舉之更無勞彼之越俎爲謀也或疑我國政界之怪現象往往有中央政府之命而各地方官吏不實力奉行者則假司泉官以權力使干涉之似非得已雖然若政府實心辦理則自有可以行

其命令之權而不然者假外人之力以加干涉於各封疆尤非國家前途福矣其第四種任用屬員則將來養成相當之人才使可以受代毋致久假不歸皆於是賴焉任免之權悉自彼手而政府不得與聞此則稅務司之職權所以持太阿而不返也此其萬不能許者也其第五種則關係尤鉅矣中央銀行者一國財政生死之機關也貨幣雖爲中央銀行一重要之附屬物而組成中央銀行之分子非專恃貨幣故以銀行總裁轄屬司泉官宜也今乃以司泉官監督銀行是主屬倒置也故即一切以中國人自辦之而其分職固不可以不明而客卿更微論也

二年限問題　精琪原案於司泉一職但言用外人襄助而更不言其年限是有意爲荊州之借也夫此等改革作始雖難及其既成中材可任日本維新伊始事事借材五年以降悉歸自主其所以馭之者誠有道也我政府誠能操縱之則用精琪可也用其他之美國人可也乃至用其他之歐洲日本人皆可也而悉以雇傭之法行之或三四年或五七年一面養成適當之人才及期而可以爲瓜代則客卿亦何嫌疑之與有而不然者則誠不如不辦之爲愈矣

司泉官之外其最無理者則斷斷於各國代表人之同情是也此論之根因在賠款問題謂各國固債權國也庸詎知吾國幣制所以不得不議改革者其第一著謀國內圜法之整齊其第二著圖國際匯兌之便利凡以助吾國生計之發達而使全世界生計界亦間接受其賜而已若賠欲問題不過百利中之一雖微賠款吾猶將改革若賠款以外他無所利者則不如其已也其動機既不係於賠款而各國代表人蝨於其間果何爲者原案第四條謂各代表人可以查看每月報告夫我政府將來若實行此案則諸事皆可以與國民共見者其報告雖登之官報全世界盡人同讀焉可也而何必限於代表人也原案第十七條謂司泉官及各國代表人有權爲我提議

整頓財政。噫嘻。是埃及我也。是朝鮮我也。夫財政之範圍則廣矣。豈其限於貨幣。司泉官於所司貨幣一方面以外而更提議及於財政之全部。則何說也。謂各代表人以債權國之資格而得提議也。則其爲債權國不自今日矣。昔猶未敢明目張膽以言干涉我財政。今乃以幣制之故。而增出此特權。則幣制之改革。非爲吾福而爲吾禍也。就此點觀之。謂精琪之造此案與各國之贊成此案。非有野心存乎其間焉。吾所不能信也。

今者此案既罷矣。精氏既行矣。本節所陳。區區杞憂者。既已消滅。吾固無取再爲是嘵嘵也。雖然。吾聞之。子產殺鄧析而用其竹刑。因其一斑之野心。而沒其大體之完善。不得也。吾今更爲數言以結此論。

一　中國不改革幣制。則生計界永無發達之期。始終既必出於改革。蚤一日則得一日之益。遲一日則受一日之敝。

二　中國不改革幣制則已。苟改革。則其大體勢必採用精氏原案。精氏案於內國通行銀幣之爲金幣代表者。其法度盡人所同認。無所容疑也。而其爭辨者。乃在虛定金價之一著。此著則印度行之。荷蘭行之。日本行之。皆無所窒礙。而豈其中國而獨異。是故精氏案之必可行。吾保證之。（其不可行者在權限問題非制度問題也）

三　吾中國若自改之。則吾可以握其主權而食其利。若因循不改。恐數年以後。必有開列國會議强行干涉以迫吾改者。何以故。各國生計界之競爭。今後益集注於中國。而現今幣制。爲其競爭之大障物故。

使吾所謂第三事者不幸而言中也。則吾欲不爲埃及不爲朝鮮。可復得耶。今我政府之謝絕精琪也。固非確見夫原案之有何缺點。及權限之有何失當。而思有以易之也。特以無動爲大。苟且圖省事而已。故以其慣用之延宕敷衍的外交手段。以對付精琪。精琪去而問題消滅矣。而烏知夫「變亦變。不變亦變」之一格言。自今以往。

蓋支配於吾國各方面之事事物物。而終非延宕敷衍之所能避也。政府不爲國民計。亦當自爲計。不爲將來大局計。亦當爲目前賠款計。而竟長此以終古也。雖然。今之政府誰與語之。吾前此之言旣爲失言。吾知罪矣。

鄙人草此論。尚多未盡之意。如實行此案前之若何預備也。實行時種種之障礙若何而排去也。實行後若何養成人才以圖接手謀繼續也。皆吾所欲言者也。今此事已罷論。則言之何爲。若云以俟方來。則方來言之未晚。事會一日百變。處今日而言方來之言。知無當矣。吾故興盡而閣筆於是。苟以完篇而已。讀者諒之。

甲辰十月著者識

又頃見上海時報載有鄂督張氏駁斥精琪案一摺。其論權限問題。吾固表同情。若其論原案之缺點。則全未達生計學學理。一派門外漢語。本篇第三章第一第二第三各節。足以層層解駁之而有餘。讀者試兩勘之。勿徒爲讕言所蔽也。

著者又識

近世中國祕史序

甲辰夏六月。赤日熛怒。炎炎俯空。自辰達酉。無寸時假借。旱雲層疊。汔不成雨。鬱蒸瘀增。東南作風暈。披襟懽迎。謂少蘇息。乃挾炎沙。針膚熬骨。攝氏氣候表隨風陡騰九十七八度。汗自頂放踵。流續如溜。空氣壓人。前後喘幾不屬。蝨蝱蠅蚋蜞蝨蠷蚤蛾蜮。作聯隊形。包圍上下前後左右。公然對而恣搏噬。欲避不得避。逝將去汝。適太平洋海岸淸曠所。赤足散髮。被倭服。作海水浴。心目一朗。二三素心人。剝毛豆。下麥酒。調冰凌凌然。歌詩聲出金石。和之相與呼曰。此間樂。此間樂。及誦王仲宣雖信美而非吾土之句。又未嘗不欷歔而反也。反所寓丈室。疇昔種種現象忽復圍繞相與爲緣吁吾又安適耶吾又安適耶發篋陳海外史乘孤燈徹夜讀忽歌忽泣繼以起舞倚枕臥則夢栩栩然與彼中偉大人物游遽然覺嗒然曰是又昨日太平洋岸海水浴之類也寓鄰邦人所設學校校有圖書室室有國文舊籍雜史別史類百種餘旦夕依架下瀏覽者半月而强心目所接者與其時節及其境界吁一致已嗚呼茹荼飱蘗誰則云樂憯藥諱痼飲戚滋多僕本恨人願抹幾行眼淚語儂家傷心事與父兄子弟共其苦辛不願掉銅琵綽鐵板過屠門而嚼也乃最錄八篇無以名之名之曰近世中國祕史布之云爾甲辰六月晦捫蝨談虎客自序於日本横濱之捫蝨談虎處

飲冰室文集之十七

余之死生觀

我可以毋死耶君可以毋死耶嘻前我而生者億兆京垓無量數不可思議之人則既死並我而生者一歲之中全世界數十兆以上之人則既死我國內數兆以上之人則既死我與君其終不能免矣死既終不能免一死之後我與君將澌然以俱盡耶果爾爾則我將惟楊朱之言是宗曰死則一矣毋寧樂生雖然我見我國若全世界過去之聖哲皆有其不死者存我見我國若全世界過去之豪傑皆有其不死者存我見我國若全世界過去億兆京垓無量數不可思議之人類無論智愚賢不肖皆有其不死者存故知我與君皆有其不死者存今願與君研究「死學」

自昔野蠻時代之宗教皆言靈魂卽號稱文明宗教在今世諸文明國中最有勢力如景教者亦言靈魂孔教則不甚言靈魂佛教則反對外道六大論師之言靈魂近世歐美哲學家就中如進化論一派亦反對景教之言靈魂靈魂之果有果無若有之則其狀態當何若是數千年來學界一最大問題辯爭至劇烈而至今未嘗已者也雖然無論爲宗教家爲哲理家爲實行教育家其持論無論若何差異而其究竟必有一相同之點曰人死而有不死者存是已此不死之物或名之爲靈魂或不名之爲靈魂或語其一局部或語其全體實則所指同而所名不同或所證同而所修不同此辨爭之所由起也吾今欲假名此物不舉其局義而舉其徧義故不名曰靈魂而

名曰精神。精神之界說明。然後死學可得而講也。

佛敎之反對印度舊敎言靈魂者何也。舊敎言輪廻言解脫。佛敎亦言輪廻言解脫。獨輪廻解脫之主體。舊敎惟屬諸厶匿。佛則厶匿與拓都並言之。而所重全在其拓都。此其最異之點也。故此主體者。佛敎不名之曰靈魂。而名之曰羯磨。舊敎言靈魂雖各各不同。然皆言有一「神我」我爲所輪廻體。神我爲能輪廻體。佛敎以爲若此沾滯於小我。是求解脫而反繫縛也。故排之而立羯磨義。（佛之排舊敎說此不能具徵余近別著「死不死」一書當詳言之）佛說以爲一切衆生自無始來有「眞如」、「無明」、之二種性在於識藏。而此無明相熏相習。其業力總體演爲器世間。是卽世界也。其箇體演爲有情世間。卽人類及其他六道衆生也。以今義釋之則全世界者。全世界人類心理所造成。（佛說不限人類今舉狹義耳）一社會者。一社會人之心理所造成。箇人者。又箇人之心理所造成也。（今之箇人由有生以前之心理所造今之心理又造成死後之箇人全世界乃至一社會亦復如是）佛說一切萬象悉皆無常。剎那生滅。去而不留。獨於其中有一物焉。因果連續。一能生他。他復生一。前波後波。相續不斷。而此一物。名曰羯磨。（佛說經汗牛充棟語其指歸不外發明此義今舉其最淺顯者一段示證首楞嚴經云佛告大王汝身現在今復問汝汝此肉身爲同金剛常住不朽爲復變壞世尊我今此身終從變滅佛言大王汝未曾滅云何知滅世尊我此無常變壞之身雖未曾滅我觀現前念念遷謝新新不住如火成灰漸漸銷殞殞亡不息決知此身當從滅盡（中略）佛告大王汝見變化遷改不停悟知汝滅亦於滅時知汝身中有不滅耶波斯匿王合掌白佛我實不知佛言我今示汝不生滅性汝年幾時見恆河水王言我生三歲慈母攜我謁耆婆天經過此流爾時卽知是恆河水佛言大王如汝所說二十之時衰於十歲乃至六十日月歲時念念變遷則汝三歲見此河時至年十三其水云何王言如三歲時宛然無異乃至於今六十有二亦無有異佛言汝今自傷髮白面皺其面必定皺於童年則汝今時觀此恆河與昔童時觀河之見有童耄不王言不也世尊佛言大王汝面雖皺而此見精性未曾皺皺者爲變不皺非變變者受滅彼不變者原無生滅云何於中受汝生滅而猶引彼末伽梨等都言此身死後全滅）羯磨爲物。殆如然電燈者。電雖消去。而其遺漬緣表筒中。銖黍不爽。（今各國然電燈煤氣燈者燈局皆置表於然者之室每月視其表而量其所然之多寡因以取價）又如人食物。品品中土性鹽質。除穢洩外。而其餘精。徧灌血管。（以上設譬粗而不類特舉淺近以示證耳）於是乎有因果之律。謂凡造一業必食其報無所逃避（法句一二七偈云汝雖復至大洋中央乃至深山洞窟之下舉此世間終無能逃汝所造業結果之處）人之肉身所含原質一死之後還歸四大固無論已（四大者謂地水火風也中國言五行而印度言四行圓覺經言死後骨肉歸土血唾歸水動力歸火氣息歸風今此肉身更在何處）就其生前亦既刻刻變易如川逝水今日之我已非故吾方見為新交臂已故（首楞嚴經云若復令我微細思維其變寧惟一紀二紀實為年變豈惟年變亦兼月化何直月化兼亦日遷沈思諦觀刹那刹那念念之間不得停住）此其為說證諸今日科學所言血輪肌體循環代謝之理既已確然無所容駁故夫一生數十年間至幻無常無可留戀無可寶貴其事甚明而我現在有所行為此行為者語其現象雖復乍起即滅若無所留而其性格常住不滅因果相續為我一身及我同類將來生活一切基礎世界之中有人有畜乃至更有其他一切衆生人類之中有彼此國有彼此家有彼此族彼此社會所以者何皆緣羯磨相習相熏組織而成是故今日我輩一舉一動一言一話一感一想而其影象直刻入此羯磨總體之中永不消滅將來我身及我同類受其影響而食其報此佛說之大概也

吾受其義而歎其與今日進化論者流之說若合符契也侯官嚴氏括引晚近生學家言謂官品一體之中有其死者焉有其不死者焉而不死者又非精靈魂魄之謂也可死者甲不可死者乙判然兩物如一草木根荄支干果實花葉甲之事也而乙則離母而轉附於子緜緜延延代可微變而不可死或分其少分以死而不可盡死動植皆然故一人之身常有物焉乃祖父之所有而託生於其身蓋自受生得形以來遞嬗迤轉以至於今未嘗死也（天演論下一案語）此所謂乙者何物乎其名曰 Character 譯言性格進化論家之說遺傳也謂一切衆生當其生命存立之間所受境遇乃至所造行為習性悉皆遺傳於其子孫今日衆生其類種種其族種種各族類中各各有其特形特性千差萬别殽然不齊所以者何即其族類自無始來以迄今日生存競爭之總結果質而言之是即

既往無量歲月種種境遇種種行爲累積結集全量所搆也。夫所謂遺傳者。固非徒在無形之性格。卽有形之肢體其種種畸異之點。亦皆彙傳焉而有遞變顧前體已滅而後體仍相襲者。故知於粗幻之現體外。必更有其精實之別體存也。夫形體則精中之粗實中之幻者耳。而遺傳之跡顯然不誣也。則既若是。況更有其精中精實中實者其遺傳力之鉅。益可知矣。故至今日而所謂國民心理社會心理之一科學。日以發明。國民心理者何。社會心理者何。卽前此全國全社會既死之人以不死者貽諸子孫也。

遺傳既可識矣。但其傳焉而必遞變者何也。我祖我父之業力我既受之。而我自受胎而出胎而童弱而壯强而耄老數十年間其所受現世社會之種種熏習者。我祖父未嘗受也。我兼秉二者於是乎我復有我之一特性。我數十年間日日自擧其特性而發揮之以造出或善或惡或有意識或無意識之種種事業。還復以熏習現社會。及吾之死也則擧吾所受諸吾祖父者。一吾所受諸現社會者。二及吾所自具之特性。三和合之以傳諸我子。我子之所以傳諸其子。我孫之所以傳諸其孫者。亦復如是。乃至前世現世來世之人所以傳諸其子孫者。亦復如是。此所以雖不滅而有變也。（前引首楞嚴經佛說謂變者受滅彼不變者原無生滅此指能緣之本體也若所緣之作用則雖不滅而有變也）彼聖賢豪傑乃至大罪惡之人其所以於一國一社會之歷史皆有大影響。歷千百年而食其果未艾者。皆以此。又不徒彼等爲然也。卽全社會多數之庸人其微細羯磨亦相結而浸潤社會之空氣。能以自力屢屢變易之。吾所謂過去億兆京垓無量數不可思議之人類。無論智愚賢不肖。皆有其不死者存。蓋謂是也。

夫佛說主解脫。將厭離此世間而滅度之。故其教義在不造諸業。進化論主爭存。將緣飾此世間而莊嚴之。故其教義在善造諸業。其結論之相反亦甚矣。若其說一切衆生皆死而有不死者存。則其揆若一。而絲毫無所容其疑難也。佛說之羯磨。進化論之遺傳性。吾皆欲名之曰精神。今吾將據此以溝合羣哲微言以縱論死義。

景教言靈魂。以視佛及進化論者之說。其義似稍局矣。雖然。景教有最精最要之一言焉。曰三位一體。三位者。此譯聖父聖子聖靈。聖父謂上帝。聖子謂景尊。聖靈即精神。通於帝與尊與一切人類之間者也。以拓都體言之則曰聖靈。以么匿體言之則曰靈魂。靈魂何以能不死。以其通於帝也。故景教言人類之軀殼爲第二生命。其上更有第一生命者存。雖進化論家極謗景尊者。或未能難也。美國博士占士李者現代著名之哲學家也著「人生哲學」一書爲景教訟直原書於一八九三年出版現已重版四十餘次云今撮譯其數段李氏曰「晚近物質的文明日以進化質力不滅之說既有定論而其蔽也覩精神與物質爲同體乃謂物質之外更無復有精神者存此大誤也如赫胥黎在我邦演說（案指美國）嘗云「言語者變形之牛肉耳」一時以爲名言實則其陋甚矣夫就物質一方面論之凡物之質與力其在此世界者皆不生不滅不增不減例如吾輩所用燃料自千萬年前爰有大木繁蔭徧地歷若干歲委埋土中化爲石炭其內更含煤油瓦斯（煤氣之譯音）諸質遞歷年歲迄於今日人智發達能利用之運機轉輪輓車駕舟或炊食物或照暗室實則我輩所用非薪非煤非油非氣不過間接以用太陽發熱之力何以故彼諸物者其力受自太陽故今試取一五十年之老松斲而投諸汽機爐中其所發運機力之總量即此松五十年間所吸受太陽熱力之總量也故吾輩燃煤其所燃與五十年之松發力相等者則知其煤在千萬年前所受於太陽之熱亦正相等而既燒之後所損失者並非消滅還在空間別成他力以故日光也松樹也煤及煤油煤氣也蒸汽也皆同物而異形者也推諸百物莫不皆然吾輩軀殼之生命恃日光空氣乃至各動植物以爲養而空氣及動植物其源皆自日光故謂地球上只有一物名曰日光日光以外更無他物可也而日光之形息息變動息息循環今日於彼明日於此方爲動物旋變植物方爲植物旋變土石方爲土石旋變空氣以此推之豈徒即煤即松即蒸汽而已雖謂即松即牛即牛即犬即犬即石即石即梅即梅即氣可也故我之一身謂之我之身也可謂之並時某甲某乙之身也可謂之過去或將來某甲某乙之身例如謂之釋迦之身孔子之身基督之身堯之身桀之身華盛頓拿破崙之身也可不寧惟是謂之松也可煤也可蒸汽也可牛也可犬也可石也可空氣也可日光也可何以故息息變遷故變遷而未嘗滅故此赫胥黎「言語即牛肉」之喻所由來也雖然此物質界之公例耳若以應用諸精神界則大不可質而言之則形而上的與形而下的截然不同物未可糅雜以自亂其例也夫使此例而可以適用於精神界也則精神雖云不滅而其所謂不滅者不過如煤之然盡而復散爲氣松之老朽而更轉爲煤純然爲自然力之所支遣如一機器然則人類者百歲之汲汲爲無意識之循環塊然與土石奚擇哉而其實相實不爾爾凡人類皆有客觀之我有主觀之我質而言之則主觀者眞我也客觀者物也原質也而非我也非我之我雖不滅而常遷眞我之我則不滅而並不遷者也眞我之於何見之於其自覺自決自動者見之自覺自決自動之情志常住者也故吾人一生數十寒暑其客觀的非我之我剎那剎那變遷以去至七八十歲時身上所含之原質迴非復童稚時之遺物矣而其間能常保持一物焉曰「同一之我」此「我」者其知識與經驗日以進其希望與愛情日以富八十老翁圍爐與其子孫談幼時之經歷了然無異此即其最顯著者也此與物也無以名之名之曰靈魂若夫非我之我則靈魂暫憩之逆旅而已逆旅雖易而主人未嘗易（案此語與前所引首楞嚴經佛告波斯匿王觀河之見若合符契矣）昔之博士占士馬爾治那嘗言「一串之汽車驀止於驛場彼其前此緣軌疾行之勢力未嘗滅也變相而已一株之樹斬而摧之彼其根幹枝葉之勢力非頓無也變形而已一四之馬殪焉彼其負重千里之勢力未嘗亡也一變質而已彼樹與馬辭生物界以入於無機界之時也乃變爲與活樹活馬有同量勢力之他體惟人亦然人之去活而就死也化爲塵土及空氣等其總額與死骸之筋肉肌骨等總額同量其運動力乃至種種亦復同量質而言之則生前一身之總財產移而之他云爾」信如是也則天文學上三大公例歌白尼總財產之一部分也歌白尼死而此物還歸於何原質也重學攝理一奈端總財產之一部分也奈端死而此物還歸於何原質也故以物質界與精神界同一視者吾見其不可通矣一言蔽之則彼輩認物爲我而於與我合體之我反蔑之而不有焉其壞社會之道德損人類之資格亦甚矣』此李博士學說之大概也

惟其爲尋常鈍根衆生說法則專表其幺匿體不表其拓都體故不能如佛說之奧達焉至其精義則一而已（佛說之羯磨通於衆生景教之靈魂限於人類此其大異之點）

孔教不甚言靈魂（易繫言精氣爲物游魂爲變禮記言焄蒿悽愴非不言之特不雅言耳）顧亦言死後而有不死者存不死者何一曰家族之食報

二曰名譽之遺傳所謂積善之家必有餘慶積不善之家必有餘殃又曰君子疾沒世而名不稱焉是也此二義者似彼此渺不相屬其與佛教景教及近世泰西哲學家言之論死生問題者更渺不相屬雖然吾以爲此所謂不死者究無二物也物何名亦曰精神而已綜諸尊諸哲之異說不外將生命分爲兩界一曰物質界二曰非物質界物質界屬於幺匿體箇人自私之（幺匿體又非徒有物質界而已亦有屬於非物質界者存）非物質界屬於拓都體人人公有之而拓都體復有大小焉大拓都通於無量數大千世界小拓都則家家而有之族族而有之國國而有之社會社會而有之拓都不死故吾人之生命其隸屬於最大拓都者固不死卽隸屬於次大又次大乃至最小之拓都者皆不死

今請以佛說之名詞釋之佛之言羯磨也箇人有箇人之羯磨何以能集數人至十數人以爲家則以有其家特別同一之羯磨乃至何以能集千萬人以爲族集億兆人以爲國集京垓人以爲世界則以有其族其國其世界

特別同一之羯磨。箇人之羯磨。則箇人食其報。一家之羯磨。則全家食其報。一族一國乃至一世界之羯磨。則全族全國全世界食其報。由此言之。則言家族之餘慶餘殃者。於佛說豈有違異乎。特佛說就其大者言之。極之全世界乃至他世界。就其小者言之。則專論箇人。而孔敎則偏言家族之一方面而已。證以進化論之遺傳說。則孔敎更明確而無所容駁。夫以形體畸異之點。不過精神之粗末耳。而猶能遺傳諸其子孫。則祖宗所積善惡諸業。於其子孫必有密切之關係。抑何待言。吾中國因果報應之發表於後代者。據稗乘所載及鄉愚父老之所傳說。往往有之。近世科學新智識漸輸入。淺嘗者流。訝其與學理不相應也。從而排斥之。其鑿鑿有據不能排斥者。則推之不可思議之數而已。其實何奇之與有。祖宗雖死。而以其不死之善業惡業遺傳於子孫。子孫受之而已。今縱（淺譬人之造善業及身不得善報而子孫得之者譬猶有資本以營商業有資本則可以得利常理也雖然營業非必遂無失敗者故不獲利亦有焉但其資本既傳諸子孫則子孫有可以利用之而獲利之資格矣造惡業及身不得惡報而子孫得之者譬有人於此常爲盜以終身盜之術巧或終身逃法網者有焉矣但其爲盜之惡質傳諸其子孫其子孫終必有以盜覆其宗者即子孫不爲盜然其祖父爲盜時必有與盜相緣之他種惡質之子孫或受之而以他道取亡者亦有焉矣又如淫暴之人子孫每或多天然之夭折必其人生時皓齒蛾眉伐性太甚以脆弱之稟貽諸子孫也諸如此者若悉數之累千萬言而不能盡但一人之造業太複雜不能一一調查旁人觀之僅知其一不知其他故往往覺其不相應實則造一果必有一因殆如機器然驟視之其動作之相雖樊然殺亂而實有一定之秩序銖黍無所差忒人自不能察耳此種之應報或言有主之者此自宗教迷信之言其信否蓋難遽斷藉曰有主者然主者固無取人人而簿之日日而稽之也如彼紡績者然置一機器而團團之綿根根之線自能入其中而循其自然之軌以自組成之此則無論持造物說持天演說而皆可通者也又進化論家言人物之畸異形體性質亦有其子之代伏而不現及其孫或再隔數代而後現者亦有由舅而傳甥由姑而傳姪者（中國常言外甥似舅姪女類姑即同此理）善業惡業之或隔數代而始見應報亦由此而已）一家之善業惡業。餘慶餘殃於其家。一羣之善業惡業。餘慶餘殃於其羣。理無二也。故我族數千年來相傳之家族報應說。非直不能以今世之科學破之。乃正得今世之科學而其壁壘愈堅也。問者曰。孔敎言報之身後。佛敎言報之後身。寧得云無異。應之曰。不然。佛固言有厶匿之羯磨。有拓都之羯磨。則受報者必不僅死後輪迴之厶匿體明矣。然則佛之不廢家族報應說。與家族報應說之不戾於眞理。其可以類推也。故謂孔不如佛之備也可。謂孔佛殊別也不可。問者曰。既報之身後。又報之後身。毋乃重乎。應之曰。詗諸遺傳之說。則吾之本體固有傳焉者。有不傳焉者。其傳焉者。則報之於其拓都。（拓都與么匿並報。蓋雖傳去而我身固尙有此業存也）其不傳者。則報之於其么匿。報諸么匿之義。此則孔敎與進化學家所不言。而佛說逾密者也。若夫名譽之說。其理亦同一源。夫一羣羯磨。（即遺傳性）之總體。亦集其羣中箇人羯磨之別體而成耳。今無量數人同印此羯磨於其羣中。而其間業力較大者。則其印象必較顯。此即所謂名譽也。顯著之印象。以視尋常普通之印象。其影響於總體之變化者。能力必倍蓰焉。故名譽能鑄社會。一聖賢一豪傑出。而千百年後猶受其感化。而社會之幸福賴之。由斯道也。以比例之語說明之。則亦可謂積名之羣。必有餘慶也。孔子以名爲敎。所以勸人爲一羣造善業也。

其他諸哲之所以研究此問題者不一端。今不能具徵要之。與前所論列無甚差別。吾今乃欲爲下一結論曰。

吾輩皆死。吾輩皆不死。死者。吾輩之箇體也。不死者。吾輩之羣體也。

夫使以箇體爲我也。則豈必死之時而乃爲死。誠有如波斯匿王所言。歲月日時。刹那刹那。全非故我。以今日生理學之大明。知我血輪運輸。瞬息不停。一來復間。身中所含原質全易。如執爲我也。庸詎知今日之我。七日以後。則已變爲松。爲煤。爲牛。爲犬。爲石。爲氣也。是故當知彼彼也。而非我。楊朱所謂十年亦死。百年亦死。仁聖亦死。兇愚亦死者。彼也。而非我也。抑彼之死。又豈俟十年百年。歲歲死。月月死。日日死。刻刻死。息息死。若夫至今巋然不死者。我也。歷千百年乃至千百劫而終不死者。我也。何以故。我有羣體故。我之家不死。故我不死。我之國不死。故我不死。我之羣不死。故我不死。我之世界不死。故我不死。乃至我之大圓性海不死。故我不死。我不死而彼必死者何也。彼之死。非徒生理之公例應然。卽道德之責任亦應然也。我有大我。有小我。彼亦有大彼。有小彼。何謂大我。我之羣體是也。何謂小我。我之箇體是也。何謂大彼。我箇體所含物質的全部是也。（卽軀殼）何謂小彼。我箇體所含物質之各分子是也。（則五臟血輪乃至一身中所含諸質）小彼不死。無以全小我。大彼不死。無以全大我。我體中所含各原質使其凝滯而不變遷常住而不蟬脫。則不瞬息而吾無以爲生矣。夫彼血輪等之在我身。爲組成我身之分子也。我軀殼之在我羣。又爲組成我羣之分子也。血輪等對於我身而有以死利我之責任。故我軀殼之對於我羣。亦有以死利羣之責任。其理同也。頡德曰。死也者。人類進化之一原素也。可謂名言。

抑死（以下之死字皆指恆言所謂死）之責任。非猶夫尋常之責任也。他責任容或可逃。惟此一責任。則斷無可逃。常情莫不貪生而避死。然生終未聞以貪而能常。死終未聞以避而能免。夫亦盡人而知之矣。明知其不能常不能免。而猶貪焉避焉者。則人類志力薄弱之表徵也。要之於「死後而有不死者存」之一義見之未瑩也。吾之汲汲言此義也。非欲勸人祈速死以爲責任也。蓋惟懵於死而不死之理。故以爲吾之事業之幸福。限於此眇小之七尺與區區之數十寒暑而已。此外更無有也。坐是之故。而社會的觀念與將來的觀念。兩不發達。夫社會的觀念與將來的觀念。正人之所以異於禽獸者也。苟其無之。則與禽獸無擇也。同爲人類。而此兩觀念之或深或淺或廣或狹。則野蠻文明之級視此焉。優劣勝敗之數視此焉。今且勿論一國。勿論一族。卽以一家校之。使其家之先輩。漠然不爲子孫將來之計。則家之索可立而待也。雖然。既已謂之人類。則此兩種觀念者。則已自無始以來之羯磨而熏之受之。雖有深淺廣狹。而其本性中無此根器者。未或聞也。故雖有愚不肖之夫。要能知節制其現在快樂之一部分以求衰老時之快樂。犧牲其本身利益之一部分以求家族若後代之利益。此種習性。我國人之視他國。尤深厚焉。此卽我國將來可以競爭於世界之原質也。孟子曰。善推其所爲而已矣。將來之界。不限於本身社會之界。不限於家族。推之推之。則國之浡焉可立而待也。

楊度曰『古之仁者。其身雖死。而其精神已宏被於當世與後來之社會。故孔子死矣。而世界儒教徒之精神。皆其精神也。釋迦死矣。而世界佛教徒之精神。皆其精神也。於中國言孔子。則孔子死。於日本言孔子。則孔子生。於印度言釋迦。則釋迦死。於日本言釋迦。則釋迦生。死者其體魄。而生者其精神。故耳。由此推之。今世界之言共和者。無一而非華盛頓。言武功者。無一而非拿破崙。言天賦人權者。無一而非盧梭。言人羣進化者。無一而非達爾文。蓋自世有孔子釋迦華盛頓拿破崙盧梭達爾文諸傑以來。由古及今。其精神所遞禪所傳播者。已不知有幾萬億兆之孔子釋迦華盛頓拿破崙盧梭達爾文矣。而遂以成今日燦爛瑰奇之世界。其餘聖賢豪傑之士。皆無不如此者。其道何由。則惟有借來人之體魄。以載去我之精神而已。去我之體魄有盡。而來人之體魄無盡。斯去我之精神與來人之精神。相貫相襲。相發明。相推衍。而亦長此無盡。非至地球末日人類絕種。則精神無死去之一日。盛矣哉。人之精神果可以不死也。』（楊氏序拙著「中國之武士道」）斯言諒矣。顧以吾所綜合諸尊諸哲之說。則微特聖賢不死。豪傑不死。卽至愚極不肖之人亦不死。語其可死者。則俱死也。語其不可死者。則俱不死也。但同爲不死。而一則以善業之不死者遺傳諸方來。而使大我食其幸福。一則以惡業之不死者遺傳諸方來。而使大我受其苦痛。夫人亦孰樂使方來之大我受苦痛。然明知之而故蹈之者。必其於此數計量之法。有所未瑩。以爲是可以謀現在小我之快樂。毋寧舍其遠而取其近也。吾今且與之言小我。言現在。彼所謂快樂者。豈不曰鮮衣耳。美食耳。宮室妻妾之奉耳。游宴歡娛之聚耳。今卽此數者。以中國人所享之程度。與歐美人所享之程度比較。不待智者而羣知其不如也。推其所以不如之由。則亦彼國强而我弱。彼國富而我貧爾。而況乎民窮財盡之今日。將來茹荼嚼蘗之苦。且迫眉睫也。故處貧弱國而欲謀箇人之快樂。其終無望矣。是謂小我之樂必與大我之樂相緣。此一說也。小說家言昔有富翁。日夕持籌。夜分不得息。其鄰有製豆腐者。雞鳴而起。磨聲隆隆焉。翁甫交睫。輒聒之不能成寐。翁乃遣人貸以百金。使改他業。鄰喜受之。則復持籌汲汲。思所以處分此百金者。竟三夕夜分不能成寐。如翁也。乃急返其金曰。吾得金之樂。與不寐之苦。不能相消。請辭。若是乎眞苦眞樂。必不在唯物的。而在唯心的。至易明也。雖復縱耳目口體之欲。而其精神界有無量壓制。無量束縛。無量憂疑。無量慚愧。無量恐怖。是安足云樂也。是謂有形之樂與無形之樂相除。此又一說也。夫卽持現在小我之主義者。其所以自擇。不可不審也。既若此。而況乎現在小我者實彼也。而非我也。我不惜犧牲我以爲彼之奴隸。天下之不智。孰過此也。

然則吾人於生死之間。所以自處者。其可知矣。亡友康幼博廣仁嘗語余。『吾輩不得不一死。又不得再死。死之途萬也。若造物主令我自擇者。吾將何從。吾且勿論公益。先計私利。則爲國民而戰死於槍林彈雨者。最上也。何也。突然而死。毫不感其苦痛也。爲國事而罹刑以流血者。次也。何也。如電之刀一揮。若痛者僅刹那頃也。展轉牀蓐。呻病以死。下也。若乃如勞瘵之病。去死期數年。醫者已宣告其死刑。而彌留之際。猶能絮絮處分家人婦子事者。最下也。何也。知必死而不能避。求速死而不能得。苦痛無極也。』此雖似滑稽之言乎。而眞理寓焉矣。今吾請櫽括前言而繹演之曰。我之軀殼。共知必死。且歲月日時。刹那刹那。夫既已死。而我乃從而寶貴之。罄吾心力以爲彼謀。愚之愚也。譬之罄吾財產之總額。以莊嚴輪奐一宿之逆旅。愚之愚也。我所莊嚴者。當在吾本家。逆旅者何。軀殼是已。本家者何。精神是已。吾精神何在。其一在厶匿體。將來經無量劫緣。以爲輪廻。乃至入無餘涅槃。皆此物焉。苟有可以爲彼之利益者雖糜其軀殼。不敢辭也。其一在拓都體。此羣焉。此國焉。此世界焉。我遺傳性所長與以爲緣而靡盡者也。苟有可以爲彼之利益者雖糜其軀殼不敢辭也。夫使在精神與軀殼可以兩全之時也。則無取夫戕之固也。而所以養之者其輕重大小既當嚴辨焉。若夫不能兩全之時。則寧死其可死者而毋死其不可死者。死其不可死者名曰心死。君子曰哀莫大於心死。

重印鄭所南心史序

啓超欲求鄭所南先生心史。養養然夢寐以之者十餘年。乙巳四月。客有自署無冰者。以家藏本見贈。窮日夜之力讀之。每盡一篇。腔血輒騰躍一度。既卒業。隱几瞢騰。睡則囈誦「誓以匹夫紓國難。艱於亂世取人才。屢曾算至難謀處。裂破肺肝天地哀」之句。咿嚶作小兒啜泣聲。同舍生眙之。謂其病也。嗚呼、啓超讀古人詩文辭多矣。未嘗有振蕩余心若此書之甚者。先生自跋曰。吾不知此書紙耶字耶語耶法耶誓耶誠耶人耶鬼耶神耶天耶心耶理耶性耶。但啓超讀之。則如見先生披垢膩衣。手八尺藤杖。凛凛然臨於吾前。滔滔然若懸河以詔我以所謂一是之大義者。嗚呼、此書一日在天壤。則先生之精神與中國永無盡也。先生所抱主義至單極簡。全書殆數萬言。所陳說唯一義。反之復之。絡之繹之。而不見其有一詞之費。詩曰。其儀一兮。其儀一兮。心如結兮。荀卿釋之曰。故君子結於一也。先生之謂矣。今之少年。其貌爲先生之容者蓋比比。吾不敢謂其皆無先生之志。雖然。學先生者必於其本本原原。一謬其去千里。吾觀先生性情之厚。其獨得於天者。或非人人所能幾。至其堅苦刻厲力學自得之處。曷嘗不諄諄然示後輩以周行而俾之率由。一言蔽之。亦曰誠而已矣。今之少年發憤於國之積弱。訴嗚呼天或且遷怒以及孔子然日本四十年前維新之業彼中人士推論自出皆曰食儒敎之賜無異辭吾讀所南先生之書而歎儒敎之精神可以起國家之衰而建置之者蓋在是矣蓋在是矣夫先生蓋舍儒敎外他無所學者也先生之人格求諸我國數千年先民中罕與相類惟日本之吉田松陰絕肖之其行誼之高潔肖其氣象之俊偉肖其主義之單純肖其自信之堅確肖其實行其所持之主義百折而氣不挫也肖其根本於道心道力予天下後世以共見也肖嗚呼、海西海東數百年間兩人而已兩人而已顧以一松陰能開今後之日本而先生乃齎志沒僅以區區之心史貽子孫此蓋所處之時勢難易不同而日本則一松陰唱之十百千萬松陰和之而所南並世無一所南豈惟並世卽距今六七百年而所謂區區之心史猶若隱若見於人間世而舉國中知有先生者尙不可多得微論崇拜也先生固言之矣曰『國之所與立者非力也人心也故善觀人國家者惟觀人心何如爾此固儒者尋常迂闊之論然萬萬不踰此理』又曰『今之人萬其心一於利初若剞肝膽相授熟窺於久實不然坐空一世悉莫我與合』又曰『我始之待人爲君子也十必望其八九久之則七六矣又久之則五四三二矣又久之至於一亦無所取者有之』嗚呼、人心敗壞一至此極欲國之不亡豈有幸也嗚呼心史嗚呼心史書萬卷讀萬徧超度全國人心以入於光明俊偉之域乃所以援拯數千年國脈以出於層雲霿霧之中先生有靈尙呵護之乙巳四月後學梁啓超校竟記

開明專制論

(一)本篇因陳烈士天華遺書有「欲救中國必用開明專制」之語故暢發其理由抑亦鄙人近年來所懷抱之意見也……(二)本篇雖主

張開明專制。然與立憲主義不相矛盾。讀至終篇自可見其用意之所在……(三)本篇都凡十章。爲釋者三。爲述者二。爲論者五。皆用嚴正的論理法。(演繹法歸納法並用)不敢有一語憑任臆見。……(四)本篇以避文字複沓之病。故多用附注。與正文常相發明。望讀者勿忽視。

著者識

第一章　釋制

制者何。發表其權力於形式以束縛人一部分之自由者也。以其束縛人自由。故曰裁制。曰禁制。曰壓制。以其所束縛者爲自由之一部分。故曰限制。曰節制。以其用權力以束縛。故曰强制。其權力之發表於形式者。曰制度。曰法制。

(附注)制者之權力。僅能束縛被制者一部分之自由。而必非能束縛其全部分者。文明之法制無論矣。即最野蠻之壓制。縱能舉一切行爲之自由而悉制之。而意志之自由。終在所制之外也。則亦仍爲一部分也。

(又)制必與權力相緣。故凡制皆强制也。今爲行文之便。時亦用强制二字。

制烏乎起。起於競爭。有以强制爲調和競爭之具者。有以强制爲助長競爭之具者。今分論之。

競爭有二。一異種類之競爭。二同種類之競爭。二者常並時而行。如人類對於其他衆生。則認彼衆生爲異種類。文明人對於野蠻人。則認野蠻人爲異種類。文明人相互之間。甲團對於乙團。則彼此交認爲異種類。如此者精密分析之。殆不能盡。而於一方面爲異種類之競爭。於一方面又爲同種類之競爭。如人類方與衆生競也。而人與人亦同時相競。文明人方與野蠻人競也。而文明人與文明人亦同時相競。甲團方與乙團競也。而甲乙之內部亦各各同時相競於彼時也。其同種類之間。各厶匿體能行競爭於秩序的。則其對於異種類之競爭必獲優勝。否則劣敗。何以故。必有秩序然後彼此之行爲可以豫測其結果而不至衝突。故必內部無衝突。然後能相結集以對外。故雖然。所謂秩序云者。非自始焉放任之而可以自致者也。其得之也。必以强制。强制者實社會所以自存之一要素也。所謂以强制助長競爭者此也。

（附注）或謂人類自然能調和。不待强制而可以爲平和的發達。此中國老莊一派之理想。泰西上古諸哲亦常有持此說者。是未嘗爲歷史的研究。誤解古代社會之情形耳。或又謂自然界有天然之公例。可以有調和而無軋轢。人類亦當有然。此亦由前此「自然科學」尚屬幼稚。於自然界生存競爭相續不斷之一大現象未嘗見及耳。今此兩說已屬陳言。久爲學界所否定。

若是夫有强制則社會存。無之則社會亡。就社會一方而言之。則雖曰「强制者神聖也」可也。雖然。有制者有被制者。其爲不平等之現象明甚也。於是乎被制者或立於不利之地位。輒相疑曰。强制者對於社會雖神聖。對於個人則蟊賊也。然此知其一未知其二也。夫不平等者。人間世必然之現象也。雖無强制的組織。而其不平等之各分子卒未嘗滅。以不平等之現象爲由强制而來。是倒果爲因也。社會之有强制的組織。其性質原所以干涉社會中諸種不平等之關係。但其干涉也。時或以「人爲淘汰」之作用。助長其不平等者。使益趨於不平等。雖未始無之。要其普通所行。則多以調和不平等者。而使之漸趨於平等。有斷然也。今羣多數之個人以立於社會。使無所謂强制的組織以臨其上。則其間弱者之境遇。必更有不忍言者。何也。彼强者得伸其權力於無限。而弱者遂無術以自存也。故夫有强制的組織。則個人之自由。雖不得不視前此而較狹。而在此狹範圍內。能藉强制之保障。使其自由之程度。視前此反更確實。利害正相抵也。所謂以强制調和競爭者此也。

(附注)如前段所言。則此文所謂强制者。專指立於社會之上的權力而言。可知非謂社會中之各個人甲强制乙。乙强制丙也。故文中屢稱强制的組織。質而言之。則指社會上之最高權力也。

(又)因不平等故生强制。非因强制故生不平等。使人道本來平等。則無所用於强制者。抑無能行强制者。故論者之所說。實倒果爲因也。

(又)社會多數之個人中。有强者。有弱者。甚不平等。且其不平等也無界線。自有强制的組織。而强者弱者皆爲被制者。不過强者所占地位廣。弱者所占地位狹耳。其廣狹之懸絶。充其量至於如一分與九十九分之比例。可謂極矣。然以有强制的組織。故此一分之狹地位。仍得保障。故强制有益於弱者也。若夫强者之地位。前此不過爲事實的行爲。及得强制的組織。而始變爲適法的行爲。故强制有益於强者也。故曰調和也。

(又)問者曰。此皆就被制者一方面言之耳。若夫制者。(即握社會上最高權力者)寧非得伸其權力於無限乎。應之曰。斯固然也。此其解釋。非屬於制與不制之問題。而屬於專制與非專制之問題。故次章更論之。

(又)若夫被征服之社會。而征服者行强制於其全部。此所謂競爭優勝之結果所獲權利也。雖然。實則强制之效用。亦不外前此兩端。蓋征服者之意。不過欲吸納彼被征服者。使爲我用。蓋加入之於同種類者之一部分。(其以若何之地位處置之勿論。要之總欲使爲同種類之一部分也)而復以對於他之異種類也。此所謂助長的也。而被征服者之地位。無論低微至若何程度。但既有强制的組織以爲保障。則固能立於其所立之地位。此所謂調和的也。

由是觀之。則强制的組織。無論對於社會對於個人。皆不可須臾離也明甚。然必有所謂國家者。乃得行完全之强制的組織。而既能行完全之强制的組織者。即其既有國家之實者也。故言制必與國家相緣。

第二章　釋專制

有國家然後能制。能制斯謂之國家。故得以制者之種類。分別國家之種類。

國家之種類。大別凡二。一曰非專制的國家。二曰專制的國家。

曷謂非專制的國家。一國中人人皆爲制者。同時人人皆爲被制者是也。小別復三。一曰「君主貴族人民合體的非專制國家」。二曰「君主人民合體的非專制國家」。三曰「人民的非專制國家」。

曷謂專制的國家。一國中有制者有被制者。而制者全立於被制者之外。爲相對的地位者是也。小別復三。一曰「君主的專制國家」。二曰「貴族的專制國家」。三曰「民主的專制國家」。

君主的專制者。普通所稱專制國。如今之中國土耳其俄羅斯等是也。貴族的專制者。如古代之斯巴達及希臘羅馬史上所常現之寡人政治是也。民主的專制者。如克林威爾時代之英國。馬拉丹頓羅拔士比時代之法國。乃至大拿破崙任執政官時代。小拿破崙任大統領時代之法國。皆是也。其外形不同，而其爲專制的性質則同。

（附注）國家之分類。泰西學者歷數千年。迄無定論。亞里士多德分爲君主國。貴族國。民主國。孟德斯鳩分爲公治國，君主國，專主國（名稱依嚴譯「法意」）皆其最有名者也而近世學者述近世國家之分類大率分爲專制君主國立憲君主國立憲民主國吾以爲此分類甚不正確何以故專制者不獨君主國而民主國亦有非立憲者（有立憲之名無立憲之實則等於非立憲也）故以論理學律之實多刺謬也吾之分類法與前此東西學者之分類皆有異同其下「專制的」與「非專制的」之定義亦異於先輩

（又）「民主的非專制國家」尚有多種一曰人民全體有直接參政權者二曰不有直接參政權而惟選出代議士者乙種之中復分兩種一曰普通選舉者二曰限制選舉者此分類不獨「民主的非專制國家」有之即其他「非專制國家」亦皆有之今所論者專制也故不詳及

（又）克林威爾時代大拿破崙爲執政官小拿破崙爲大統領時代所以命之曰民主的專制者以其得任意蹂躪憲法也專制與非專制一以憲法之有無爲斷

由此觀之專制者非必限於一人而已或一人或二人以上純立於制者之地位而超然不爲被制者皆謂之專制。

（附注）此所謂二人以上者其範圍甚廣如斯巴達握專制之權者凡萬人要不可謂非專制也

（又）雖在非專制國而其所謂統治者仍超然立於被制者以外而不受他之束縛雖然不可謂之爲專制何也彼超然立於被制者以外者乃指行使統治權之法人而非指自然人也（法律家言謂尋常人類曰自然人法律所認爲與自然人同一資格者曰法人）如國家者法人也國家之元首及執政官自然人也國家之統治權無制限國家之元首及執政官當其代國家行使統治權之時亦可以無制限然彼元首及

執政官，以自然人的資格立於國家之時，固不得不受國家之制限也，如彼欽定憲法之國家（例如日本）其憲法由元首頒布，似無制限矣，然其所以能頒布此憲法者，以其代表國家統治權而行使之，所謂無制限者，屬於國家統治權耳，非屬於元首也。若元首則當憲法既頒布以後，不得不行動於憲法範圍之內，夫固明有被制者存矣，故更得申言之曰：不能以自然人之資格超然立於被制地位以外者，謂之非專制，能以自然人之資格，超然立於被制地位以外者，謂之專制。

夫既能以一人或二人以上，純立於制者之地位，而超然不爲被制者，則其人必能任意自伸其權力於無限，制者之權力既能任意伸之於無限，則被制者之地位隨而不能得確實之保障，專制的國家所以劣於非專制的國家者，其原理將毋在是，雖然，專制尚有附加之定義，必悉舉其定義，然後其眞性質乃可得言。

專制者，一國中有制者有被制者，制者全立於被制者之外，而專斷以規定國家機關之行動者也，以其立於被制者之外而專斷也，故謂之專，以其規定國家機關之行動也，故謂之制，夫制之定義，吾既言之矣，曰『發表其權力於形式，以束縛人一部分之自由者也』，此定義無論專制的非專制的皆適用，特因其發表之之根本權所從出，而別冠以專不專之名云爾，若夫權力之必現於形式，固兩者所同也，權力既現於形式，則但使此形式一日未變更，則其行使此權力，必一日遵此形式，循一定之軌道以行，而於此形式外，不復加他種不正當之抑壓於人民，此所謂規定國家機關之行動者也，必如此乃謂之制，其由專斷以得此者，謂之專制。

（附注）所謂不正當之抑壓者，謂形式所規定以外，復加他種之抑壓也，其形式所規定抑壓之程度若何不必論，就令所規定者爲日殺一人，則每年例殺三百六十人，亦謂之正當，若殺至三百六十一人，斯不正當矣。但使能於所規定形式外。不別加不正當之抑壓。則被制者之地位。仍可謂之有保障也。是故有完全之專制。有不完全之專制。不完全之專制。復分二種。甲種則未嘗規定國家機關之行動者也。乙種則雖規定之而僅屬空文。未嘗實力奉行者也。甲種則其勢力之體不完全。乙種則其勢力之用不完全。不完全之專制非專制也。何也。專則有之。制則未也。

（附注）今日之中國。可謂之不完全之專制。蓋體用兩不備也。故今日之中國未可稱爲專制國。故欲爲政論。當先論有制與無制之優劣。次乃及專與不專之優劣。無制則國家一日不能存立。故必期於有制。不俟論也。有不完全之專制。亦有不完全之非專制。苟爲不完全。則無論專與非專。而皆同於無制。其比較之優劣無可言者。苟完全矣。則專與非專之異點。非在所發表之形式。而在發表之之根本權所從出。夫以形式論。則非專制者固能發表極良之形式。專制者亦能發表極良之形式。專制者固能發表極不良之形式。非專制者亦能發表極不良之形式。其優劣無可言也。惟究極之於發表之根本權所從出。則專制者。雖有極良之形式。一旦破壞之。而被制者無如何也。雖有極不良之形式。繼續保守之。而被制者無如何也。非專制者則反是。非專制之所以優於專制者。在此點而已。

（附注）今日中國之政府。爲不完全的專制。今日中國之國民。乃欲求得不完全之非專制。兩者皆同以無制爲歸宿也。唯之與阿。相去幾何。一歎。

第三章　釋開明專制

發表其權力於形式以束縛人一部分之自由謂之制據此定義更進而研究其所發表之形式則良焉者謂之開明制不良焉者謂之野蠻制由專斷而以不良的形式發表其權力謂之野蠻專制由專斷而以良的形式發表其權力謂之開明專制

（附注）開明制野蠻制不惟專制的國家有之而已以公意發表良形式者謂之開明的非專制以公意發表不良之形式者謂之野蠻的非專制如美國當南北戰爭以前之奴隸制度即所謂野蠻的非專制也

然則何所據以鑑定其形式之良不良實續起之一最要問題也欲解決此問題則不能專求諸形式而當求諸形式所自出之精神國家所貴乎有制者以其內之可以調和競爭外之可以助長競爭也二者實相因爲用故可以一貫之而命之曰國家立制之精神其所發表之形式遵此精神者謂之良其所發表之形式反此精神者謂之不良更申言之則其立制之精神在正定各個人之自由範圍使有所限而不至生衝突者良也雖有所限而仍使之各綽綽然有自由競爭之餘地而不妨害其正當的競爭者良也抑或雖甚妨害其正當的競爭幾奪其自由之大部分乃至全部分而其立制之精神乃出於國家自衛所萬不容已則亦良也如是者謂之良反是者謂之不良於專制國有然於非專制國亦有然

（附注）內而調和競爭外而助長競爭其精神實相一貫內有秩序然後能競於外調和所以爲助長之手段前既言之矣然一社會之所以必競於外者大率有兩原因一爲積極的即進取的二爲消極的即防衛的何以有進取的蓋緣本社會內物力已竭無所復容自由競爭之餘地苟不拓之於外則內部之軋轢將遂不免也何以有防衛的蓋緣他社會相逼而來苟不排去之則一旦侵入而內部固有之調和遂將被破

壞也。然則助長外競，實亦調和內競之一手段也。故此二者之精神本一貫也。

（又）所謂甚妨害其正當的競爭者，如政府重課租稅或收種種事業專賣之權，於經濟界之競爭自由甚加妨害，然爲國家財政上自活之必要時或行之。所謂奪其自由之大部分乃至全部分者，如人民有服兵役之義務，苟當服從年限內，不能有就他種事業之自由，是奪其大部分也。戰事起，驅國民以赴之，犧牲生命動至十數萬，是奪其全部分也。然爲國家自身之存立時或行之，故不能以侵奪人民自由與否以鑑定政治之良不良。所當察者，其目的何在耳。若非國家自衛上所萬不容已而濫行侵奪，則謂之惡政。如美國前此蓄奴之制，非國家自衛上所不容已也，於何知之，於其廢此制後而未嘗傷及國家之生存知之，故彼制度謂之惡政也。

故在專制的國家，其立制者以自然人的一己之利益爲標準，則其制必不良；以法人的國家之利益爲標準，則其制必良。何以故？以一「自然人」之利益範圍，無論如何，總不能與國家之利益範圍適相脗合，故若其全部分不相合，則其利害全部分相矛盾也；若其一部分不相合，則其利害亦一部分相矛盾也。既矛盾則利於此必不利於彼，故若以「自然人」之利益爲標準以立法制，無論如何，必其有一部分不利於國家，或全部分不利於國家也。故吾得斷言曰：凡專制者以能專制之主體的利益爲標準，謂之野蠻專制；以所專制之客體的利益爲標準，謂之開明專制。

（附注）此論惟適於專制的國家，不適於非專制的國家。蓋在非專制的國家，則能制之主體，卽所制之客體也。故雖以主體之利益爲標準，不害爲開明也。

吾欲申言野蠻專制與開明專制之異同吾得古人兩語焉以爲之證法王路易第十四曰『朕卽國家也』(L'État c'est Moi) 此語也有代表野蠻專制之精神者也普王腓力特列曰『國王者國家公僕之首長也』(Der könig ist der erste Diener des Staats) 此語也則代表開明專制之精神者也

(附注)腓力特列時代之普國固爲千古開明專制之模範路易十四時代之法國則非全屬於野蠻專制者不過其言爲野蠻專制之言耳當分別觀之

準是以談則國家所最希望者在其制之開明而非野蠻耳誠爲開明則專與非專固可勿問何也其所受之結果無差別也但非專制的國家其得開明制也易既得而失之也難專制的國家其得開明制也難既得而失之也易非專制之所以優於專制者在此點而已

第四章　述開明專制之學說

世界上一制度之興皆必有學說焉以爲之先河故曰理想者事實之母也開明專制之制度中外諸國皆有行之者今請先略述此制度所從出之學說

吾嚮者下開明專制之定義曰『以所專制之客體的利益爲標準』斯固然也然所謂客體亦可析而爲二其一卽法人之國家其二則組成國家之諸分子(人民)也故前哲學說之主張開明專制者亦分爲二其一則偏重國家之利益者其他則偏重人民之利益者也

吾國先哲儒家道家墨家法家皆好爲政談惟道家主張非專制主義儒墨法三家皆主張開明專制主義而三

家之中儒墨皆以人民之利益爲標準法家則以國家之利益爲標準

(附注)道家中老子有百姓芻狗及法令者將以愚民之言似亦主張專制且主張野蠻專制者但彼於此等言皆含菲薄排斥之意故所主張者實在非專制也

儒家首孔子孔子言『天下有道庶人不議』又言『民可使由不可使知』其主張專制甚明但又言『民之所好好之民之所惡惡之此之謂民之父母』『天生民而立之君使司牧之豈其使一人肆於民上』類此之語不可殫述蓋孔子實注重人民利益之開明專制家也孟子所謂『保民而王』所謂『所欲與聚所惡勿施』皆率此義而荀子於所以不能不用開明專制之原理言之尤詳秦漢以後二千餘年之儒者其政論莫不祖述荀子

(附注)荀子禮論篇云『人生而有欲欲而不得則不能無求求而無度量分界則不能不爭爭則亂亂則窮先王惡其亂也故制禮義以分之以養人之欲給人之求』此以正式之論理學說開明專制適於社會之原理也

墨子『尚同』一義實專制之極軌而以『兼愛』『尚賢』等義調劑之故墨子亦注重人民利益之開明專制家也

(附注)墨子尚同篇云『古者民始生未有正長未有刑政之時天下之人異義是以一人一義十人十義百人百義其人數茲衆其所謂義者亦茲衆是以人是其義而非人之義故交相非也內之父子兄弟作怨讎皆有離散之心不能相和合天下之百姓皆以水火毒藥相虧害至如禽獸然明夫民之無正長以一同

天下之義而天下亂也。是故選擇天下賢良聖智辯慧之人。立以為天子。使從事乎一同天下之義。』此亦以正式之論理學。說明開明專制適於社會之原理也。

法家之持論與儒墨異。法家者雖犧牲人民之利益而不恤者也。雖然。彼非無故而犧牲之。彼以為必如是而國權乃成立也。是即泰西所謂「國權神聖論」一派之學說也。故法家者流可謂注重國家利益之開明專制家也。

（附注）周秦間儒法兩家。互相排斥無所不用其極。蓋由其論據上有根本之異點。自相持而不能下也。然謂法家為專奉迎時主。苟取富貴。則大不然。凡能成一家言而言之有故持之成理者。必其有一健全之理想以盾其後也。若徒為取悅於一時一人者。必不足以成學說。法家蓋見當時貴族政治之敝。謂必雲集權於一尊。然後可以成國家之形。此其論與歐洲近世史初期諸學說多相合。蓋社會之狀態同。故救濟之之法不期而同也。故吾謂法家非必野蠻專制者。而實為開明專制者。管子商君韓非之書具在。可覆按也。

（又）管子法禁篇云『有國之君。苟不能同人心。一國威。齊士義。通上之治以為下法。則雖有廣地衆民。猶不能以為安也。』此言秩序為維持國家之第一義也。又法法篇云『所以愛民者。為用之故愛之也。為愛民之故。不難毀法虧令。是失所謂愛民矣。』此言人民為國家而存在也。又云『民未嘗可與慮始。而可與樂成功。是故仁者知者有道者。不與大慮始。』（房注云大猶衆也）此言立法權不可假諸民之理也。為幼稚時代言也。又云『不法法則事無常。法不法則令不行。』言法之必當有開明的精神也。姑舉一二。他不具徵。

泰西文明導源希臘。而希臘實爲部落政治。未成一國家之形。又文學最盛而能傳於後者。厥惟雅典。雅典共和政治也。故其間如柏拉圖。如亞里士多德。皆排斥專制。雖然亞氏第列政體之品級。十而理想的王政居首焉。是亞氏亦主張開明專制之人也。

（附注）亞氏第政體之優劣爲十等。（一）理想的王政。（二）純正貴族政治。（三）混合貴族政治。（四）立憲政治。（五）最適宜之民主政治。（六）最適宜之寡頭政治。（七）在民主與寡頭之間諸政體。（八）極端之民主政治。（九）極端之寡頭政治。（十）僭主政治也。其所謂理想的王政者。謂得完全之聖主以總國權也。即開明專制之意也。亞氏以爲此殆非人間世所能致者。故名之曰理想的王政。

（又）羅馬亦爲泰西文明之先導。但羅馬人重實務。其關於政治之學說。無甚表見。故略之。

於近世史中。爲政法學先登之驍將者。麥加比里也。而彼實絕對的主張開明專制之人也。其言曰『爲君者唯使國家陷於危亡。斯謂之惡。苟有可使國家安富尊榮者。無論造何種惡業。不得以惡論。』又曰『當國家危急時。何者爲正義。何者爲邪慝。何者爲慈悲。何者爲殘忍。何者爲名譽。何者爲恥辱。舉全國人民芻狗之犧牲之以爲救助國家生命維持國家獨立之用。不爲過也。』彼著書數十萬言。其持論大率明快而峭刻。與商君韓非深相類。當近世史之初。影響於各國者甚鉅。未幾大遭排斥。至近今二三十年間。其價值復顯於學界。

（附注）麥加比里。意大利之佛羅棱人。生一四六九年。卒一五二七年。著有「君主論」（The Prince）及「論叢」（Discourses）等書。其研學之方法。專趨重於「歷史的」。其言曰『凡在古者一時一地有一事焉。與今日之事有同一之動機者。皆可以同一之方法解釋之。故鑑往知來。學問之要也。』彼蔑視希臘之政治。而崇拜羅馬之政治。其言曰『希臘之雅典斯巴達人皆缺政治的智識。是以失敗。羅馬反之。是以成功』又曰『使亞里士多德目擊羅馬政家之伎倆。則必將盡棄其宿論』彼又言『國家無論對外對內皆無所謂道德。無所謂宗教。無論為君主國為共和國。苟値國家危急之時。速棄汝信仰。擲汝道德。勿躊躇也』又曰『君主為維持其權力。雖將一切善事拋棄。亦所不辭』彼又持性惡主義。謂『人類者不能合羣。惟務利己之動物也。故君主與其使人愛。毋寧使人畏』其持論之詭激。大率類是。與商韓六蝨之論可謂不謀而合。此其為極端過激之論。固無待言。但其時當羅馬解紐之後。全歐棼如亂絲。各王國之基礎未定。而彼生於意大利。當羣雄之衝。深憤慨於因循首鼠之政術。故激為此言。彼旋當政局樞要。亦實能行其所見。故麥氏之時代。實適於行開明專制之時代。麥氏之為人。亦適於行開明專制之人也。其學說亦能發明眞理之一面。後經霍布士之改良。更現光明。而近世史初期國家主義之勃興。其受麥氏學說之影響者頗多。又史家所同認也。

同時掊擊麥氏不遺餘力者。曰波丹。而彼亦主張開明專制之人也。彼之學說。最有價值者。為「主權論」。彼之言曰『主權者統治人民之最高權力。而非法律所能拘束者也。此權力為獨立國所不可缺之物。此權力之存在。卽國民的獨立之表徵也』而其論此權力之所屬。則舍君主外無他焉。故曰『君主者法律之主人也』此其說皆與麥氏無大異。惟加明晰耳。其大異於麥氏者。則曰『君主一切無責任。惟有道德上之責任』故麥氏猶有近於野蠻專制之嫌疑。波氏則純粹的開明專制也。

（附注）波丹法國人。於一五七二年著一書。名曰「國家論」(De Republica)其自序云『余深鑑我國內亂紛擾王權之基礎動搖故著此書發明國家之理想與政法之公例』其所以自負者可見其書卽以擁護君權爲宗旨也惟書中痛駁麥氏「國家無道德」之說麥氏之名譽爲之大減云最近兩世紀間政治學者有常稱道之一語曰『國家者家族之拓影也』（國家二字家族二字之大書也）此語實自波氏創之彼認王權爲由家長權而來也其學說之結果造成路易第十四時代之法國

在英國代表開明專制主義者霍布士也彼以大哲學家之腦力用正式論理法以證明君主當有絕對的權力之理由視麥氏波氏又進數武焉其言曰『最初之社會人人競伸其野蠻自由於無限故有爭亂爭亂非利也故有民約民約者彼此胥謀結契約以立國家乃各願自殺其自由權之一部分界諸國家也而君主者則受其所界而代掌之者也其拋棄此一部分之自由也將以有所易也何所易曰以平和易爭亂而已故既拋棄之則不得復收回之若收回是願自立於契約之外而取爭亂也』霍氏以此理論證明君主所以得此權之由於是波氏之主權論價值益增

（附注）霍氏學說之概要見拙著「近世歐洲四大家政治學說」中（坊刻飲冰室文集亦有之）今不贅述大抵霍氏根本理論與荀卿學說最相同其說前後爲兩截若不相屬者而前截爲盧梭學說所本後截爲伯倫知理學說所本

同時在德國主張開明專制主義者倭兒弗也倭氏亦哲學鉅子其論政治也曰『人人皆有自發達其體力意力之義務同時有不使他人妨吾發達之權利而代人人保此權利督人人履此義務者國家也故國家爲助長個人發達之故有干涉之之權利且有不可不干涉之之義務』此其論視前三子更有進矣何也彼等皆以專

制爲手段而倭氏則以專制爲責任也然彼謂國家所以有此責任者乃以助長個人發達故則已屬於注重個人利益之專制派矣此又其所異於三子也

(附注)倭兒弗者德國人康德以前之大哲學家也生一六七九年卒一七五四年此其言「人人有自發達其體力意力之義務同時有不使他人妨害吾發達之權利」與所謂「人人自由而以不侵人之自由爲界」者意味似同而實有異蓋彼就消極方面言之此則就積極方面言之也言人人自由苟有人焉曰我不欲自由則亦可也故曰消極也倭氏之說則人人對於道義上有不可不自由之義務故曰積極也不侵人自由我以好意自限制其權利耳故曰消極也倭氏之說則我因履行我義務故必不容他人相侵故曰積極也此極邃之哲理也

(又)倭氏以國家干涉個人爲不可不履行之義務此說自十九世紀末葉以來日增勢力

與倭兒弗並時同以哲學家而倡有力之政論者實爲洛克洛克宣播自由主義之天使也自洛克以降而倡三權鼎力之孟德斯鳩倡民約之盧梭倡永世大同之康德倡最大多數最大幸福之邊沁以及先後並時汲諸氏之流者莫不以自由爲旗幟於是開明專制主義被擯於學界以外者殆二百年

豈惟二百年自今以往吾信純粹之開明專制論將絕跡於學界矣雖然十七八世紀之學者謂『國家者爲人民而存在者也爲人民利益故方便以設置國家故人民者目的也而國家則供此目的之手段也』十九世紀之學者謂『國家固爲人民而存在人民亦同時爲國家而存在國家於一方面爲人民謀利益於一方面亦爲自身謀利益若人民利益與自身利益不兩立則寧先自身而後人民故國家者目的也而人民則有時可以爲

供此目的之手段也』此實近數十年思想變遷之大潮流也。以此之故。其對於「制」之觀念亦一變。十七八世紀之學者。謂制也者以人民之讓步而設置者也。消極的精神也。十九世紀之學者。謂制也者以國家之進步而設置者也。積極的精神也。蓋麥波霍倭諸說。與洛孟盧邊諸說。雖同爲陳言。而比較的受歡迎於社會者。寧在彼不在此也。噫嘻純粹的開明專制論。雖絕跡於社會。而變相的開明專制論。其發達正未有艾耳。

抑一學說之起。恆應於其時代之所需。熟察古今中外之歷史。開明專制論之最有力者。總在左之諸時代

(一)當國家民智幼稚之時。此學說最有力。　以人民未有立法之智識。且未有自治之能力也。

(二)當國家貴族橫恣之時。此學說最有力。　以國權不統一。易生破裂。且爲被制者計。與其被制於多人。毋寧被制於一人也。

(三)當國家外競劇烈之時。此學說最有力。　以非有强大的中央政府。則不能厚集國力以對外。且行政機關不敏活。易致失敗也。

我國春秋戰國時代。及歐洲十五六世紀時代。則此三現象皆備焉。開明專制論所以爲政界上獨一無二之學說職此之由。若現今之歐洲。則前兩現象既已消滅。而第三之現象且更劇於前。故變相的開明專制論方日起而未有艾也。

(附注)儒家之開明專制論。純以人民利益爲標準。其精神實與十七八世紀歐洲之學說同。法家之開明專制論。其精神則與十五六世紀歐洲之學說同。現今歐洲學者。則謂國家一面爲人民謀利益。一面爲自身謀利益。是調和儒法之說也。其言若國家人民利益衝突時。毋寧犧牲人民以衛國家。似頗傾於法家。但

何以重視國家如是之甚．則以國家爲人民所托命也．是仍傾於儒家也．故曰調和也．

第五章　述開明專制之前例

專制而爲開明．開明而能專制．則其國家機關之行動．極自由．極迅速．而影響於國利民福者極大．亞里士多德目之爲理想的政體．而以置諸立憲政體之上．非無故也．今考中外各國行開明專制時．類多能得良結果．試表列之．

中國之部

專制者	國名	重要事實	結果
管子	齊	分士農工商使皆執定業—作內政寄軍令民盡爲兵—釐正地方制度以嚴格督率五鄉五屬—獎勵鹽政鐵政及其他工藝—用圓敏的外交手段	北攘山戎中存邢衞南屈荆楚稱霸中原齊冠帶衣履天下富强至於威宣
子產	鄭	鋤强悍之貴族—制刑書—褚民衣冠伍民田疇—專養外交人才	以久亂之國民安其居以至弱小之國當列强之衝能自衞不失國權
句踐	越	以法律獎勵早婚增長民數—大講求殖產興業以增國富—令舉國皆爲兵	以已亡之國能崛起復仇雪恥稱霸中原
武靈王	趙	令全國皆變胡服—令全國皆習騎射—兼重水戰	滅林胡樓煩中山入胡中闢地千里使趙列於七雄
商君	秦	以英斷變一切法—廢井田開阡陌獎厲農業—使舉國皆兵定戰功賜級爵之制—連坐之法使民五家相保—行信賞必罰法不避貴近	使僻處西戎之秦養成軍國民資格一躍而稱雄於中原歷數世遂成大一統之業

諸葛亮	蜀漢	嚴刑峻法以肅綱紀—獎勵民業以理財政—舉全國之力以飭軍實—延攬人才訓練後輩以佐治	以崎嶇之蜀最後起能與中原江表頡頏成鼎足之業
王猛	苻秦	編纂法典—獎勵民業—振興文學整飭軍備	立於擾亂糜爛之旋渦中能建一强大文明之帝國
王安石	宋	設制置條例司爲立法部以別於行政部—注重理財行青苗均輸諸制—注重練兵行保甲保馬諸制—注重興學欲正人心風俗—改正徭役之法以蘇民困	以旋被反對黨破壞又用人不善故結果無甚可稱然猶開河湟振國威家給人足稱盛代焉

（附注）凡開明專制之政。大率起於外競相逼。非此不足以自存。故吾中國惟列國並立時代常見之。若大一統時代。則絕無僅有。抑在古代交通機關不備。治大國甚難。列國並立時代。幅員稍狹。故得厲行專制。而運用自如。大一統時代。鞭長不及。雖有專制之名而無其實若漢文帝若唐太宗不可謂非有開明的精神。但其政治之現象。與其謂之專制毋寧謂之放任也則地勢使之然也荊公之失敗毋亦以此歟

外國之部

專制者	國名	年代	重要事實	結果
Lycurgus 來喀瓦士執政官	斯巴達	紀元前820	制定法律—以養成軍國民爲國是—驗兒童體格其虛弱者置諸死—人民七歲以後即離家入營—三十歲以外始許結婚—絀文學—戒奢靡—行鐵錢—女子亦受尚武教育	以極少之斯巴達人能統御多數之平民奴隸—且用之四征八討—握希臘牛耳之霸權
Caesar 該撒執政官	羅馬	紀元前49–44	剿滅反對黨—奪元老院政權—釐訂法典—獎勵文學—大興工藝—採用埃及曆法	被刺未竟其志—然自此以往羅馬版圖日益擴張文化彬彬稱黃金時代

Richelieu 羅梭李 宰相	法蘭西	1610–1643	摧抑國內新敎徒以防英國勢力之侵入｜擴張海陸軍｜殺高等法院之權苟反抗其政策者不論門閥高下皆處嚴刑以鋤貴族勢力｜獎勵文藝大興學校	以蕞爾新造之法蘭西能鞏固其國權立千年不拔之基
Colbert 巴哥 相宰大	法蘭西	1661–1683	相路易第十四大張君權｜大裁冗官｜輕減租稅｜行保護關稅政策重稅入口稅｜獎勵國內工商業｜興商船會社｜謀殖民於東方	在職十年後國庫歲入二倍於前｜凡興四大戰大振國威｜擴殖民地於東西印度｜握地中海沿岸商權｜法國極盛時代
Oliver Cromwell 克林威爾 大統領	英吉利	1642–1660	宰鐵騎革政｜以兵力破壞議會｜確定新敎徒勢力於國中｜頒航海條例以奪荷蘭海運事業｜行保護政策獎勵內國工商	以展轉反動力確定英國憲法｜使英人知工商業爲立國之本
Peter, the Great 得彼大 帝皇	俄羅斯	1682–1725	摧滅宗敎長官及近衛軍之勢力以鞏固王權｜親游西歐各國輸入物質學獎勵國中工藝｜改定服制｜令全國人皆剃髮｜採用太陽曆｜修道路開運河｜徧立小學校行强迫敎育｜實行郵便貨幣制度｜開礦山｜設商館	俄久輒異族崎嶇窮北自帝以後一躍而廁於歐洲文明國之列至今赫然握全世界之牛耳
Friedrich 1 腓力特列 第一 王	普魯士	1713–1740	注全力改革軍制｜增常備軍至八萬三千人｜別選長人隊爲近衛軍｜淘汰冗員｜厲行普通敎育｜獎勵農工商業｜以上下勤儉爲國是	以蕞爾普處沍寒偏北之地經王之鍛鍊國富兵强貽謀於其子遂成大業
Friedrich 2 腓力特列 第二 王	普魯士	1740–1786	承父業益擴張軍備｜改良司法事務使司法權獨立｜廢刑訊｜編纂法典｜大獎勵殖產興業｜大鑿運河｜設製鐵所製鹽所｜獎勵農業以軍隊督率之｜獎勵文學美術｜終歲巡行國中監督大小政務	興所謂七年戰爭者破强奧及其聯合軍大擴普國版圖一躍而儕於諸强之列又經獎勵以後學術大昌至今德國之武事文學皆稱世界第一實王啓之

Maria	亞利馬女王	奧大利	1741–1780	見敗於普效其法改軍制—獎勵殖產高農民之位置—注意貴族教育—更新裁判制度—廢奴隸—苦心整理財政恢復國力之彫敝	雖挫敗之後不數年而恢復元氣使奧大利依然爲歐洲中原之雄國
Napoleon 1	拿破崙第一皇帝	法蘭西	1799–1815	承大革命擾亂之後以兵力破壞議會任執政官遂稱皇帝—大編拿破崙法典爲世界最完備之成文法改地方制度革民選地方官之制改由中央政府任命—大獎勵國民教育通國徧設小學校及法律醫學工藝等專門學校—築道路開運河修港灣	使彫敝之法國忽變爲歐洲之共主—雖失敗之後其法典精神磅礴於全世界—其內政改革爲歐洲各國模範
Bismarck	麥士俾宰相	普魯士	1861–1890	初爲十字新聞黨反對自由主義—不經議會許諾而與奧開戰—制定種種法律以收中央集權之實—以嚴辣手段處置教徒—頒新聞紙條例—收鐵道爲國有—增各種租稅—裁抑社會黨厲行保護稅—注重殖民政策	百年來統一不就之德國忽成一大帝國—破奧破法握歐洲牛耳—軍制學術實業皆爲世界第一—伸勢力至各方面殖民地徧洲

(附注)腓力特列第二。拿破崙第一。實爲開明專制之模範。欲識開明專制之定義。則二人之行事。最能爲正確的說明也。俾士麥時代。已有憲法。但其精神全屬開明專制。故列於此表。

第六章　論適用開明專制之國與適用開明專制之時

然則開明專制政體與非專制政體究孰優。曰是難言也。以主觀論。則非專制之優於專制。似可一言而決。以客觀論。則決其不若是之易易也。昔達爾文說生物學之公例曰。優勝劣敗。而斯賓塞易以適者生存。意若曰適焉者。雖劣亦優。不適焉者。雖優亦劣也。故吾輩論事。毋惟優是求。而惟適是求。

(附注)主觀者。從吾心之理想而下斷定者也。客觀者。從事實之對象而下斷定者也。主觀者。如欲判斷一事物之良否。則必用正式之演繹論理法。以推論之。先懸一標準曰。「凡事物之含有某種性質者良也。」（大前提）次乃舉特殊之事實曰。「此事物含有某種性質者也。」（小前提）終乃下斷定曰。「故此事物良也。」（斷案）若此者似無以爲難也。雖然欲知此論之爲正確與否。則先當察其所懸之標準正確與否。若使一切事物含有某種性質者。皆無不良也。則其斷案誠正確也。使其中尙有除外例焉。（卽間有含某種性質。而仍不良者。）而貿然下斷案曰。「以此事物含有某種性質。故謂之良。」則安知此事物不適在除外例之中也。故曰不準確也。如吾欲持「非專制優於專制」之論。則必先懸一標準曰。「凡以國民公意立法制者。必能增進國利民福者也。」此標準若正確。則其結論必正確。而此標準正確與否。固未易言。南美各國。非以國民公意立法制者乎。其國利民福何如也。又如普與奧。將宣戰時。普之議會。全體一致以反對俾士麥之政策。非所謂國民公意者乎。其於增進國利民福。孰與俾士麥之政策。若也。若是乎。此標準者。既已發現若干之除外例。其必非絕對的正確也明甚。而我遽貿然下此斷案曰。非專制優於專制。寧得曰非武斷耶。故僅憑主觀。而欲得正確之推論。實屬不可能之業也。若麥加比里、若波丹、若霍布士等。以主觀的研究法。而論定專制之爲優。若洛克、若盧梭、若邊沁等。以主觀的研究法。而論專制政體之爲劣。雖各持之有故。言之成理。要之皆武斷也。何也。優劣者。絕非可以主觀而論定者也。聞者疑吾言乎。請更廣其例。如云「明月者悅人心目者也。」此判斷可爲正確乎。彼勞人思婦。對之而涕矣。彼穿窬之盜。且嫉之如讎矣。然則「悅人心目」云者。不過我之主觀云然耳。彼勞人思婦。自有彼之主觀焉。彼穿窬之盜。又自有彼之主觀焉。而彼之主觀。各各與我之主觀相矛盾。彼以彼之主觀而推論。我固不可也。我以我之主觀而推論彼亦烏見其可蘇詩曰『耕田欲雨刈欲晴，來者順風去者怨』此語殆可以發明此眞理而有餘矣故以客觀的方面論則天下事物確無所謂優劣者以主觀的方面論則可强區別之曰若此者吾認爲優若此者吾認爲劣而已優劣者吾所認也若以主觀推及於客觀而指定之曰此事物優而彼事物劣也此大過也（如明月無所謂優劣以吾方賞心樂事也吾認爲優雖認爲優不得謂明月優也以吾欲爲穿窬之盜也吾認爲劣雖認爲劣不得謂明月劣也他事物皆然）莊生曰『民食芻豢麋鹿食薦蝍且甘帶鴟鴉嗜鼠四者孰知正味』此言美惡無定形非玩世之言實眞理也斯賓塞所以以「適者生存」易「優勝劣敗」者誠以優劣本無定形故勝敗亦無常格其易之也避武斷也

（又）十八世紀之學界與十九世紀之學界有一絕異之趨勢焉不可不察也卽十八世紀偏畸於主觀的研究十九世紀則羣趨於客觀的研究是也主觀的研究者謂眞理存於吾心客觀的研究者謂眞理存於事物之自身謂眞理存於吾心則憑吾意力之自由可以發現所謂「自然法」者而應用之以改良社會國家謂眞理存於事物之自身者則知事物所以成長發達之理由一皆備於其內部自然而然非可强制夫使其內部本無此物而欲强附益之是斷鶴膝而續鳧脛也使其內部雖有此物然未至發達之期而强欲躐等而發達之是揠苗而助之長也彼盧梭民約之論無論應用之於何國而無不失敗者以國家本無此物也不過盧梭等數人主觀的理想以爲應有此種類之國家而已而考諸歷史上未之前聞也故彼等欲以此精神改造國家其立意就令極善無奈與國家內部自身之構造先相矛盾終不可得而致也如欲人飛行於空中其立意就令極善無奈與人身內部之構造先相矛盾終不可得而致也至若洛克孟德斯

鳩邊沁諸賢之自由說。或用諸甲國而大效。用諸乙國而不效。同一國也。或用諸甲時代而大效。用諸乙時代而不效。則以國家本有此物而自然之發達。或至其期。或未至其期也。如人身內部。本有可以自由行動之性質。而未成年者。以自由行動之故。或反生患害也。夫或本無此物而欲强附益之。或未達其期而强欲躐等焉。皆所謂不適也。然則吾今者有一政論於此。而欲驗國家果有能容此政論之性質與否。既有之矣。而已達其期與否。於何知之。則非以客觀的研究不能知之。客觀的研究何。即歷史的研究是也。而言政法學者。皆築其理論於歷史的土臺之上。此其所以異於十八世紀也。

然則最適於用開明專制者。果何等之國家。何等之時代乎。請以次論之。

（一）國家初成立時最適用。　其時所以組成國家之各分子。尚未爲確實之結合。非用開明專制以收束之則將有分裂之患。由小國家合併爲大國家者亦然。

（二）國家當貴族橫恣階級軋轢時最適用。　貴族橫恣。階級軋轢。則妨國權之統一。瀆法制之神聖。非有開明專制以統屬之。則國家將魚爛而亡也。

（三）國家久經不完全的專制時最適用。　不完全的專制。等於無制。所謂無意識的放任也。夫人民未有不由强制而能得秩序者。（說詳第一章附注）久爲無意識的放任。則人民未解秩序爲何物。驟予以自由。易陷於無秩序。其不可者一也。不寧惟是。久爲無意識的放任。則人民對於國家之關係。必甚淺薄。關係既淺薄。則其視對於國家之義務。不以爲重。驟予以自由。恐仍前弊。其不可者二也。不寧惟是。人民對於國家之關係既甚淺薄。則其於國家大小政務。必未嘗有直接的閱歷。豈惟直接。雖間接亦罕焉。豈惟閱歷。雖討論亦罕焉。驟予以參政權。其判斷易生誤。其處置易失當。其不可者三也。故以開明專制鍛鍊之最宜。

（四）國家久經野蠻專制時最適用　久經野蠻專制。則其社會自由行動之範圍甚狹小。且不正確。以狹小故。故人民常向極小的方面以營私利。而心目中不復知有公利公益。以不正確故。故人民動以險詐卑劣之手段侵害他人。以此民德萬不能遽有享受自由之資格。且其對於國家之關係。亦與久慣無意識之放任者同。彼之二弊。此皆有之。故以開明專制矯正之最宜。

（五）國家新經破壞後最適用。　一國新經破壞之後。則其人民必甚囂塵上。各階級間。各團體間。各地方間。各個人間。其利害常起種種衝突。互相軋轢。其現狀與國家未成立以前正相等。於斯時也。欲求各階級各團體各地方各個人。能以自力相調和。以恢復秩序。勢固不能。故非用開明專制以整齊嚴肅之。國且亡。

此適用開明專制之時代也。無論何國。於此諸時代。必曾經其一或曾經其二三。故世界諸名國中。必曾經一度開明專制。或曾經二三度開明專制。至其專制時代之久暫。則又視其國家之特質何如。更舉其例。

（一）民智幼稚之國宜久用開明專制　如敎幼稚園生徒。比諸敎中學校生徒。干涉之時日必加長也。

（二）幅員太大之國宜久用開明專制。　否則難統一之於中央政府。懼其生鄉土的界限。雖各自發達。而或與全體之發達相矛盾也。

（三）種族繁多之國宜久用開明專制。　否則各種族將自急其利害。而緩國家之利害。不能得正當之國民公意。徒生紛擾。甚乃致分裂也。此等國家。必先融化種族。乃可弛專制。

此三者皆除外例也。若普通國家。則必經過開明專制時代。而此時代不必太長。且不能太長。經過之後。即進於立憲。此國家進步之順序也。若經過之後。而復退於野蠻專制。則必生革命。革命之後。再經一度開明專制。乃進於立憲。故開明專制者。實立憲之過渡也。立憲之預備也。

一英國　其經開明專制時甚短。且非純粹的。蓋緣盎格魯撒遜族初建七王國時。（第八世紀）以僻在海島。不受羅馬干涉。得保其自治習慣。及八二八年。而王權確定。自爾以來。此兩權常為駢進的發達。互相節制。互相調和。以次有「大憲章」有「權利請願」等之出現。致受立憲祖國之名譽。故不經開明專制之一階級而獲成。其間若克林威爾時代。固不足為輕重於英國也。若英可謂除外例也。

一美國　絕未經開明專制者也。彼蓋承受英民之性質也。亦一除外例也。

一法國　中世之末。西班牙荷蘭握歐洲中原霸權。未幾而法人代之。法之所以能勃興者。有若亨利第四之君主。有若李梭羅馬沙連。Mazarin 哥巴之宰相。其用開明專制者殆六七十年也。（一六二四年至一六六七年）然路易十四晚年。復返於野蠻專制。嗣主益返於不完全專制。遂釀出空前絕後大革命。革命之後。殆如無政府。然故再經拿破崙之十年開明專制。裁抑而鍛鍊之。而憲法乃漸確立也。

一普國　普魯士初起。原根據布蘭丁堡。其地不及我一小縣。窮北沍寒。無足齒者。至十五世紀。始漸與普魯士合併。其幅員猶吾大縣也。前此為侯國。一七〇一年稱王。諸鄰猶以夜郎笑之。及腓力特列第一。腓力特列第二。以七十年之力。（一七一三年至一七八六年）行開明專制。遂挫強奧。懾英法。一躍而問德意志帝國之鼎。蓋腓力特列殂落後。子孫猶守其遺策者數十年。迨至一八四九年始發布憲法。未幾而帝業成矣。今世諸名國中。惟普行開明專制最久。（自一七八六年以後至一八四九年以前。仍可謂之開明專制。蓋襲腓力特列之遺策也）而此族蓋駸駸有全世界主人翁之資格矣。

一德國　德意志新帝國之主權。全在普國。故德國之精神。實承受普國之精神也。然新造以來。鐵血宰相之政治。名爲立憲。實變相之開明專制耳。

一俄國　俄自經蒙古族蹂躪以後。雖復光復。元氣彫殘。迨大彼得一度開明專制。遂驤首於中原。以迄今日。其所以久不能脫專制之域者。以幅員太大。種族太棼。不專制而帝國或將瓦解也。自大彼得後。野蠻專制頻仍。至最近世。復漸進於開明專制。

一日本　日本自明治元年至明治二十二年。皆開明專制時代也。蓋由合併諸藩以成一帝國。等於新建國也。

（附注）羅馬當版圖未盛時。行共和制。其後乃返於開明專制。蓋幅員既廣。交通未便。不得不然也。然羅馬以再返於野蠻專制而亡。

（又）意大利自羅馬解紐後。其南部之自由都市。卽已發達。頗有與英國相類者。故意未嘗經開明專制時代。然自新建帝國後。實不可不爲一度之開明專制。惜加富爾無俾士麥之壽。故意與德之國勢。遂不可同年而語也。

（又）奧大利當普之新興時。幾瀕滅亡。幸馬利亞女皇及佐士弗第二。行開明專制數十年。始不失雄國之位置。然奧之國內。其種族最混雜。實不宜於立憲。故立憲之後。反日就衰微。然時勢又迫之使不得不立憲。此奧之所以難爲國也。惟俄亦然。今不避冗沓。述日本小野塚博士之言以證之。

（附）小野塚喜平次氏著『論奧國立憲制之運用與民族之複雜』（見法學協會雜誌）

（前略）奧國自一八四八年。發布憲法。一八五一年廢止之。一八六七年。奧匈合併。再興立憲制。於今四十年矣。而其國民果有運用立憲制之能力否乎。非吾之所敢言也。議會與政府衝突。世界上凡立憲國莫不皆然。未足以爲病。雖然。亦視其所以衝突者何如耳。若兩者始終以衝突相繼續。曾無休時。此必非立憲之本意也。而奥國數十年來之政況。實政府與議會未嘗爲一日之調和也。議會之紛擾喧囂。亦各國所不免。雖然若奥之議會。不惟紛擾喧囂而已。嫚罵讒謗。無所不至。甚至繼以格鬬。議長禁之不得。藉警察之力始能回復院内秩序。此奥國下議院所數見不鮮者。而他國所未嘗聞也。其黨派混雜。若何乃爲多數。若何乃爲少數。其勢每不定。故多數與少數常相反目。議會從未嘗有正當之秩序。彼此以互相妨害 Obstruction 爲惟一之手段。又不徒中央議會 Reichsrath 爲然耳。各省議會 Landtag 亦然。故雖復分中央之權於地方。亦不足以救此弊。更就政府與議會之關係言之。彼政府非必以議會多數之贊成爲後援也。屢以地方特殊之小利益。啗各地方之代議士。以是操縱議員。議員亦甘受之。毫不顧議院之威嚴。又往往借皇帝之威望以行干涉。議員以各顧其私。不相團結也。則亦受其干涉。惟命是從。政府頻年奏請發布『緊急敕令』(按緊急敕令之解釋詳次章附注)以代法律。且處分預算。其反於立憲制之常軌者。不一而足。雖然此非獨政府之罪也。而議會亦有罪焉。若其遠因。乃在國民自身之間。今欲語之。殆難徧舉。如國民教育之普及程度甚低。此其一也。然猶非其最大者也。最大之原因。則在小政黨之分立。今據一千九百年之調查。(案原文有一詳表。列各黨派議員總數及其選舉人總數與職業等。今避繁不詳述)則奥國下議院議員總數四百二十五人。除無所屬者十七人之外。共分爲十八黨派。其最大黨僅得六十一人。其最小黨乃至得六人五人四人。分裂之狀。至於如此。實天下所稀聞也。

（中略）而推原其故實因民族之複雜。考現在奧國國民（專指隸國籍者其外國居留民不計）所用之言語。凡九大種。而各種所占人數略相埒（原文有一表詳列某種言語所占人口之比較及其每年增加率之比較今略之）而此等言語各別之人又錯綜分居於各地方（案原文有一表詳列某省用甲種語者若干。乙種語者若干今略之）以此之故其感情勢不能一致。其利害勢不能調和以致黨派分裂。不可紀極夫大政黨對立英美之憲政所以能完善也。小政黨分裂。卽國民不適立憲程度之表徵也。奧國立憲之前途亦危哉。（下略）

案此專就奧國一國立言似與本題無關然甚可以證明適與不適之理。不適者雖優亦劣。如奧國之憲政其明證也。

第七章　論變相之開明專制

吾前述專制與非專制之異點。不過就理論上言之耳。若就事實上。則天下古今一切國家未嘗有絕對的專制者。(注)亦未嘗有絕對的非專制者。今請論變相之開明專制。

(注)無論若何專制之國。其統治者權力之一部分。總不免受宗敎習慣等之限制。故曰無絕對的專制也。

若夫無絕對的非專制者。則本章所論之主點也。

近世專制政治之消滅。蓋十七八世紀所謂自然法一派之學者。最有功焉。而就中尤健全而久占實力者。則孟德斯鳩之三權鼎立說也。孟氏此說。原以反抗專制爲精神所反抗者。不徒君主專制而已凡一切專制皆反抗之故不惟不許一人總攬大權並不許一機關總攬大權立憲大義實自茲出雖晚近學者其所以糾正孟氏者不可縷數要之各國憲法之精神未有不本於是此則盡人所同認者也(注)

(注)現今歐美各國憲法除英國爲不文法且其制度爲孟氏學說所本不計外若美國憲法則純用孟氏學說毫釐不敢有忒人所共知矣其餘各國雖小有異同而其精神莫不本之蓋各國立憲之意無不由欲脫專制羈絆而來而所謂脫專制羈絆者非僅限制君主權力之謂歐洲上古及中世未嘗無民主無國會而不能視之與近世之新政體同科者雖不必爲一人之專橫而總不免一機關之專橫也必如孟氏之說然後可謂之完全的非專制而百餘年來各國人民所以不惜以無量血購憲法者其所希望之政體實在孟氏所營畫之政體也

今司法權且勿論若夫立法行政二權則必如孟氏之理想劃然分異不稍侵軼然後可謂之完全的非專制國明甚也近世諸立憲國莫不揭櫫此精神以自別於專制然試問有一國焉能實行此精神者乎吾聞諸日本穗積博士謂立憲制下有三大政治曰大權政治曰議院內閣政治曰議院政治而總不能盡免於專制今述其說而疏通證明之(注)

(注)法學協會雜誌第二十四卷第一號有法學博士穗積八束著「立憲制下之三大政治」一篇穗積派學說鄙人素不服膺但此篇有足相發明者故引之而間下糾正

穗積氏曰大權政治者大權歸於元首不特以爲行政之首長且以爲立法之中樞如日本及德意志列國中之一部是也議會不過爲立法豫算之諮詢府其權力有一定之限制以憲法之明文域之其明文所列舉以外則

藉口於無反對之禁止任意奔逸而靡所閑彼議會絕非有能據現在權限以擴張將來權限之自由也(注一)議會雖參與立法而非立法者裁可之權名實皆在君主(注二)議會反抗固不能制定法律然可以發代法律之命令故實質上立法之自由以議會之力非能爲絕對的阻遏也(注三)法律雖必經議會協贊然制定一切法規非屬議會之特權惟號稱「法律」之一種公式待彼議決耳「法律」未占領之區域可以大權作用任意頒法規以制限人身之自由故「獨立命令」之大權「代法律命令」之大權得肆行之而無憚(注四)議會雖累歲不開會而於政治之進行無傷也(注五)協贊豫算亦議會一重要之特權也雖然豫算否決政府可以施行前年度之預算(注六)又政府認爲不得已之時可以爲預算外之支出(注七)若租稅則以法律定之不以預算之成立爲收稅之基礎故預算否決毫無損於國家之收入(注八)故議會雖連年否決預算然以大權自由行動於憲法明文未嘗觸背也故議會者實不過溶大權之恩享有立法顧問預算顧問之名譽而已

(注一)日本憲法之精神議會純行動於天皇大權之下章章不可掩也其法文第五條至十六條皆規定天皇之大權(內第五至第九條屬於立法範圍)然國權之行用決不止於此數也若有在此諸條之外而憲法全文未嘗明指其所屬者當屬於誰氏乎若不屬天皇則必屬議會然議會之權限則憲法固明明規定斷無於規定外更擴其權之口實也而天皇則第四條有總攬統治權之明文故當然屬於天皇無可疑也若如比利時憲法第二十五條云「一切權力由國民出」第七十八條云「國王除憲法法律所規定之權利外無他權力」則憲法條文規定以外之一切權當然屬於議會矣而日本則正與之相反也一八六二年九月三十日普相俾士麥在國會演說云『凡君主之大權除新憲法所明示限制者以外其餘

則依然無限也。與憲法未施行以前無異』卽是此意。

(注二)凡立憲君主國。其法律裁可權無不在君主。然如英國則二百年來從未有議會議定法律。而君主拒絕不與裁可者。蓋實不能自由。虛擁其名而已。日本則議會之力。不足以脅天皇。故穗積氏謂名實並歸也。然吾以謂此不過事實上之結果。非法律上之結果。若以法律論。則英皇曷嘗無拒絕裁可之權利也。若以事實論。則卽日本現時拒絕裁可之事亦甚希。蓋議會雖有提出法律案之權。然大率建議政府。轉由政府提出者多。故天皇大率同意也。惟若有剛愎之主。不肯裁可。則亦可以自由。而不得謂之違憲耳。

(注三)所謂代法律之命令者。卽緊急敕令。日本憲法第八條所規定也。與法律有同一之效力。惟當議會閉會時。遇有緊急。乃得發之。至次期議會開會時。則提出以求議會之承諾。若不承諾。則失其效力。固非絕無限制也。

(注四)近世法家言。有形式的法律。有實質的法律。形式的法律者。以一定之形式而布之者也。故時或實非法律。而有法律之名。(如各國多有以預算爲法律者是也)實質的法律者。不必依此一定之形式而布之者也。故時或名非法律。而有法律之實。日本於形式的法律。名曰「法律」。必須經議會協贊。於實質的法律。則「法律」之外。尚有「命令」。「命令」天皇得自發之。或命人發之。憲法第九條所規定者是也。亦稱「獨立命令」。(命令復有多種。其可稱實質的法律者。惟緊急敕令及獨立命令耳。)憲法第九條云。『天皇ハ法律ヲ執行スル爲ニ又ハ公共ノ安寧秩序ヲ保持シ及臣民ノ幸福ヲ增進スル爲ニ必要ナル命令ヲ發シ又ハ發セシム但シ命令ヲ以テ法律ヲ變更スルコト得ズ』其言執行法律。此命曰執行

命令乃命令中之別一種不必論其以下所規定則獨立命令之性質也曰保持安寧秩序曰增進臣民幸福前者若云警察行政後者若云助長行政悉納入此中（故獨立命令或又云行政命令）而得以獨立命令發布之其範圍之廣當不俟言然如穗積氏謂得任意制限人身之自由者其言誠未免過當夫推氏之意寧非指警察令乎寧非適用前文之第一句乎然而彼憲法第二章規定臣民之自由權者明謂受法律之保障（或學者卽稱憲法第二章二十二條至二十九條之規定爲法律上之警察權）此法律之範圍卽非獨立命令之範圍獨立命令祇能於法律不干涉之範圍而自由活動不聞可以蔑視法律者也本條但書之規定卽是此意如彼云云豈不是反此規定而憲法第二章之保障遂得任意踏破之乎余不知其可也但此問題在日本學者間尙無定論或云事實上警察之必要手段有不必依據法律者或又云出於法律之默示委任者爲此說者其殆卽穗積氏之流派歟

（注五）議會累歲不開會雖於政法之進行無傷然彼憲法第四十一條云帝國議會每年開之天皇不得違憲而不召集故氏之言不過極端言之矣

（注六）預算不成立則施行前年度預算此日本憲法第七十一條所規定也此是日憲精密於他國之點他國憲法皆無此條故當預算否決時全國機關皆蒙其影響

（注七）政府可以爲預算外之支出此日本憲法第六十四條所規定也條末復云後日須求帝國議會之承諾則亦非絕無限制者但議會不承諾則如何憲法無明文此又限制之中仍無限制者也

（注八）歐洲各國多有以租稅列入預算者惟日本則憲法第六十二條云新課租稅及變更稅率以法律

定之。第六十三條云。現行租稅。未經以法律更改者。依舊徵之。故日本之預算。實不啻專監督歲出而已。又曰。輔弼元首之國務大臣。其進退任免。悉屬於大權之自由。此大權政治之綱領也。故政府非對於議會而負責任。乃對於天皇而負責任。日本有然。德國有然。事權歸於一尊。議會受成而已。(注)

(注)此穗積氏最偏僻之見也。日本憲法第五十五條云『國務各大臣ハ天皇ヲ輔弼シ其ノ責ニ任ス』凡法文皆圓活而有伸縮力。可容受種種解釋。故此條爲日本法學界最大之爭點。蓋原文但云任其責耳。不言對於何人而任其責。此當時制定憲法案之人用心最黠之處也。穗積一派。主張大權政治者。遂謂爲對於天皇而任其責。雖然。各國憲法大率以君主無責任與國務大臣負責任之語相連屬成條。明以君主無責任之故。不得不以大臣負之以濟其窮。此實憲法之保障。而立憲政治最要之神髓也。日本制定憲法所以立此條者。其意寧非在是。不然。一切百官。何莫非對於君主而負責任。且對於長官而負責任。而何必別以國務大臣任責一語。著諸憲法耶。且議會對於政府。有質問之權。有上奏彈劾之權。是明能監視其責任也。但進退任免。全由天皇自由。此異於英國者。然英國不過習慣而成耳。或他日日本之習慣。同於英國。亦未可知。惟剛愎之主。則誠可以不恤人言。而此權不致爲議會所搖動也。故曰。草法案者黠甚也。

一八八一年一月八日。德皇忽下詔云。朕實有斷自朕衷則總持庶政之權。此權雖在憲法上有所限制。然未曾廢絕。朕於一切政務。據憲法成典。以宰相副署行之。雖然。權力者朕固有之權力也。宰相不過奉行朕意而已。或疑以宰相負責之故。舉政權而悉付之。此朕所決不許也云云。論者皆謂當時宰相俾士麥。受議院掊擊。身無完膚。故借此詔以自爲護符。此殆實情。然俾公所以能久於其位。致造成德國今日之地位者。

亦莫非此精神有以庇之不然其偉大之政策安能繼續數十年也後此俾公退位仍因與新皇不相能非議會能退之故德國實至今保持此精神者也

又曰議院內閣政治者行政權在政府大臣大臣對於議院而連帶負其責任者也此制英國創之歐洲各國多踵效之而能用之不敝者始終惟一英國行議院內閣政治者元首不自有其政策內閣之政策而已故議院內閣政治者政黨政治也而政黨之性質又恆非其黨員各自有其政策也其大多數乃隨明紬聽以聽首領之指揮故政黨政治實黨魁之獨裁專制也議院之多數黨黨魁卽內閣之總理大臣政權名爲在議院實則在內閣也議院直內閣之傀儡而已故在大權政治之國大臣假君主之名以行專制在議院內閣政治之國大臣假議院之名以行專制余昔侍維賓先生講席先生卒然曰立憲政治者大臣專制政治也吾今益有味乎其言（注）

（注）英國有兩大政黨其勢力常相消長於議院占多數者卽入而組織內閣若在職中而黨勢勿蹙敵黨獲多數則排之而代與議院勢力多數黨所占也政府勢力又議院多數黨所占也故政府勢力與議院勢力合爲一體嘗不相離政府卽議院議院卽政府也夫政府爲執行機關議院爲監督機關國家所以必設此兩機關者原出於三權鼎立之意凡以防一機關之專橫也兩機關合一矣則何能防之與有故大臣對於議院而負責任本英國所發明而立憲政治第一要素也乃至今則虛存其名而已何也議院以多數取決者也而現在政府之職者必其議院有多數袒之者也彼無論若何專橫彼少數黨欲問其責雖發議寧有效乎故議院中所謂內閣信任之投票（卽以票數之多寡決政府爲國民所信任與否之意也）在他

國有行之而英國反久廢不用也故曰黨魁之獨裁專制也
穗積氏尚有論他國倣效英制何以收效不能如英之故以無關本章論旨略之
以上述穗積氏說竟彼尚有論議院政治一項述美國政治之流弊以與本章論旨稍相遠略焉如穗積氏言則立憲政治之本恉原以三權分立爲精神苟不爾爾其遂不免於一機關之專制也而終無一國焉能實行何也政權之欲趨於一如水之就下然其性則然也或執行機關壓伏監督機關或監督機關壓伏執行機關(注一)而遂不免於變相之專制特其所以異於疇昔之專制者則亦曰開明而已又所以異於純粹之開明專制者彼可以忽復卽於野蠻此則長保開明而無他變耳而政權之性之必趨於一如水就下者則又何也國家者有機體也(注二)既爲有機體則不得不循生物之公例以競生存於優勝劣敗之林而內部結合之强固優勝之一要具也其外界之競爭愈益烈則其希望此優勝要具者愈益殷而專焉者得此要具也較易不專焉者得此要具也較難夫是以趨專若鶩也今後之天下將餘數個之大有機體角勝負焉語曰歷史如轉輪其變遷之所屆吾烏從而測之

(注一)孟氏以政府爲行政機關議會爲立法機關實不當也立法之權非能專屬議會議會亦非徒以立法爲盡職近世學者多以執行機關監督機關分命之得其性矣

(注二)國家有機體說近世學者多指其闕點然不能盡廢也今爲行文取譬之便襲用之

第八章　論開明專制適用於今日之中國

本章論綱凡三．一曰中國今日萬不能行共和立憲制之理由．二曰中國今日尚未能行君主立憲制之理由．三曰中國今日當以開明專制爲立憲制之預備．前二排妄後一顯眞．

一　中國今日萬不能行共和立憲制之理由．

中國今日固號稱專制君主國也．於此而欲易以共和立憲制．則必先以革命．然革命決非能得共和而反以得專制．此其理德人波侖哈克之說．最能爲確實的證明．吾昔譯之今不避駢枝再一述焉．

波氏曰共和國者．於人民之上別無獨立之國權者也．故調和各種利害之責任．不得不還求之於人民自己之中．必無使甲之利害．能强壓乙之利害．而諸種之關係．常克相互平等．而自保其權衡．若此者惟彼盎格魯撒遜人種．富於自治性質．常肯裁抑黨見．以伸公益．以故能行之而綽綽有餘．若夫數百年卵翼於專制政體之人民．既乏自治之習慣．又不識團體之公益．惟知持各人主義．以各營其私．其在此等之國．破此權衡也最易．既破之後．而欲人民以自力調和平復之．必不可得之數也．其究極也．社會險象．層見疊出．民無寧歲．終不得不舉其政治上之自由．更委諸一人之手．而自帖耳復爲其奴隸．此則民主專制政體之所由生也．

凡因習慣而得共和政體者常安．因革命而得共和政體者常危．請言其理．夫既以革命之力．一掃古來相傳之國憲．取國家最高之目的．而置諸人民之仔肩矣．而承此大暴動之後．以激烈之黨爭．四分五裂之人民．而欲使之保持社會勢力之平衡．此又必不可得之數也．於斯時也．其勢力最猖獗者．即彼鼓吹革命．率先破壞之一團也．而此黨派大率屬於無資產之下等社會．其所舉措．往往不利於上流．作始猶簡．將畢乃鉅。其力既無所限制。自必日走於極端。而遂取滅亡。彼曷爲而致滅亡。夫既已自紊歷史上之權利。自傷政權之神聖。一旦得志。而欲以我新獲之權利造成歷史的之根柢。雖百般擁護。未有能濟者也。於是乎社會階級之爭奪。遂相互迭起而靡有窮。

爭奪之極。其得最後之勝利者。則彼從夢中驚起之富豪階級也。然彼等雖勝利而已厭政權。何也。當彼之時。其握政權者常危殆也。彼等欲得政治上之權利。不過以保其生命財產之安全云爾。其既得之也。則必孳孳然復自營其生計。不惜出無量之代價以購求平和。而社會棼亂疲敝之已極。非更有獨立强大之主權。則終不能以奠定。故君權思想之復活。實剝復之道所必至也。然歷史上之國家既已覆滅。今欲使一姓再興。重復其舊。則其結果更釀百弊。欲別擁新主。而無一人可認其固有之權利。即勉戴之以行君主議院制度。終覺其主權微弱。不足以拯沈痼瘡痍之社會也。於是乎民主專制政體應運生焉。若此者。於古代之羅馬見之。於近世之法蘭西見之。

民主專制政體之所由起。必其始焉有一非常之豪傑。先假軍隊之力。以攬收一國實權。然此際之新主治者。必非以此單純之實力而能爲功也。而自顧已所有之權利。以比諸他國神聖不可侵犯之君主。而覺其淺薄無根柢也。於是不得不求法律上之名義。即國民普通投票之選舉是也。彼篡奪者既已於實際掌握國權。必盡全力以求得選。而當此全社會渴望救濟之頃。萬衆之視線咸集於彼之一身。故常以可驚之大多數歡迎此篡奪者。而芸芸億衆。不惜舉其所血淚易得之自由。一旦而委諸其手。又事所必至理所固然也。何也。彼時之國民。固已厭自由如腐鼠。畏自由如蛇蝎也。

此簒奪者之名無論為大統領為帝王而其實必出於專制彼時之民亦或强自虛飾謂我並非以本身之權利盡讓於此一人而所定憲法亦常置所謂國民代議院謂以此相限制也而實則此等議院其權能遠在立憲君主國議院之下何也君主國議院代表民意者也君而拂議院是拂民也此等議院則與彼新主權者同受權於民而一則受之於各小部分一則受之於最大多數故彼新主權者常得行長官之强權不寧惟是議院所恃以與彼對抗者憲法明文之保障耳而彼自以為國民驕子之資格可以隨時提出憲法改正案不經議會而直求協贊於國民權利之伸縮悉聽其自由故民主專制政體之議院伴食之議院也其議院之自由則貓口之鼠之自由也

君主專制國其諸臣對於國民無責任惟對於君主有責任君主立憲國君主無責任惟政府大臣對於國民而代負責任民主專制國不然惟新主權之民主對於國民而負責任他皆無之雖然所謂責任者亦憲法上一空文耳夫既已以永續世襲之最高權委託之於彼此後而欲糺問其責任則亦惟視其力所能及更破壞此憲法而移置其主權耳質而言之則舍再革命外無他途也要之此專制民主猶在而欲與彼立憲君主政體之國民與純粹共和政體之國民享同等自由之幸福勢固不能

波氏之說就論理的方面觀之其壁壘之森嚴也如此就歷史的方面觀之其左證之確鑿也如彼雖有蘇張之舌吾信其決不能難也故持革命論者如其假共和立憲之美名以為護符毋寧簡易直捷以號於衆曰吾欲為劉邦吾欲為朱元璋則吾猶壯其志服其膽而嘉其主義之可以一貫也而必曰共和焉共和焉苟非欺人必其未嘗學問者也夫即欲為劉邦朱元璋則又何足諱者亦視其力能致焉否耳（能致與否一在自力一在他力他力者則當還問諸社會黹中國今

後社會能許容劉邦朱元璋出現與否　苟能致焉則或能緣此而得純良之開明專制寧非中國之福而必曰共和焉共和焉吾信其持之不能成理也無已則其爲曹操劉裕乎揖讓於中央而社會全體之秩序不破則無有如波氏所云云者如其欲共和則或可以達於共和顧吾信今之未必有其人也卽有其人焉則與其共和不如君主立憲與其君主立憲又不如開明專制

抑吾聞持革命論者固有詞矣曰『君權民權之轉捩其樞機所在爲革命之際先定兵權與民權之關係蓋其時用兵貴有專權而民權諸事草創資格未粹使不相侵而務相維兵權漲一度民權亦漲一度逮乎事定解兵權以授民權天下晏如矣定此關係厥惟約法革命之始必立軍政府此軍政府旣有兵事專權復秉政權譬如旣定一縣則軍政府與人民相約凡軍政府對於人民之權利義務人民對於軍政府之權利義務其犖犖大者悉規定之軍政府發令組織地方行政官廳遣吏治之而人民組織地方議會其議會非遽若今共和國之議會也第監視軍政府之果循約法與否是其重職他日旣定乙縣則甲縣與之相聯而共守此約法復定丙縣則甲乙縣又與丙縣相聯而共守約法推之各省各府亦如是使國民而背約法則軍政府可以強制使軍政府而背約法則所得之地咸相聯合不負當履行之義務而不認軍政府之權利如是則革命之始根本未定寇氛至強雖至愚者不內自戕也洎乎功成則十八省議會盾乎其後軍政府卽欲專擅其道無由而發難以來國民瘁力於地方自治其繕性操心之日已久有以陶冶其成共和國民之資格一旦根本約法以爲憲法民權立憲政體有磐石之安無漂搖之慮矣』節錄某報述某氏之言　此其言若甚辯若其諸前提果悉爲正確者則其斷案亦當爲正確顧吾試一一詰之彼首難革命者其果能有此優美高尚之人格汲汲於民事乎若非其人則一切成反對之結

果矣。而論者必曰。吾所希望者。謂有此人也。且子寧能輕量天下士。今讓一步。如論者言果有此人矣。然事非一人所能集也。必有佐命者。佐命者果能皆有此優美高尚之人格乎。皆能以此人之心爲心乎。吾見其百千人而不得一也。卽論者亦言狂放躁進之士。不知革命而言革命。罪不容於誅。是論者亦認有此等人也。而此等人或其於首難以前有大勳勞於煽動者也。首難以後能毋與共事乎。若與共事。萬一破壞我約法。以凌踏吾民。奈何。有一於此。則軍政府之信用遂墜也。論者謂根本未定。雖至愚者不內自戕。恐彼輩之愚。或有非論者測算所及也。且論者如專語道德上責任。謂革命軍人及其所遣之吏皆神聖焉。而必不肯自犯約法。斯其說差完耳。若語利害上比較。而曰軍政府雖欲自犯約法。恐緣此失其已有之權利。故有所憚而不敢爾爾。而此憚心卽人民權利之保障。此欺人之言也。夫人民所有此區區之權利。出自軍政府之殊恩。非自初有所挾而使軍政府不得不予我者也。軍政府欲奪回之。隨時可以奪回之。此正波氏所謂貓口之鼠之權利也。人民所恃以抵抗惟一之武器。毋過不納租稅。卽論者所謂不負當履行之義務也。而軍政府屯一小隊以督收。其何術以不應。彼英國一六四二年之役。人民苟非有國會軍以盾其後。其亦安能不任其誅求也。若謂軍政府不肯悖初心。則此一念誠足爲保障矣。若曰不敢內自戕。則此非所謂自戕也。何也。此不足以損軍政府而壞其成功也。我國數千年革命家。孰非如是。而敗者自敗。成者自成矣。故欲完論者之說。則非人人皆有道德責任心不可。而革命黨員能如此耶。是吾之所疑也。而論者必曰。若有此種不道德之人。吾決不與共事。或既共事而干軍紀者。吾可與衆棄之。今復讓一步。如論者言與衆棄之矣。一二人誠易易。若多數將若之何。可勝誅乎。且人才得毋不給乎。而論者必曰。吾黨率皆優美高尚之人。敗類決不至多數。有一二焉。懲以警百。其他中才畏此簡書。雖欲干寧敢也。今復讓一步如論者言人材如林悉神聖矣若是乎主觀方面既已圓滿無遺憾然尚有客觀方面所謂客觀方面者非指舊政府也吾中國歷史上慣例凡有一有力之革命軍起其勢既能披靡一省以上者則必有多數之革命軍蠭起而響應於他方此當爲論者所能知也能保他之革命軍皆服從於我軍政府爲同一之組織乎使其手段與我反對而其勢優勝於我則將若何此未可援華盛頓以爲例謂祇有唯一之革命軍而他無之也華盛頓受十三省政府之委任非可與起草澤者同年而語也而論者必曰是殆無之若有之則今何故不起今不起是不能起也蓋非如吾黨之人才衆多布置周密者以云起談何容易是必待我之起奔走來同已耳吾以爲此非篤論無陳涉李密而秦隋晏然一涉一密起而百涉百密繼不得謂前無有者後即無有也且兵志曰毋恃不來恃有以待之夫安得以「殆無」云云逃難也論者將曰吾以大義曉之當相從不從奈何伐之耶是生第二敵也不伐之耶養其勢將不可撲滅益生第二敵而論者必曰吾無待伐之我厚於民民必歸我彼將自滅且彼中若無豪傑耶其勢必不能張彼中若有豪傑耶豈有不表同情於我軍政府之共和主義者其偏裨且將捧其元以輸我矣若猘跳梁一方則待我倒中央政府後縶豕於其牢耳吾以爲此亦未必然也民無力者也苟彼軍勢盛雖欲歸我其安可得故民可無論彼無豪傑則勢不張固也然豪傑不必皆聖賢彼以邦璋主義攀龍鱗附鳳翼者集焉亦何嘗不可以得豪傑之死力論者將曰此非今世之豪傑不適將不能生存雖然亦安知今世之豪傑不有與吾同一頑固謂中國萬不能共和立憲惟當用開明專制者思戴一劉邦朱元璋以期實行孰爲適孰爲不適未可知也今又連讓數步如論者言必無他革命軍起矣有起喻以大義而能從矣不從劣敗而淘汰矣於是乎舍舊政府外更無第二敵雖然尚有他之客觀一方面焉人民是也人民果最初而能安軍政府之政耶政府新建

百事需財。而況方在用軍。其所取於民者必奢。無待言也。我國民義務觀念素未發達。軍政府語之曰。汝其忍一時苦痛。以易無量幸福。無量幸福在將來。彼未之見。一時苦痛在今日。固已切膚也。若最初不肯受軍政府之約法。奈何受矣而背之。奈何。論者必曰。吾政府有强制力。强制之程度奈何。薄則狎而不懲。厚則憚而滋怨。於彼時也。軍政府所遣之吏有一焉稍任血氣。而所行强制。或出於原約權利義務範圍外者。則約遂破。而軍政府之信用遂墜。此事勢相逼。無論何人。不能謂其必無者也。故吾謂寧學前代之野蠻革命。所過鹵掠。猶可以給軍實。而成大業。逆取而順守焉。事定與之休息。民亦司空見慣。不能無受。若自始而與言權利爲義務焉。導以半明半昧之識想。及政府有不給。勢將行動於所約權義範圍以外。吾見其滋自困也。而論者必曰。子何敢侮蔑我國民。我以仁義之師。拯諸水火。而且吾常有辯才之士焉。集所治而敎誨之。義務觀念可驟生也。況吾黨孔僅劉晏之才。車載斗量。能以間接稅或其他方法整理財政。使吾民不感苦痛也。夫當戎馬倥偬。交通榛塞。商業頹敗之際。其果能得多數之間接稅與否。吾蓋疑之。抑吾聞論者一派所主張。於民族主義國民主義以外。尙有所謂民生主義者。撫拾布魯東仙士門麥喀等架空理想之唾餘。欲奪富人所有以均諸貧民。卽其機關報所標六主義之一云「土地國有」者是也。夫以歐美貧富極懸絕之社會。故此主義常足以煽下流。若其終不可以現於實際。卽現矣而非千數百年以內所能致。此世界學者之公論。非吾一人私言也。論者所戴之首領。其或偶涉西史。偶踐西土。見夫各國煽動家利用此主義而常有效也。羡西子之顰而自捧心焉。吾不知其將來之軍政府與其將來之領土內人民所約法者如何。度此主義亦其一也。而土地國有之單獨稅。卽軍政府莫大之財源。而恃以給軍實與民治者也。信如是也。吾竊以爲誤矣。昔洪秀全所以致敗者不一端。而最失計者。莫如政治革命與宗敎革命並行。曾胡諸公。所以死抗半亦宗教之觀念驅之。如舟行逆風而張兩帆。一之已甚。兩則更安能勝也。故雖有表同情於甲主義者。若乙主義不得不相敵。敵之所以滋多也。而敵其乙主義者。又多屬於上流社會之人。故立於必敗之地也。今論者得毋亦欲張兩帆乎。政治革命與社會革命並行。（並種族革命而三帆矣）信如是也。則吾信其與甲縣約法之後。而乙丙諸縣。雖如晚明之揚州嘉定而不能下也。苟能下焉。則必乙丙等縣之游蕩無賴子乃至乞丐罪囚之類。豔羨富民之財產。可以均占。利用新政府之主義。而屠上流社會之族。瀦上流社會之室。而挾此功以來降也。信如是也。則與其歡迎此神聖之革命家。毋寧歡迎李自成張獻忠之爲愈也。且其所謂地方議會者若何組織乎。普通選舉耶。制限選舉耶。若行彼所謂民生主義。吾知其議會議員。必皆爲家無儋石目不識丁者而已。以此簧鼓莠民。景從者豈患不衆。但不知議會果復成何議會。而政府果復成何政府也。夫彼所戴之首領。吾固嘗識之矣。彼所持三大主義。固嘗與吾言之矣。吾叩其何以以社會革命同時並行。彼曰緩則無及也。大革命後。四萬萬人必殘其半。少亦殘其三之一。積屍滿地。榛莽成林。十餘年後。大難削平。田土之無主者十而七八。夫是以能一舉而收之。余所以必主張大流血者。誠以非此不足以達此目的也。吾當時聞其言。惡其不仁。且憫其不智。而彼今猶楬櫫此義以號於天下。明目張膽以欺學識幼稚之人。卽論者當亦親炙之而與聞其政策之所存矣。而獨怪其昔之所以語我者。曰四萬萬人死亡過半後。此主義最利於實行。今之所以語論者。曰軍政府徇得一縣。卽立一縣之地方議會。其已變前說耶。卽所謂民生主義。所謂社會革命者。固大張於其機關報中。其未變前說耶。吾不識此兩現象何以能相容也。嗚呼。豈憔悴之未極。寧滅亡之不亟。其忍更以此至劇烈至危險之藥以毒之而速其死也。故吾於他端可以讓步焉。若此一端則寸毫不能讓也。非吾之不讓。而論者斷無從自完其說也。而論者或曰。吾別有良法組織地方議會。使民悅服。非汝淺識所知。若是則吾更讓一步。如論者言地方議會成矣。洎乎功成。十八省議會盾其後矣。而自發難以暨止戈。遂能陶冶成其共和國民之資格乎。此眞非一言所能盡也。嘗察社會之進步。恆在平和時代。此徵諸中外歷史而可信者也。而戰亂亦時有助長進步者。蓋社會以惰力充塞。無道以振之。經一度戰亂後。或能滌淤血而生新血焉。如論者所謂革命與教育同功。其言固含有一面眞理。吾不能抹煞也。（社會惰力之理論者未嘗言及吾所言其卽論者之意與否不可知吾意則謂戰亂足以助長進步者惟此一端而已）顧同一戰亂。其能生良結果或生惡結果。則視主治者所以救濟之手段何如。與夫國外之他力所以相加者何如。不能謂戰亂必助長進步。故曰一面眞理也。然此一面眞理。猶有界說。謂戰亂助長進步者。進步之機。雖或與戰亂同時發生。而進步之效。必在戰亂經過後良久良久而乃可見。故以外形論之。仍得曰社會之進步。恆在平和時代也。所以然者何也。凡人必先於生命之安全得確實保證。然後乃能營心目於他事。次則勞力所入。足以飽暖其軀而卵翼其孥。然後乃克進而謀優美之生活。次則本羣之人。其生命財產之現象。能與我得同樣之安適。然後秩序生而相與駢進。若戰亂時則此三者皆不易見也。如論者言。徇一縣規與一縣之自治。無論主治者未必皆賢。不能以法制爲彼平和之保障也。卽皆賢矣。皆能矣。而能保敵軍之不來侵乎。此生命之不確實者一。能保亂民之不竄入滋擾乎。此生命之不確實者二。雖侵者擾者。軍政府能防禦撲滅之。然民固日懷鬼胎。不能卽安。此亦無如何者也。生命且不確實。他更無論矣。卽漸就奠定。此兩者皆不足患。而其壯丁大率服兵役義務。餘老弱以居守。則農工業必荒落。風塵澒洞。干戈滿地。九州豺虎。交通道絕。則商業必彫敝。而新政府以有限之領土。負莫大之軍資。不斂諸民。將焉取之。竭澤而漁。良亦難已。玄黃之馬。而負以重而致諸遠。庸能堪乎。故民之所入。恆不能有餘於自養。又勢所必至也。比戶彫殘。相濡以沫之不給。而與之言權利義務。言秩序規律。言地方公益。言國家大計。其安能入也。論者試平心思之。此現象其果戰亂中必至之符否也。若是乎吾以爲雖有軍政府之勸導。以設立地方議會。此議會終不過與前此一鄉局公所等。必無補於民權思想之漲進。而能力更無論也。而論者或曰。吾有超羣絕倫之政治家。能使戰亂中一如平和時。由種種方面以助長其發達。吾以爲既命曰人。則度量相越不遠。苟非帝實相之。則人力斷不能至也。論者又云「求所以濬國民之愛情者自心理以言則爲敎育自事實以言則爲革命」革命與濬國民愛情兩者於論理學上有何聯鎖願論者有以語我來 則又復讓一步。如論者言能致矣。則吾將與之計其時日。論者不云乎。陶冶成共和國民之資格也。吾不知所謂資格者以何爲標準。諒南美中美一邱之貉。必非所望也。然則其必北美合衆國。次亦法蘭西。論者其亦思合衆國之共和國民資格。養成之者幾何歲月乎。受之於英者數百年。免父母之懷而爲獨立生活者。又數百年也。新英倫諸州。當十七世紀而已儼成一政府之形也。當獨立軍起時。而十三省既早有憲法有政府有議會也。夫是以一脫英軛。舉而措之。若法蘭西則自十字軍以前。卽有所謂地方評議會者。直至大革命時代未嘗中斷。然猶演此慘劇。七十年中政體六變。至今其能成共和國民資格與否。猶未能信之。論者如曰。不必有共和國民資格。而何以成共和國也。或曰中國人生而有共和國民資格。無待養也。則吾靡從難焉。如曰養也。則試問自揭竿以迄洗甲。歷年幾何。吾以爲今後之中國。不容有三年以上之戰亂。有之則國必亡矣。今讓數步。五年耶。十年耶。二十年耶。極矣。以十年二十年之學力。而謂可以與他人學數百年者有同一之成績。吾不知其誰欺也。而謂軍政府雖欲專擅。其道無由。吾又不知其誰欺也。吾頗聞論者所戴之首領。嘗揚言於衆曰。『中國可以一蹴而至共和。不必由君主立憲以進於共和。如鐵路之汽車始極粗惡。繼漸改良。中國而修鐵路也。將用其最初粗惡之汽車乎。抑用其最近改良之汽車乎。』嘻、何來此異言也。夫謂國家非由君主立憲以進於共和立憲可也。兩者原不相蒙也。若乃鐵路汽車之喻則眞聞所未聞也。夫所謂良也惡也本屬抽象的觀念非具體的觀念語政體之良惡。而離夫「人」與「地」與「時」三者。而漫然曰孰爲良孰爲惡此夢囈之言也。故達爾文言優勝劣敗。而斯賓塞易以適者生存。誠以主觀的良惡無定形。而必麗之於客觀的適不適以爲斷也。故彼以君主立憲爲粗惡。以共和爲改良。其前提已極不正確。今讓一步。如彼言共和果良於君主立憲矣。然果如彼言。我欲改良卽改良之。如改惡汽車爲良汽車之易易乎。國家有機體也。信如彼言。則何不曰他樹已綴實。此樹可以毋綻花而穫果也。何不曰人子已有室。我子可以未髫齔而爲之娶也。如曰有機體說太蔑人演。不足以例國家。則國家者人類心理的集合體也。宜無以爲難也。信如彼言。則何不曰世界既有詩古文詞。吾可以毋學識字造句而能爲李太白韓昌黎也。則何不曰世界既有比例開方。吾可以毋學加減乘除而能爲梅宣城李壬叔也。夫十七八世紀學者。迷於空華。醉於噩夢。謂國家如一器械焉。吾欲製則製之。欲改則改之。吾憑吾心之規矩。以正其方圓斯足矣。近今數十年。好學深思之士。遠鑑歷史。近徵事實。然後知其事非若是之易易。蘄拾級而升焉。「國家器械說」之銷匿聲跡。蓋亦久矣。而豈圖彼人乃摭棄置之唾餘。復贅以不倫之取譬。彼演說語尚有云各國發明機器者皆積數十百年始能成一物仿而造之者歲月之功已足此正是最膚淺之「國家器械說」不知物質現象與心理現象之差別者也敢公然演說於號稱文明社會之學界。而學界中以之爲蝦而自爲之水母者。且若干焉。在彼人果目無餘子。欺人太甚。而我文明社會之程度。抑一何可哀也。夫彼人則吾何必與爲難。但其說既足以愚弄一部分之人。其所說者又如促人登樓而不以梯也。吾恐其隕而墜者紛紛也。夫安得不一辨也。吾今絮絮千言皆駁「發難以來陶冶成共和國民資格」一語。論者其可以心折乎。

而論者或將曰。所謂共和國民資格者。不必程度若彼其高也。但成一雛形焉。遂以建一共和政府。使民躬其事。有錦而學製焉。夫亦愈知治矣。吾今則爲最後之讓步。姑以雛形而建共和政府矣。但所建設者爲何種類之共和政府。論者及其所戴之首領亦曾計及否耶。世界共和立憲國數十。其性質決非同一。且有絕相反者。中美南美可勿論。其最有名而可供模範者。宜無若美、法、瑞士、三國。三國政體。其相同之點固多。其相異之點。抑亦不少。今勿語他事。惟語其中央政府。又非能詳語也。惟語其略。瑞士純粹之共和制也。其立法部代議制與直接制並行。代議立法制者。國民選舉議員以組成議院。而議院行立法權也。現今歐美各國所行是也。直接立法制者。人民各自有立法權也。古代希臘各邦中世各自由市所行是也。瑞士每人口二萬舉議員一人以組織代議院。通常法律於此採決焉。而其憲法第八十九條云。凡重要之法律。須行全國普通投票以取決。此則直接制也。法律之爲通常爲重要。於何定之。則有公民權者三萬人連署認爲重要。斯有重要之資格。必付諸直接取決矣。其行政部非如他國之有一首長。惟置行政委員會。委員七人。而其委員長於國際上代表瑞士。他國所認爲瑞士大統領者。即此委員長也。與其他共和國大統領性質絕異。行政委員純立於立法部之下。立法部以上下兩院構成。上院代表各聯邦。下院代表人民。受立法部指揮。其餘各行政官有由立法部任命者。有由人民直接選舉者。此其大略也。美國憲法採絕對的三權鼎立之制。立法部行政部之人決不許相雜廁。以元老院代議院組織立法部。而行政部則大統領爲之首長。其國務大臣則大統領之高等官。其位置與尋常官吏同。而與其餘立憲國之國務大臣異。大臣對於議會不負責任。惟大統領對於國民負責任。大統領及大臣皆不能列席於議會。故立法部與行政部常缺聯絡。而其憲法所規定行政部之權限甚狹。行政首長及其官屬不能提出法律案於立法部。大統領惟於兩院所議決之法案有拒不署名之權。不署名則不爲法律。雖然。當其拒之也。將案付兩院再議。若有三分之二贊成。則不得再拒。故行政首長有所懷抱之政策。不能自行之。惟密授意於立法部。求其提議。而行政首長又無解散議會之權。議會亦無令行政首長辭職之權。故立法部常可以制行政部之死命。而行政部不得不仰其鼻息。立法部內有委員會四十八種之多。行政實權殆全歸其手。故學者或稱美國政治爲委員會政治。此其大略也。法國又與美國異。置大統領。名爲行政部首長。而又稱國家元首。無責任。（美國大統領絕對的負責任可受彈劾與常人無異）有停止議會解散議會之權。其下置國務大臣。名爲大統領任命。實則進退之權。全在立法部。國務大臣對於議會絕對的負責任。初受職必先發布政綱。其政綱經議會多數認可則就職。否則或大臣辭職。或解散議會。就職以後。每遇一問題。議會對於國務大臣所發表之政策。隨時起質問。隨時行信任投票。信任投票一旦以多數否決。則或辭職。或解散。亦如之。國務大臣得以立法部議員爲之。其非議員者亦得列席於議會。此其大略也。綜以上三國之異點。則行政首長爲一人爲多人。一也。行政部爲立法部之委任機關。抑離立法部而獨立。二也。行政部首長能否有解散停止立法部之權。三也。能否以一人而兼奉職於立法行政兩部。四也。國務大臣是否隱於行政首長責任之下。抑別對於立法部而自負責任。申言之則立法部能否有迫令國務大臣辭職之權。五也。行政部能否直接提出意見於立法部。六也。行政首長是否適用元首無責任之通例。七也。以上七端。不過舉其犖犖大者。其他爲一國獨有。萬不能行於他國者。勿舉之。（如瑞士之直接立法制）今論者自言建共和政府。則於此種種歧異且反對之成例中。將何所擇。而何所從耶。此吾所亟欲聞也。論者其或不屑與吾言耶。夫既以能破壞能建設自命。則其所謂建設者。殆必有成竹在胸。雖不爲吾一人言之。毋亦當發表之於國中。待輿論之評判。而廣收同情也。就吾之末學譾識。從種種方面推演之。若美國行政部立法部同受委任於國民。職權不相攙越。而任期復有一定。行政部不能令立法部解散。立法部不能使行政部辭職。則更迭不致頻繁。而政治得永續性。是其所長也。然此當視其行政部權限範圍廣狹何如。範圍太狹。則一切被束縛於立法部之意見。不能自由以行其政策。範圍太廣。則將濫用其職權。無所限制。而反於共和政治之本意。夫所謂廣其範圍者何也。如彼立憲君主國有所謂緊急命令。獨立命令之大權者是已。然此只能行諸君主國。不能行諸如美國之共和國。其故何由。君主國有責任大臣之制。議會對於政府可隨時就政治上法律上糾其責任而退其職。故不得以自恣。若如美國制。則大統領一任四年。而國務大臣。又大統領私屬之官吏耳。倘憲法上許其有發表命令之權。則其所發表命令。就法律方面。雖可以監督之。（如不得以命令變更法律）而就政治方面。無術以監督之。議會不能有因政治上過失而付大統領於裁判之權也。（美國大審院有審判大統領之權審判有罪可退其職然非謂政治上之過失亦得以爲刑事犯罪以司法權糺問之者也）如是。則彼於在職期限中可以爲所欲爲。如法國大革命時代之十二行政委員是也。中國若於新革命後而採此制以立憲法。則其慘劇或將甚於法國。而行之久而敝亦益甚。然則仿純粹之美國制。以憲法限定行政首長之職權。其憲法無明文者。一切不得專擅。如是。則大統領勢將變爲立法部之奴隸。苟非伺兩院之眼波。雖有賢才。不能行其志。夫向者東京留學生設總會館。墨守孟氏三權鼎立之意。而執行部幹事常被束縛於評議部議員。此雖小劇。亦一般鑒也。於斯時也。苟立法部與行政部生衝突。則國事將無一能辦。何也。無立乎其上以調和之判斷之者也。故雖以美國之老於共和。而迄今已不得不變成議會專制。勢使然也。夫兩部之常有衝突。無論何國。不能免也。而程度幼稚之國爲尤甚。我國今日若革命而行共和制。則其議會中人非頑固之老輩。則一知半解之新進也。於此行政首長而不得人耶。則與之俱敝。行政首長而得人耶。則因衝突而束手以終其任期耳。故純粹之美國制。若爲國家永遠計。固萬不可採。以其戾於主權不可分之原理也。此世界學者能說明之者也。若爲中國革命後新造計。則尤不可採。此吾鑒於我國民現在之程度而敢決言之者也。然則其學法國乎。法國有一無責任之大統領立於兩部之上。能有彈力性以爲之調和。故國務大臣對於議會而負責任。議會可要求大統領退大臣之職。大臣亦可要求大統領解散議會。而或退職或解散。惟大統領所欲。故可以使行政部之在職者。嘗得立法部多數之贊同。不至如美國之相持而莫能下。此其所長也。然一度解散議會之後。苟再選舉而議員仍要求大臣退職。則大統領遂不得不屈於議會。此共和制之性質使然也。（英國亦有此習慣然英不過習慣耳法則不得不爾蓋君主與共和根本的差異也）夫議會既有進退國務大臣之權。則其結果之良否。不可不還求諸議會之自身。英法兩國。其國務大臣與議會之關係。表面略相似也。而英國之結果常良。法國之結果常惡。英則一內閣或亙十年二十年。其政策常持久而一貫。法則自第三共和以來。未有亙二年不易內閣者。或乃一年而更迭數四焉。英則國務大臣常指導議會。法則伺議會之顰笑惟謹。不惜降志辱身以求容。故論者比諸古代之橫議政治 Government by mass meeting 而法人中改正憲法之論。且日盛也。此何以故。其原因實存於議會之自身。而其最高之原因。則又存於國民之自身。質而言之。則法國國民。未有運用此種政治之能力而已。故其制度雖稍優於美國。而其成績反在美國下也。綜美法瑞三國。其異點雖有多端。而有一大同者焉。曰議院政治（政權全在議院謂之議院政治）是也。瑞則憲法上事實上皆爲議院政治。無論矣。美則憲法上不許爲議院政治。法則憲法上可以不爲議院政治。而事實上固皆已爲議院政治。共和之性質使然也。君主立憲國。其憲法上皆可以不爲議院政治。而事實上有爲議院政治者。（如英國）有不爲議院政治者。（如德國日本）共和國則無論其憲法如何。而必出於此一途。性質上根本之差異使然也。共和立憲國既終必歸於議院政治。吾於是得一前提焉。曰凡國民有可以行議院政治之能力者。卽其有可以爲共和國民之資格者也。夫議院政治之美。其誰不豔羨焉。然如德國如日本。其間非無卓拔之政治家與明達之學者。而不肯主張此最美之政治者何也。內自審其民。而知時有所未可也。凡議院政治。恆以議院之多助寡助。黜陟政府。故議院大多數人。有批判政治得失之常識。此第一要件也。夫使普國而爲議院政治。則當普奧將宣戰時。俾士麥不得不辭職。而後此之德意志帝國。何從湧現也。語曰。非常之原。黎民懼焉。又曰。凡民可與樂成。難與慮始。故大經世家萬里之志。百年之計。常未必爲流俗之所喻。反是。而野心薄倖者流。常能投合一般淺識者之感情。以煽動而弋一時非常之廣譽。苟其藉多數而即可以篡政柄焉。此羅拔士比馬拉所以涸巴黎之血。而奇亞尼所以以一無賴子而覆加鏬寬尼之憲法也。以吾今日之中國而欲行議院政治乎。吾固言之矣。非頑固之老輩。則一知半解之新進也。此非吾敢爲輕薄之言。實則平心論之。其程度不過如是也。苟老輩者多數焉。則復八股之議案。可以通過也。苟新進多數焉。則盡阬滿洲人之議案。可以通過也。而政府若否認其議案。則頃刻不能安其位。而彼之首領且將代之而實行之也。夫今之北京政府。以羣耄當艱鉅。人人謂中國前途危險。不可思議。而不知今易以議院政治。其險亦猶是。而或乃更甚也。謂余不信。試觀去年東京罷學事件與上海罷市事件何如矣。又議院政治。既恆以議院之多助寡助黜陟政府。而多寡之數與黨派有密切關係。故有發達完備之政黨。其第二要件也。日本小野塚博士論政黨發達之條件有七。（一）政治上之大原動力。舍政黨以外。他無所存。（二）僅有二大政黨。（三）二大政黨由歷史上發達而來。基礎鞏固。（四）政治才悉網羅於二大政黨中。（五）二大政黨之意見皆極穩和。且二黨略有共通之基礎。（六）二大政黨。皆有訓練。富於責任觀念。（七）二大政黨所認爲內閣交迭問題。以相爭者。必屬於重要事件。今請略詮其義。夫使政黨以外。尚有他種之政治上大原動力。則雖非被敵黨所攻。而自黨常或不足以擁護自黨之政府。夫此種原動力。非必其出於議院也。（如日本之藩閥是。）於是議院政治之基礎不固。若乃必貴乎二大政黨者何也。夫弈者舉棋不定。不勝其耦。況乃政治上計畫為國家前途計者。舉一事也。或期其效於數年。或期其效於數十年。必久任而後盡其才。而五日京兆。必無良績。此中外之通議矣。政治交迭頻數。其非國家之福也明甚。然在大權政治之國。則得君專者可以行政久。而議院政治。其權既在多數。故惟能常保多數者為久任。又事理之易明者也。欲常保多數其道何由。曰當常恃自力而無恃他力。何謂他力。如一院中有若干黨地醜德齊。無論何黨。皆不足以制多數。吾於此而欲得政權也。則與就中二三黨密相提攜焉。或借一問題以刺激餘黨之感情。使忽表同情於我。則吾本不得多數者。有此外助。而驟成多數矣。於是吾黨遂入而受政。雖然。此策也我能用之。人亦能用之。我所密相提攜之黨。其分子之結合本不鞏固。一旦可以崩潰。而別與他黨提攜。而我能借一問題以刺激餘黨使為我援者。人亦能借一問題以刺激餘黨使為我敵。不轉瞬復成少數。而政柄不能不解矣。故在小黨派林立之國。其議院所謂多數少數者。一歲之間恆三盈而三虛。而政府亦變置如弈棋。故執政者不得不伺人色笑。或乃窒枉其政策以求容。其黠者則嗾羣黨相鬩。而自收漁人利己耳。法之現象。殆若是矣。故其民厭議院政治。如鯁在喉也。英則不然。國中惟有兩大政黨。勢力恆足以相頡頏。自餘小黨一二。其細已甚。舉足左右。不足為輕重。故常能以自力制確實之多數。而基礎不至動搖。而甲黨既得政。其乙黨之在野者。惟立於監督之地位。苟非遇極重要事件。則不起野心而爭交迭。故政府黨既不敢自恣。而亦不至常自危。得以實行其所懷抱以福國家也。然此惟英美兩國能有之。而他國皆不能。何也。則小野塚氏所舉第三四五六項實盎格魯撒遜人種之特長。而所以有此特長者。則第三項尤要焉。蓋歷史上發達使然也。彼其浴立憲之澤者已數百年。而自餘諸國學其步者。乃不過一世紀內。或且不滿半世紀也。由此觀之。此資格之養成其難也。如此。使如論者所戴首領之言曰。既有良汽車。吾不必用粗惡之汽車也。則知有良汽車者。豈惟足下。而德國日本。必以粗惡者自安。其愚何可及也。而法國之乘良汽車者何如矣。而中美南美諸國之乘良汽車者又何如矣。夫非議院政治者。又非政府對於議會而不負責任之謂也。議會爲監督機關。立於補助地位。而非爲指揮機關。立於主動地位。則既已得人而任政府。其人固不敢自恣。而亦不至常自危。苟國民程度。未能誕育完美之政黨。如英國者。則惟此乃適。惟此乃能生存也。而還視我中國則何如矣。人亦有言。今之中國。無三人以上之團體。無能支一年之黨派。雖今後或者稍進乎。然亦僅矣。憲法既布。則無論爲君主爲共和。而政黨必旬出萌達。於彼時也。試想我議院黨派之情狀何如矣。今世界號稱政黨最多者。莫如奧大利。其占席於議院者。凡十八黨。議員總數四百二十五人中。其最大黨不過占六十人。其最小黨乃至占四人。天下稱奇焉。若我國而開議院也。議院而有五百人也。吾敢信其黨數必過百。而最大黨所占無過二三十。而一黨得一人者。乃最多也。（經開明專制訓練後十年乃開議院可不至有此若今即革命革命後召集議院此現象必不能免也）於此而用爲監督補助機關。使其習而漸進焉。猶利多而弊少。若用爲指揮主動機關。以左右政府。苟其採法國制。則浹旬之間。內閣可以更迭十次。苟其採美國制。則將今日出一政策焉。命大統領執行。明日出一正反對之政策焉。又命大統領執行。否則相持而一事不能辦。一律不能頒也。信如是也。吾不知政府復成何政府。而國家復成何國家也。吾於是復得一前提曰。今日中國國民未有可以行議院政治之能力者也。吾於是敢毅然下一斷案曰。故今日中國國民。非有可以爲共和國民之資格者也。今日中國政治。非可採用共和立憲制者也。論者謂事定功成。卽解兵柄。而建共和政府。夫誠欲建共和政府。則非事定功成而卽解兵柄。固不可也。不然則為克林威爾也。既解兵柄。頒憲法。則雖舊軍政府之首領。復被舉爲行政首長。而亦必須行動於新憲法權限之內。不然。則違憲也。大逆不道也。而此新憲法者。無論採美國採法國採瑞士。而其議院政治。皆足以苦行政首長。行政首長引身而退耶。高則高矣。而坐視國民塗炭。將釀第二次革命。功不足以償其罪也。從而干涉之耶。則又違憲也。大逆不道也。然則其所定憲法。廣行政部之權限。認議會爲補助機關耶。則大反共和之精神。用之一時。雖或有利。然憲法者。比較的有固定之性質者也。非可以輕爲變置者也。既號共和國。而以反於共和精神之憲法予之。使根本動搖。貽患無窮。功又不足以償其罪也。故吾爲革命後建設共和政府者計。百轉迴腸。而終不得所以處之之道。論者其何以教我耶。吾之此論。謹守論理。嚴據歷史。未敢有一言憑臆見任意氣也。論者所戴首領。其不知此理而爲此言耶。則吾勸其學成乃語天下事。其明知此理而爲此言耶。則是欺四萬萬人皆無目也。抑吾今並對於論者之說。固已連讓十餘步。乃達此最後之結論矣。使前所讓者。有一非如論者言。則不必達於最後一問題。而論者之說。固既可以拉雜摧燒之。卽使前所讓者皆如論者言。苟不能解此最後一問題。則論者之說猶當拉雜摧燒之。

(附注)某報有一文。題曰。「論中國宜改創共和政體」者。其大端在駁鄙人前譯波侖哈克之說。其言曰。『欲解決此問題。當有三前提。第一、能力果絕對不可回復乎。抑尚可以回復乎。第二、回復之時期。能以至短之期限回復之乎。抑必須長久之歲月乎。第三、回復之後。卽能復有完全之權利乎。』彼其所以解此三問題者。凡數千言。若甚辯者然。吾以謂彼之第三問題之解決。吾所絕對的承認者也。雖然。必其第一第二前提。既已正確。然後第三前提有可言。否則第三前提。無辯論之價值也。今案其所以解釋第一前提者曰。『天下事惟無者不易使之有。有者斷難使之消滅。』此二語又吾所願承認者也。然惟承認之正可以彼之矛陷彼之盾。蓋此二語。不足以證實彼說。而反足以證實我說也。何則。惟本已有而今暫無者。乃可云回復。若本無而今欲使之爲有者。則發生之謂也。非回復之謂也。夫就性質上言之。謂吾國民將來有可爲共和國民之能力。則吾無以難焉。若就事實上言之。而謂吾國民前此既已有爲共和國民之能力。此則吾雖極敬愛吾國民。而萬不敢作此語以自欺者也。蓋語本來之性質。則既名之曰人類。自有人類之普通性。既有其普通性。則必可以相學而能相肖。以此言之。豈惟吾國民能爲共和。凡屬圓顱方趾者。未有終不能爲共和者也。然此發生之云。非回復之云也。更精密言之。則本能有而疇昔尚未有者。可以使之發生。本能有且疇昔已有。而忽以他故偶無者。可以使之回復。故能使中國國民發生共和資格與否。是可以成一問題也。而此問題解答甚易易。吾敢一言斷之曰能也。而發生期限之長短。則屬於別問題。若夫能使中國國民回復共和資格與否。是不可以成一問題也。譬如一常人於此。而曰此其人能發生其膂力使若賁獲否。此可以成一問題。若曰此其人能復回其膂力使若賁獲否。是不可以成一問題也。然則吾國民之共和資格。其本能有之。雖不俟論。若其在疇昔已有之耶。抑尚未有之耶。是先不可以不論定也。若鄙人則認其前此未嘗有者也。論者謂「當鴻昧初起文明未開之際。吾民族已能嶄然見頭角。能力之偉大可想」雖然。以此能力。卽爲其已能建設共和之據。吾未見其確也。不然則如印度埃及巴比倫敍利亞波斯諸族。其嶄然現頭角也。豈不甚早。然謂彼已能建設共和政治得乎。論者又撫引一二現象。謂吾國民自治團體之組織有可驚者。以證吾民已能自治。姑無論吾國今日所謂地方自治。其性質及其方法。與當世法治國所謂地方自治者。截然殊科也。抑尤當知地方自治與中央共和。其性質又自有不同。蓋中央共和。最高主權在國民(最高主權在國家而國民卽代國家行使主權者故亦可謂之在國民)此外幷無他機關焉超然於國民自身之上者則調和其利害衝突也甚難地方自治則別有掌握最高主權之中央政府以臨其上則調和其利害衝突也較易故能爲中央共和者必能爲地方自治而能爲地方自治者未必能爲中央共和夫法國之有地方評議會蓋自十字軍以前矣而直至十八九世紀猶不能有完全共和國民資格則又何也一言蔽之則其已能行議院多數政治者其已有共和國民之資格者也而吾國民前此未嘗能行議院多數政治故吾認吾國民前此實未嘗有共和國民之資格者也旣未有焉則今所研究者爲能否發生之問題而非能否回復之問題也夫發生問題則吾固絕對的承認其必能矣何也苟未進爲人類之下等動物其能否吾不敢決言旣名曰人則未有不能至者也於是則當入於論者所舉之第二前提卽遲速問題也而此前提已不得不稍易其詞當云「能以至短之期限發生之乎抑必須長久之歲月乎」必以發生易回復然後乃可成問題也論者謂期限可以至短吾謂長短者比較之詞也云至短則所謂「至」者殆無復比較之可言無論如何而皆有語病今且勿摭拾字句計較小節而其論之最有力者則曰『歐美積數百年始克致之者日本以四十年追及之而我輩亦可以同比例求之也』曰『以敎育爲例未成年與成年者不同敎育成年者可採特別速成法縮短十餘年爲二三年其程度亦略相等不能謂已經開化之國民其進步之速度與未曾開化者同一濡滯也』據彼所言則其所謂至短者殆如日本之四十年也而其所設譬亦確含一面眞理吾所願承認也於斯所當辨別者則又在其所希望程度之高下若何與所施敎法之優劣若何夫曰雖速可成吾靡以爲難也然速成之程度必有一消極的界限如肆速成政法者

謂其能得有政法學之一般常識。吾敢言也。謂其必能與法學大博士有同一之學力。吾信其不能也。夫共和政治則政法學大博士之學力之類也。故謂以特別速成法。使一般人民。能立於國家之監督補助機關的地位而完其責。此吾所敢言也。若謂以特別速成法使一般人民。遽能立於國家之指揮主動機關的地位而完其責。此吾所不敢言也。雖然。使其法果良。則雖不可以驟至。猶未嘗不可以較速。而良不良之間。則所最當審也。日本以四十年之學力。遂有今日。抑亦思日本此四十年中所行者何事乎。彼蓋由純粹的開明專制。漸移於變相的開明專制也。以日本爲例。則益知開明專制者。最良之速成教法也。使日本不用開明專制。而於顚覆幕府後。卽行共和政治。而謂其能有今日乎。必不能矣。又謂彼當尊王討幕輿論蜩螗沸羹時代。卽能於冥冥中養成共和國民之資格乎。必不能矣。夫旣以共和爲政綱。則必其破壞後第一次之建設。而卽行共和也。吾以爲必建設以後。然後可以實行速成教法。教法旣行。然後成不成速不速之問題。乃有可言。今之持革命共和論者。則謂未教而可以成也。是不得以速成學科爲喩也。故欲完論者之說。必謂當革命軍騷擾時代。卽爲速成就學時代。然後可。質言之。則謂暴動卽教育也。然暴動果足以代教育乎。以暴動爲速成共和之階梯。是得爲善良之速成教法乎。吾有以知其必不然矣。故論者之說。斷不足以難吾說也。又此論文之末段云『吾儕旣認定此主義。以爲欲救中國。惟有興民權改民主。而入手之方。則先以開明專制。以爲興民權改民主之預備。最初之手段。則革命也。』此其說較諸前論者所述某氏之說爲稍完。蓋如此則工夫分三級。其第一級則革命。其第二級則開明專制。其第三級乃共和立憲也。非如某氏謂革命與共和同時成功。一解兵柄。而共和遂有磐石之安也。若夫暴動革命後。適於行開明專制乎。且能行開明專制乎。此又不可不審也。夫革命後行開明專制。將以君主之資格行之乎。抑將以大統領。（或執政官護民官等名義）之資格行之乎。若以君主之資格行之。則當最初革命軍發難時。不可不先標君主之旗幟。若最初以共和號於衆。及功成而易以君主。則必不爲舉國所承認。而其業且潰。若最初標君主之旗幟。是又與前代革命者爲一丘之貉。其業又必不可得就。然則此事殆不必論。既最初標共和之旗幟矣。夫未有無憲法而能爲共和者。而開明專制。則必其未有憲法。（如腓力特列）或有憲法之名義。而無其實質者也。（如拿破崙）吾試爲革命後不立君主而欲行開明專制者計之。將發布憲法耶。抑不發布憲法耶。若不發布憲法。則國家機關之權力。將以何者爲淵源。而共和新政府何從成立耶。若發布憲法。則此種共和制憲法。萬不能由大統領欽定。苟若此者。是大反於共和精神矣。然由人民公定之憲法。果復許政府行開明專制否耶。是吾所不能無疑也。即讓一步。謂於彼時。以大統領之權力。行變相的開明專制。則不外仍繼續軍政。暫勿施行民政。質言之。則與凡立憲國之發布戒嚴令時。無以異也。顧以吾度之。今日中國即欲建設一與日本普魯士同程度之立憲政治。已非二十年不能爲功。（說詳次段）若欲建設一與英國美國同程度之立憲政治。則其所需期限更倍蓰。亦可推見矣。如論者之說。以革命爲第一級。以開明專制爲第二級。以共和爲第三級。然則其第二級經過之時日。不可不甚長。而戒嚴令政治。（即軍政）繼續至二十年以外。是得爲政體矣乎。況乎戒嚴令政治。最束縛人民自由。而足使人民自治力萎縮憔悴者也。若行戒嚴令的開明專制。是果能緣是以養成國民共和資格乎。吾恐不惟不能長養之。且斲喪之耳。而既建設共和立憲政府後。復欲行開明專制。則舍軍政（戒嚴令）外。更有何道乎。吾苦不得其途也。又況乎即欲行完備之戒嚴令政治。又非行政機關已大設備。不能爲功。而新共和政府初立後。吾恐其並此正當之戒嚴令政治而無從設施也。故吾以爲開明專制者。決非新經破壞後所能行也。惟中央政府以固有之權力循序漸進以實行之。其庶可致。若新經破壞後。則欲專制者勢不可不假强大之武力以擁護其未定之地位。故舍立君主以外。實無可以得之之理由。否則行武人專制政治而已。而此二者之危險皆不可思議。論者其亦有見於此否耶。吾謂暴動革命後之開明專制。必須經一度極禁擾極慘酷之結果。如法國之恐怖時代者。及人心既倦之後。有如拿破崙者出焉。然後開明專制乃可期耳。然此果爲國家之福耶。抑國家之禍耶。願愛國之士。平心察之。

某報凡刊兩號。而其文殆無不自相矛盾。如此文與前述某氏之說。即其極矛盾者也。一謂軍事倥偬中。即可以養成共和國民資格。一謂須經一度開明專制然後養成。其矛盾一也。一謂倒中央政府後即解兵柄。一謂建設後仍行軍政。其矛盾二也。而兩說者皆脆而易破之論理。今持乙說者其人既已辭此世間矣。彼繼續主持某報之人。能並代彼賜答辯否耶。

吾今請更以一言忠告於論者及其所戴首領乃至其黨派之人士。曰、公等言革命耶。其勿並張種族革命政治革命社會革命之三帆。公等欲言社會革命也。則姑言之以自娛。能更發明新學理。補麥喀所不逮。以待數百年後文明社會之採擇。亦一奇功也。若乃欲以野蠻之力殺四萬萬人之半。奪其田而有之。則靡特人道不應有此豺性。即社會主義之先輩亦不聞有此學說。麥喀謂田主及資本家皆盜也。今以此手段取之。則國家其無乃先盜矣乎。人之言土地國有者。謂漸以收之。仍有所以爲償。而識者猶笑爲烏托邦之論。顧未聞有謂宜竟紾之臂而奪之者也。此自別問題非本論所宜及。惟公等欲以之與普通之革命論並提。利用此以博一般下等社會之同情。冀賭徒光棍大盜小偷乞丐流氓獄囚之悉爲我用。懼赤眉黃巾之不滋蔓。而復從而煽之。其必無成而徒荼毒一方固無論也。卽充公等之所望成矣。取中央政府而代之矣。而其結果則正如波侖哈克之說。謂最初握權者爲無資產之下等社會。而此後反動復反動。皆當循波氏所述之軌道而行。其最後能出一偉大之專制民主耶。則人民雖不得自由。而秩序猶可以恢復。國猶可以不亡。若無其人耶。則國遂永墜九淵矣。卽有其人焉。或出現稍遲。而外力已侵入。而蟠其中央。無復容其出現之餘地。則國亦億劫不可復矣。故雖以匕首揕吾胸。吾猶必大聲疾呼曰。敢有言以社會革命（卽土地國有制）與他種革命同時並行者。其人卽黃帝之逆子。中國之罪人也。雖與四萬萬人共誅之可也。復次公等欲言種族革命也。則請昌言之。且實力預備之。公等既持復仇主義。而曰國可亡仇不可不復。吾哀其志而壯其氣也。雖然。公等切勿更言政治革命。夫政治革命者。革專制而爲立憲云爾。君主立憲耶。則俟公等破秦滅項。繫彭醢韓。歸豐沛歌大風之時。言之未晚。共和立憲耶。則請先將波侖哈克說及此數紙中狂夫之言。一一遵論理據歷史推現象以賜答辯。答辯本章固所歡迎。若欲駁開明專制論者。則俟全文出版乃賜數言。否則恐枉筆墨也。若不能答辯。或答辯不自完其說。或摭拾一二字句典故之間以相詆諆。及支出題外。遁詞逃難。而不能解結要害者。則請自今以往。還倡公等之復仇主義。無爲更牽入政治問題。作繭自縛也。復次公等欲言政治革命也。則今日之中國。望公等如望歲也。如欲爲政治革命也。則暫勿問今之高踞中央者爲誰。何翼其左右者爲誰。倘吾友也。不加親。吾仇也。不加怒。吾惟懸一政治之鵠焉。得此則止。不得勿休。有時對於彼幾諫焉。如子之於父母。有時對於彼督責焉。如父母之於其子。然此猶言而已。若其實行。則對於彼而要索焉。如債權者之於債務者。

不得則盡吾力所能及。加相當之懲罰以使之警。此各國爲政治革命者之成例也。然要索必當量彼所能以予我者。夫然後所要索爲不虛。懲罰必當告以我索汝某事。夫既先語汝而汝不我應。故懲汝以警汝及汝之儕輩。使今後無復爾爾。夫然後所懲罰爲有效。如誨孩童焉。授以業。量其腦力所能受者而責以答案。一度不答。再度不答。而威以夏楚焉。若其必不能作答者。責之至死。猶之無益也。若突然撲之。而不示以所犯何事。甚者以擊蒙爲出氣或快心之具。則彼雖日受百鞭。而亦不知改。蓋不知何改而可也。夫語滿洲人曰。爾其還我河山。此責彼以所必不能應者也。並未嘗提出條件以告之曰。我所欲者如此如此。汝所當行者如此如此。而徒日日唾罵。不共戴天而已。時或狙擊一二渺不相屬之人。則就令彼欲釋我怒。亦不知何途之從而可也。不寧惟是。我徒恃單獨主義。謂必去彼而已。其目前失政。吾不暇與言。亦不屑與言。待吾去彼。而失政隨之去矣。甚或謂彼之失政吾之利也。吾何爲而匡正彼。乃吾之去彼。渺未可期。而彼先以吾不暇言不屑言之故。反得卸其責任。而我將來之幸福。已不知斲送幾許矣。不寧惟是。彼知我之所欲得於彼者。必非其所能應也。而舍此以外。又無足以饜吾欲也。則困獸猶鬪。而况於人。我排彼以言。彼排我以實。勝負未決。而漁人笑於其旁矣。凡此皆欲爲政治革命而不以其道。是以及此。自今以往。其果有眞愛國者乎。相率而爲正當的政治革命焉。則中國其或有瘳也。夫此固又別問題。非本論所宜及也。吾下筆不能自休。而遂逸其軌也。吾更爲二語以結本段曰。

欲爲種族革命者。宜主專制而勿主共和。

欲爲政治革命者。宜以要求而勿以暴動。

（附錄本論補注）

第一章第一段下補注。

(補注)若將本論所謂制者。示其正確之概念。則當云『制者何人類共同生活繼續的團體。發表其權力於形式。以規定團體自身機關及其團體員之行動者也。』蓋本論所謂制卽法制之意。而法制實與國家相待。故言制殆不能離國家也。但人類當未形成國家以前。亦未嘗無所謂社會之制裁力者。惟既成國家以後。始有一定之形式。變爲强制組織耳。然則就吾國文「制」之一字以立說。又必遡前以及於社會所以有制裁力之故。然後其義乃完。本章所論。如言「以强制爲調和競爭助長競爭之具」云云。皆以明社會所以不得不進爲國家之理。故所謂人類共同生活繼續的團體者。卽國家之實質也。而發表其權力於形式。亦惟國家能然也。而所發表形式。凡以規定團體自身機關(國家自身機關)及其團體員(人民)之行動者也。其正確之概念實如此。但此概念文義太賾。恐讀者不易解。故從行文之便。如原文云云耳。

第二章第四段下補注。

(補注)就文義上以嚴格的論之。則舉凡過去現在之國家。無一爲能指爲絕對的專制國者。亦無一爲能指爲絕對的非專制國者。故吾之此分類。似仍不正確。蓋「專制」二字乃吾國文。吾國文實苦不足以盡說明社會界之新現象。無如何也。然論理學有所謂「不容間位律」「不容間位律」者。謂凡百事物。無中立性。既謂之甲。則不得復謂之非甲。既謂之非甲。則不得復謂之甲。是其義也。然則既謂之專制。則不得復謂之非專制。既謂之非專制。則不得復謂之專制。是此分類仍正確也。所最當謹者。則定專制二字之界說而已。以嚴格論之。則必如孟德斯鳩之三權分立論。無一機關得專橫。夫乃可謂之純粹的非專制。然孟氏此論。至今各國未有能實行者。故以嚴格論之。謂往古來今諸國。尚未有一焉爲純粹的非專制可也。然吾此分類。雖於事實上若不能概括現今國家。然理論上仍無以易之。若易之而以立憲與專制分類。則愈不正確。何也。雖立憲國仍莫不爲變相的專制。欲求一絕對純粹的非專制之立憲國。終不可得也。蓋以嚴格論之。則立憲與專制。尚未足爲對待的名詞也。又若易之而以立憲非立憲分類。則愈不正確。何也。立憲國之形式性質。各各不同。以嚴格論之。則凡法治國皆可謂之立憲。蓋但使既以形式規定國家機關之行動。而遵此形式以行。則謂之爲廣義的立憲焉亦可也。要之。專制也。立憲也。皆吾國之文辭。非別下解釋。不能定其概念。均之難得正確。則毋寧用專制非專制之尤愈也。

第四章第二段下補注。

(補注)既言以所專制之客體的利益爲標準。謂之開明專制。而復析其客體爲二。曰國家。曰人民。認國家爲客體。似近於「統治者說」。與近世學者所示國家之概念相戾。但此文所論者專制耳。在專制之國家。則其主客之形固如是也。

二　中國今日尚未能行君主立憲制之理由。

既萬不能行共和立憲制。而國家又非可以專制終也。則所餘者惟有君主立憲之一途。君主立憲。固吾黨所標政綱。蘄必得之而後已者也。然謂其今日尚未能行者何也。請就兩方面說明之。

(甲)　人民程度未及格。

立憲制之綱領不一端。而議院之開設。當其最重要之一也。問者曰。議院不能不立於指揮主動之地位。國民程度幼稚者。不足以語此。既聞命矣。其在立憲君主國。議院可以立於監督補助之地位。然則何時而不可。且如今日國中未嘗無輿論。就中發表輿論之報館。亦對於政府而立於監督補助之地位者也。國民程度既可以有報館。曷爲不可以有議院。應之曰。不然。輿論者無責任之監督。而議院者有責任之監督也。申言之。則輿論非爲國家之一機關。而議院則爲國家之一機關也。既爲國家之一機關。而有法律上應享之權利。隨卽有法律上應盡之義務。苟不完此義務。而權利或將以消極的而澌亡。申言之。則議院若不能行完全正當的監督。則其地位將下墜。而影響且及於憲法之全部也。請言其故。夫中國他日果制定何種類之憲法。今莫或知。卽應制定何種之憲法。今亦未易言。要之。既名曰憲法。則凡各國憲法之共通原則。如國務大臣對於議會而負責任。議會有協贊法律豫算權。議院院內之自治。人民之選舉權等。殆必其不能缺者也。卽以此諸端論之。國務大臣對於議會而負責任。非必議會能進退之也。而可以質問焉。可以彈劾焉。但使所質問者洞中癥結。政府（卽國務大臣也以行文之便代以此）若有隱慝。能覺察之。政府若有失策。能指摘之。政府乃重其言而不敢藐。有所憚而不敢恣。則質問爲有效矣。反是。若無鑑別政治得失之識力。所質者皆薄物細故。或於其極正當之行動。而故爲責備。而其有干法越權及其他失政。或反熟視無覩。不予糾正。則政府視議會易與。謂其言一無價值。生輕蔑心。而議會之神聖損矣。此雖不至搖動及憲法。然養成此習慣。非立憲國之福也。又彈劾當如善養蒙者。不輕施夏楚。若有過舉。確認爲不可恕者。痛懲一次。則常收莫大之效。議會之彈劾權不濫用。用之必有其正當不容已之理由。則就法律上雖未必以彈劾而定黜政府也。而事實上令君主感動。察民碞之有因。令政府悚惶。識輿論之眞價。則無論或黜或留。而彈劾皆有效。反是。若彈劾之無價值。與前所舉質問同。則元首厭之。政府侮之矣。不寧惟是。彈劾無效。則議院勢不得不被解散。屢濫用彈劾。則重解散以解散。而議院將雖有若無。萬一國民厭於選舉。或君主怠於召集。則憲法根本爲之搖動矣。夫學識幼稚之民。往往沐猴而冠。沾沾自憙。有權而濫用焉。其常態矣。故吾以爲今日中國之民。非稍經訓練後。其必不免此弊也。復次協贊法律協贊豫算之權。亦當用之於正當。各國通例。政府及兩院。皆有提出法律案之權。提出後經兩院可決。復由元首裁可而後施行。若議院中人政治智識甚幼稚。則其對於法律案也有三種怪象。(甲)政府所提出者盲從焉。不能贊一詞。(乙)政府所提出或有極良之法案。不能知其精神所在。漫爲反對。(丙)自提出或偏畸或危險或無謂或不可行之法案。而自議決之。其在甲。則政府法案雖有缺點。不能匡救。議會成贅疣。毫不盡監督之責任。其在乙。則良法美意不能施行。阻一國之進步。其在丙。或頒不適之法案。一國之秩序。然在甲則不過有議會如無議會耳。影響尚不波及憲法。若乙丙之現象而屢見焉。則或重解散以解散。甚且怠於召集。而憲法動搖矣。或厭其久恩。不待議決而裁可施行焉。而憲法又動搖矣。至於豫算。政府常欲膨脹。人民常欲節減。此普通之現象也。議會以代表人民之資格。常思限制政府。亦恆情也。雖然。固不可強國民以所不能負擔。亦不可不爲國民謀助長其進步。故當協贊豫算案時。最宜有圓滿緻密之政治上知識。察社會生計之實情。鑑內外政局之大勢。非可先橫一成見於胸中以從事也。而程度幼稚之民。動偏於一端。而在中國義務思想未發達之人民。尤汲汲以輕擔負爲務。頗聞去年東京留學生總會館議豫算案經數會期不決而評議部挑剔節減乃至原案屋租若干元亦修正而減給之並屋主之允否不計及此雖近於游戲非可例他日然亦未免模效人國而太求似矣 如此。則恐豫算不成立之現象。年年續見。若將來所定憲法如日本焉。謂豫算否決。可用前年度預算。則尚不生困難。不然。則全國機關爲之動搖矣。然若如日本之憲法。則間年偶見。可以彌縫。若年年否決。則政府將見提出預算毫無結果。或遂厭之。而竟濫行預算外之歲出入焉。則影響又及於憲法矣。又議院院內之自治。如院內警察權歸議長也。非得議院許諾。政府不能逮捕議員也。凡此皆各國通例。所以保議院之神聖也。然在程度幼穉之民。往往因辨論而生意見。因意見而生仇讎。故吾中國向來議事之場。動則揮拳拔刀。數見不鮮矣。夫各國議院雖亦不能無騷擾。然整理議場之職。議長任之。議員皆有服從議長之習慣。故權可不假於外。若萬一滋擾過甚。議長不能節制。致警察入而干涉焉。其或在院中犯現行罪而致逮捕焉。則應享之特別權利。掃地盡矣。若屢演此惡劇。而議院之地位遂危。以現在中國人民程度組織議院。吾不敢保此種惡劇之必無也。以上所舉。不過以爲例耳。若逐一數之者。更僕難盡。吾之意以爲議院不開則已。既開矣。則其於法律上神聖之地位。不可以不確保。其於政治上優越之勢力。不可以不常存。而能否確保之常存之。則其原因恆在議員之自身。議員品格卑。而地位乃污衊矣。議員見識陋。而勢力乃陵夷矣。夫偶被污衊。偶見陵夷。似未甚爲害。數年後久習之。而改良焉。毋乃亦可。而不知其影響往往牽及憲法也。即不牽及憲法。而苟使政府與國民有藐議會厭議會之習慣。其於立憲之精神。已大剌謬也。故與其太速而資格缺。毋寧稍遲而資格完也。此以言夫議員也。若選舉議員之人民。亦不可不略有其程度。如(1)選舉權者含有義務性質之權利也。不可以放棄。而在程度幼穉之國民。往往視此權若弁髦也。（日本初行憲政時人民倘多有放棄選舉權者今則殆無矣）(2)選舉必當以自由意志舉其欲舉者。而在程度幼穉之國民。往往受賄賂被脅迫。不得爲本意之投票也。（此弊雖程度極高之民猶不能盡免然愈幼穉者則其弊愈甚）(3)選舉不免競爭。而競爭必須行於正當。在程度幼穉之國民。或至用武力以破壞秩序也。(4)議員名爲代議士。取代表之意。然所代表者。人民總體之意見。非選舉者個人之意見也。而在程度幼稚之國民。往往自以其私人之利害。或地方小局部之利害。而責望所選舉之代議士爲之建議。不得則或且相怨而相仇也。諸如此類。不可枚舉。要之苟非養之有素。則利恆不足以償其害。有斷然矣。

（乙）　施政機關未整備。

前所言。猶其理論也。而今日於實際上。有未能行立憲政治者。則施政機關之未整備是也。試略論之。如議會選舉人被選舉人。必當有資格。其最重要者。則必其人爲中國人也。而(1)今者國籍法尚未編定。「中國人」之界說。且未分明也。又初立憲時。殆萬不能用普通選舉。必出於制限選舉。各國通行之制限。大率以所受教育之程度。或所有財產之稅率爲衡。而(2)今者學校尚未徧立。義務教育尚未厲行。教育程度。於何測之。然此猶較易。若夫(3)稅率之多寡。則今者租稅法尚未備。徵收之方。亦不正確。於何定之。(4)選舉必有選舉區。而我今未劃定。何由施行。且選舉區非可漫然劃定也。必比例於人口之多寡與道里之遠近。而(5)今者戶口之統計。地圖之測量。均不確實。即以制定選舉區一事。已非數年不能爲功也。各國選舉率以鄉官市官主之。中國地大人衆。選舉區萬不能太大。如欲以一縣爲一區。則鄉僻之民。何從至縣城投票。且使悉至。而城亦不能容也。故以鄙見度之。大約今之一縣。其爲區者當數十。而(6)今者地方自治制度未頒。鄉官市官鄉會市會未立。然則選舉其誰司之。選舉競爭。最易騷擾。各國普通之現象也。維持秩序。端賴警察。而(7)今者警察未普及。能保不害及治安乎。果爾。恐民將談選舉而色變也。競爭之結果。往往起訴訟。而(8)今者訴訟法未定。能息爭乎。各國通例議會大率年開一次。而選舉後最遲不過一兩月即開會。而(9)今者鐵路未多。交通不便。蜀涼滇黔。或半歲乃達京師。然則開會延至何時。而一歲往返。豈不疲奔命於道路耶。立憲精神不一端。而保護人民權利。其最重要之一也。故常以條文規定之。憲法一經實施。則必爲絕對的保障。乃可以信於民。而(10)今者民法未制定。權利以何者爲標準。而能確實耶。民非犯法網不得擅逮捕此保障自由之一要件。而各國率皆規定之於條文者也。(11)今者刑法未制定。以何者為法網乎。有司能無上下其手乎。苟有之則憲法無效也。且人民之護符恃法律。而法律之執行者惟法官。無良法官則民終不能完其權利。而(12)今者行政司法混為一爐。絕未嘗為養成裁判官之預備。民果能食憲法之賜乎。對於行政處分之不當者。而得起訴訟。又人民所以自全其權利之一要件也。而(13)今者行政法未頒。行政裁判所未構成。有見屈者。將何所控愬乎。而憲法又無效矣。夫諸法固可與憲法同時頒行。吾非謂必當先有諸法而後有憲法。然諸法之條理。恆千端萬緒。非績學不能運施。故欲使憲法一經布告實施以後。而國家諸機關。先自保無違憲之舉動。以示信於民。則必當先頒諸法。且預養成用法之人才。亦理論上之次第所宜爾也。以上所舉。隨念所及。拉雜舉之。若悉數者。恐數十條不能盡也。但即就此諸端觀之。已可見憲法者決非一紙空文所能立。朝欲之而夕致之也。夫人民程度之一問題。各人有各人之主觀的判斷。吾以為未可。人以為已可。是非終未易決也。若夫機關整備與否。則全屬客觀的事實。雖好立異。寧能否認焉。吾以為但就以上所舉諸端。苟欲其規模稍具者。雖在承平之時。有一強有力之中央政府。網羅一國上才以集其間。急起直追。殫精竭慮。汲汲準備。而最速猶非十年乃至十五年不能致也。而彼持極端破壞論者。乃謂於干戈倥傯血肉狼籍生計顚頓神魂駭喪之餘。不數年而可以躋於完全優美之共和。何不思之甚。嗚呼。我青年之眩於空華困於噩夢者。其醒耶未耶。而附和君主立憲者。亦一若於數條憲法正文之外。更無餘事。其可憐而可笑。亦正與彼破壞論者相類。使如彼等政策。抄譯一二國成文憲法而布之也。則一二小時可了耳。何難之與有。且就令能制定極完美而適於我國之憲法。未及其時。而貿貿然布之。顧以種種障礙。一切不能實行。而徒使天下失望。則雖謂為立憲主義之罪人可也。世誠有忠於立憲主義者乎。則必當知今日之未能實行。既忠焉而又知其未能實行。則必知所以待之者矣。

飲冰室文集之十八

駁某報之土地國有論

本報第十四號曾關於社會革命之可否著論以難某報既已令彼所主張者無復立足之餘地乃彼不自省改復於其第十二號強詞致辯而益復支離謬妄無一語可以自完雖其論無復價值然本報既認掃蕩魔說爲一種之義務故不惜再糾正之乃就犖犖大端區爲三節一曰就財政上正土地國有論之誤謬二曰就經濟上正土地國有論之誤謬三曰就社會問題上正土地國有論之誤謬其餘瑣碎末節則以附論綴於末焉社會革命論在今日本不成問題社會革命論中之簡單偏狹的土地國有論即在將來亦不成問題以此慁讀者之腦力本甚無謂也然利用此機會時徵引財政上經濟上社會問題上之普通學說以與吾國今日現象相印證則亦不無小補故不惜冒浪費筆墨之誚而長言之非徒爲彼報發也

著者識

一　就財政上正土地國有論之誤謬

本報第十四號論文嘗云以土地國有爲行單稅之手段而謂爲財政上一良法也是則成問題而能行與否應行與否又當別論（第三十五頁）蓋吾前號論文其所重者在與彼報爭社會問題之解決故關於社會問題以外之事項未遑多及而初非認此制度爲財政上適宜之制度也今彼報第十二號論文寶此燕石謂土地單稅制爲中國將來整理財政之不二法門其誤謬有不可紀極者故先就此點辭而闢之雖非本論之主眼抑亦土地國有論不能成立之一大左證也

今世學者之言租稅則單稅與複稅之孰利實爲其一問題單稅者惟課一種之租稅而其他盡皆蠲除也複稅者則課多種項目之租稅以相挹注也單稅制度今各國惟地方自治團體多行之瑞士聯邦中一二小州亦或行之自餘各國殆無不行複稅制者此其中蓋有絕大之理由焉諸家財政學書多能言之茲不詳述而單稅論中大約復可分四種一曰消費單稅論者二曰財產單稅論者三曰所得單稅論者四曰土地單稅論者此四種者有其共通之弊害又有其各自特別之弊害共通之弊害則四種莫或能免之各自特別之弊害則所得單稅論比較的少而其他三種皆甚多土地單稅論又其比較的更多者也今彼報第十號載口口演說語謂歐美日本雖說富強究竟人民負擔租稅未免太重中國行了社會革命之後私人永遠不用納稅但收地租一項已成地球上最富的國云云是其主張土地單稅而排斥複稅制度之論據也此其語於財政上原則一無所知且與事實大相刺謬獨怪彼報記者固嘗飫聞學校之講義且知涉獵外籍豈其於此極普通之學說無所聞知且生長宗邦父兄習於吏事豈其於眼前之事實熟視無睹而猥以爭意氣之故不惜枉師說搆虛詞以文前過也今得一一是正之

凡一國之財政當以所入能支所出爲原則國家爲自維持自發達起見而需用種種經費國家活動之範圍愈廣則其所需經費愈多國家而不欲自達其目的則已苟欲之則凡所需者責負擔於其分子蓋非得已故吾中國古義言量入以爲出今各文明國普通制度皆量出以爲入蓋其根本觀念有差異則其制度不得不緣而差異而孰得孰失則稍嘗學問者皆能辨之矣今世界中無論何國其經費皆有逐年增加之勢愈文明者則其增加之率愈驟今後我中國而不欲自伍於大國則已苟欲自伍於大國則試取現今各大國歲費之中率以吾之

幅員民數比例而增之。其額之厖大。當有使腐儒舌撟而不能下者。而惟一之土地單稅。果能充此厖大之國費而無不足乎。此一疑問也。彼報襲亨利佐治一派之說。謂土地國有後。舉疇昔田主所收之租悉歸之國家。遂得莫大之收入。足以支持一切國費而有餘。然麥洛克氏嘗就統計上以證此說之不當。其言曰。以英國論之。英倫及威爾士之借地料（即田主所收之租亦即地代）凡三千三百萬磅。蘇格蘭及愛爾蘭之借地料。凡千六百萬磅。合計全額不過四千九百萬磅。而英國政府之經費。每年六千八百萬磅有奇。然則雖沒收全國地主所收借地料之全額。而國庫尚有一千九百萬磅之不足也。由此言之。則僅恃土地單稅。不能完滿以達國家歲費之目的。於英有然。其他各國亦當例是。而我中國亦當例是矣。若曰。我中國土地面積之廣。遠非英國之比。故土地單稅收入之富。亦非英國所得望。曾亦思國費之總額。每比例於土地面積之廣與人民之衆而加增。而我國為自維持自發達起見。其正當之歲費。亦應視英國幾何倍也。據日本小林丑次郎之說。分國家經費為憲法費、國防費、司法費、內務費、外務費、文教費、經濟行政費、官工行政費、財務費之九種。內中惟憲法費、外務費。不以國土之大小為比例。無論何國。其額大率不甚相遠。其官工行政費。則以國家自營事業之多寡為率。非可一概論。顧使國營事業之範圍相同。則國境愈遼闊者。此類之行政費愈大。固已不能以小國比大國矣。（如甲乙兩國同營郵便電信事業其事業完備之程度各各相等而甲國之面積為一萬方里乙國之面積為十萬方里則乙國郵便電信行政經費必十倍於甲國可毫無疑矣其他類推）但此項經費。本屬私人經濟的性質。以「其事業自身收支相償且有餘利」為原則。大國之視小國。其所費雖加多。其所入亦加多。故不必於國費項下。斷斷比較。然則此項亦可與憲法費外務費同置勿論。其國防費雖非可以同量之比例進算。然大國之當增於小國。亦至淺之理也。（如甲國一萬方里需國防費一千萬者非謂乙國十萬方里即須比例其量以增至一萬萬但乙國國防費總須二三倍或四五倍於甲國此不可爭之事實也）自餘司法費、內務費、文敎費、經濟行政費、財務費、則無一不比例於國土之大小人民之衆寡而累進。如乙國面積民數十倍於甲國則此等國費自然亦十倍於甲國然則我國面積遠過於英國而我國爲自維持自發達起見其所需正當之歲入亦當遠過於英國英國僅恃土地單稅不能支國費而謂我能之耶此彼報所持主義不能成立者一也英國近二三百年來國民經濟稱最發達其地力之盡遠非我所能及謂英國有若干之面積能得若干之地代我國以同一之面積卽亦能得同一之地代者雖五尺童子猶知其非矣以吾所聞英國最高之地代與吾國最高之地代相較英國最低之地代與吾國最低之地代相較平均統算大率我以十而僅能當其一耳以我本部面積與英本部面積比我約十一倍於彼而彼地代價格約十倍於我兩者相消其地代之總額應略相等在英不滿五千萬磅在我充其量亦不過五六千萬磅止矣就令以此數之全額盡充正當之行政費而猶虞其不足況乎其萬萬不能也說詳下卽曰文明進步後地代價格可以漸漲然其漲率萬不能甚速說詳下而當未漲以前抑何以支恐財政基礎先已紊亂不可收拾矣此彼報所持主義不能成立者二也彼報之言曰『今日中國所課於民之地稅爲其租之二十分之一而已其取諸民而達諸中央政府不知經幾度之吞蝕偷減而中央政府每歲收入猶有四千萬之總額英人赫德有言中國倘能經理有方則不必加額爲賦而歲可得四萬萬然則中國地租之總額爲八十萬萬也經國家核定其價額之後以新中國文明發達之趨勢則不待十年而全國之土地其地代進率必不止一倍而此一倍八十萬萬之加增實爲國有』噫此眞夢囈之言其空中樓閣的理想誠足以自慰而無奈與事實全不相應也我國租稅中飽雖多然僅以田賦一項論而謂如赫德所言毫釐不加徵而收額可十倍於今日此夸論也我國財政上舞文中飽之弊以釐金爲最甚而田賦反稍遜釐金由局吏包徵包辦殆近於日本所謂請負徵收法者局吏但比較前任所徵能如其額斯足以應考成矣其因通過貨物增多而釐金增收者可以盡入私囊又得任意抑留訛詐收賄漏放故釐金一項政府所收者與人民所出者其額相去懸絕此不可掩之事實也若田賦則異是政府泐定歲供之數而公布之於民人民以其爲直接稅之故頗感苦痛注意不意政府當前此釐金關稅未興以前以此爲唯一財源注意亦特甚故官吏之舞文中飽也頗不易現在秤餘火耗等陋規殆可謂公然的祕密政府默認之以爲官吏津貼其數亦大略有一定不能任意再加婪索現在州縣不過或遇蠲免恩詔之時擱遲不發先徵之而以後任爲壑或制錢洋銀與紋銀兌換之數以無法定比價之故抑揚取贏所能作弊者只此而已要而論之則今日官吏最便中飽者不在田賦而在田賦以外之雜徵謂人民所出田賦之額與政府所收田賦之額相去懸絕者實不知情實之言也

查田賦徵收之慣例．其秤餘火耗雜派等項目．大率當法定正供之半額．最甚者當三之二．而罕有逕與原額埒者．（如照賦役全書例徵一兩者大率濫徵至一兩五錢或一兩六七錢其竟加至二兩者尙希）現在中央政府所收田賦總額．據赫德所調查．則其納銀者二千六百五十萬兩．納穀者三百十萬兩．合計爲二千九百六十萬兩．據上海英領事夏美奴所調查．則其納銀者二千五百○八萬八千兩．納穀者六百五十六萬二千兩．合計爲三千一百六十五萬兩．我國無確實之統計．二說未知孰信．要之其總額三千萬兩內外近是．然則秤餘火耗雜派等項．就令與法定原額相埒．亦不過六千萬已耳．而四萬萬之說從何而來．卽曰各省中有匿稅不納升斗不實者．及新漲新墾之田未著賦籍者．從而淸丈之．所得當不少．充其量則倍今之額．亦一萬二千萬已耳．而四萬萬之說從何而來．故吾以爲此實赫德武斷之言也．而彼報據之以起算．不智甚矣．（赫德所調查僅二千九百餘萬而彼報硬改爲四千萬欲曲折牽附以合其八十萬萬之數亦太可憐）且彼報謂今日中國所課地稅．爲其租二十分之一．此亦不然．他省吾不深悉．以吾粵之賃地而耕者．上地每畝不過歲租四兩．下地不及一兩．此卽經濟學上所謂地代也．而據賦役全書所規定．則廣東田賦最下地每畝或徵銀二分四毫米三升七合．最上地每畝徵銀二錢一分二釐二毫零米五升三合．又自雍正元年定丁隨地攤之制．廣東每地賦銀一兩帶徵丁銀一錢三分六釐有奇．然則廣東之最上田．其賦銀丁銀兩項合算．蓋每畝徵二錢五分內外．加以米五升三合折算．今時價斗米値二錢四分．應爲一錢三分有奇．

三項合計。亦約及四錢內外。其地代爲四兩。而國家所徵爲四錢內外。則是課其十分之一也。最下地之地代不及一兩。而其賦銀丁銀米銀三項合計所供者約銀七八分。則亦課其十分之一也。然此則法定正供爲然耳。益以秤餘火耗等陋規。尚不止此數。若中飽者而當正供之半額也。則所徵約爲六錢。取地代六分五之一矣。若中飽者而與正供相埓也。則所徵約爲八錢。取地代五分之一矣。此以吾粵論也。若夫江蘇之蘇州松江浙江之湖州嘉興。沿明初以來之重賦。視他省他府多徵數倍。卽正供之額。已等於其地代。雍正間雖將嘉湖二府減其額徵十之一。然其重遠過他地。近李文忠猶抗疏以爲言。從可知矣。（雍正五年上諭云查蘇松嘉湖賦稅加重之由蓋始於明初洪武時四府之人爲張士誠固守故平定之後籍諸富民之田以爲官田按私租以爲稅額此洪武之苛政也云云按據此則此四府者在明初時已實行土地國有主義其國家所課於民之稅卽當時其地代之總額也今雖經數百年地代日有增加然大率猶取其地代十之六七耳）然彼四府者。猶屬例外。姑勿援引。要之據賦役全書及大清會典所規定。則除秤餘火耗陋規不計外。專以法定正供論。大率國家所課於民者。當其租十分之一。此中率也。今者田賦共三千萬兩。則全國地代之總額應爲三萬萬兩耳。而八十萬萬之說。從何而來。且吾讀彼文而猶有大不解者。彼謂現在課於民者爲其租二十分之一。而總額有四千萬。然則以二十乘四千萬。亦不過八萬萬耳。而安得有八十萬萬之說。及細玩其語意。乃知其以赫德之說爲金科玉律。而因以二十乘四萬萬乃得此數也。嘻異矣。夫使如赫德所言照現在賦額不加徵一錢。而實數可十倍於今日。則據賦役全書所載其至重之賦。有每畝徵至六錢者。而政府所得不過人民所出之十分一。然則人民所出不已六兩耶。（卽此可見赫德之言之奇謬吾粵田賦法定正供最高者每畝二錢有奇此政府責成於官吏所取之實數也苟不加一文而可增十倍則必官吏所取於民者爲二兩有奇然後可試問吾粵人曾聞有完每畝二兩有奇之田賦者否耶）以每畝六兩之稅。而謂僅爲其租二十分之一。然則其租之總額。不應爲一百二十兩耶。卽如吾粵上田正供地丁銀米合計每畝四錢。如彼所算政府收入四錢者。人民所出當爲四兩。四兩猶不過其租二十分之一。則其租應爲歲八十兩。而吾粵最良田每畝歲可產米八石。每石以現在時價可值銀二兩四錢。則每畝歲穫可十九兩有奇。而資本勞力皆出於其中。夫以生產額總值不滿二十兩之地。而謂其地代有八十兩。非病狂安得有此言也。（彼報最好爲强辯者。雖然諺曰說謊怕算帳。今吾所列舉之數目字。請爲我解答之。不然勿復以單稅論嘵嘵向人可矣。）嗚呼。天下有馳騖於空想而不顧事實者。其往往陷於重紕貤繆。皆此類矣。夫以英國之富。而其現今地代總額。猶不過四千九百萬磅。以現在金銀比價計之。每磅合我庫平銀六錢六分有奇。然則英國全國之地代總額。猶不過合庫平銀三萬五千萬內外。我國本部面積。十倍有奇於英國。故就令我國地代價格。所值與英國同率。其總額亦不過三十五六萬萬。而斷不能至四十萬萬。今彼報謂有八十萬萬。然則我國地代價格。不已兩倍餘於英國耶。彼報敢作此言以欺人。眞可謂一身都是膽也。若曰此土地國有制度施行於全國。故不能徒以本部十八行省起算。曾亦思十八行省以外。其地多未墾闢。而儘可容人自由耕作耶。凡可以自由耕作之地。則其地代等於零。而卽爲無地代。此稍治經濟學者所能知也。今以奉天之密邇。而自由地猶居全省面積之泰半。則吉林黑龍江新疆可知。內外蒙古青海西藏更可知。然則於十八行省以外徵地代。卽有之。亦其細已甚矣。故吾所測算。謂國家現在所徵田賦。爲地代價格十分之一。現在田賦總額三千萬。其地代總額三萬萬。約當英國地代價格十分之一。此數當不甚遠。卽曰所徵者有不實不盡。更益以十八行省以外之地代。充其量能將此數加一倍。則亦六萬萬極矣。卽彼所持土地國有論實行後。將此數全歸政府。則其所入亦不過與現時日本之豫算案相等。其不足以供此厖然大國自維持自發達之費明矣。此彼報所持主義不能成立者三也。今世各國通例。於國家財政之外。更有地方財政。吾不知彼報所持土地單稅論。將併地方稅包在其中耶。抑僅國稅也。若此外別徵地方稅則與彼所謂私人永遠不用納稅但收地租一項之說相矛盾而地方稅與國稅且甚難免重複之病若不別徵地方稅而即以此土地單稅一項並支兩者則僅國費尚苦不足安有餘力以及地方勢必自治團體之行政百廢不舉且地方財政既不能獨立而一切仰撥給於中央則中央有莫大權力可以左右地方之生死必將復陷於專制而政體根本生搖動焉此彼報所持主義不能成立者四也

以上所論謂土地單稅決不能支持國家經費也即讓一步謂可以支之而有餘裕矣（此吾如彼報之意而爲假定詞耳實則單稅不足支國費之說已顛撲不破彼報勿又作無聊之言謂讓一步則爲進退失據也）而土地單稅果足稱爲善良之稅制乎此又一疑問也凡健全之財政制度其所必不可缺之條件曰收支適合使歲入無過賸之弊亦無不足之憂此各國大財政家所絞腦汁以求得當者也故其租稅必選擇有彈力性之財源以徵之蓋政府收入其在平時不欲其有急劇之增減也故(第一)常設數種之租稅甲租稅或緣事故而減少則乙租稅之過賸得以補之復次政府收入其在變時欲其容易增減也（如或有戰事時之類）故(第二)其租稅必須隨稅率之增加而收入可以增加一國財政必具備此二條件然後收支之適合乃可得期而凡單稅制度無論何種其彈力性皆不免微弱土地單稅則其尤甚者也如彼報言盡收土地爲國有而賃之於小作人（小作人者謂賃土地以營業之人日本名詞也）收其地代以爲唯一之財源貸地之國家與貸地之小作人立於平等契約之地位其權利義務屬於私法的而非屬於公法的租率之高下非能全由於國家之强制而必待雙方之合意若是者其於租稅之精神已相悖矣國家之收入純爲經濟上自由競爭供求相劑之原則所束縛遇一國經濟界富於活氣之時人民爭相租地求過於供而地代昂反之則供過於求而地代落昂落之間全非政府所得主張歲入因毫無一定馴致不能爲預算而財政之基礎將潰此彼報所持主義不能成立者五也

復次國家或遇戰事或有所大興作其不時之需往往甚鉅而此土地單稅唯一之財源政府不能以權力增其稅率若强增之則民之已貸地者得立廢契約其欲貸地者裹足不前國家不惟不能多得收入且緣此而益減少而全體之財政且崩壞此彼報所持主義不能成立者六也

彼若欲彌縫土地不敷國用之說必將曰吾之理想的國家以地主而兼大資本家之資格者也故國家所營各種事業如鐵路礦務等類可以得莫大之歲入而補地稅之不足夫國家之私人經濟的收入在今日各文明國日見其增加此誠不可爭之事實即吾亦極表同情於此政策者也本報第十四號夫既言之矣雖然天下事利與弊恆相緣同一制度也甲國行之則利餘於弊乙國行之或弊餘於利則恆因其社會之程度位置適不適以爲差德國財政學大家華克拿實國家社會主義派之泰斗主張一部分之事業當歸國家經營者也然猶言今日之國家其財政當以租稅爲主餘者爲輔其理由則(一)就國家之本質及職分論之國家爲强制共同經濟主義之代表必與代表私經濟主義之私人相對待然後人類之生存發達乃可期決不可以國家而侵私人活動範圍之全部國家以欲得收入之故而營私經濟的事業惟於例外之場合可許之耳非有特別之理由不可妄許(二)就政治上論之私經濟的收入多則政府之權力增加或將不利於國民全體且國民據租稅協贊權以監督財政之運用其於財政上所益甚大私經濟收入多則租稅協贊權減殺而與立憲之精神相反矣(三)國家經營私經濟的事業其手段往往比於私人自營者較爲拙劣果爾則自經濟上論之其爲不利固不待言(四)自財政上論之則國家經費其每年之增加規則必須略正私經濟的收入常不見變動故於財政上收支適當之原則甚難印合又國家以租稅支辦國費則豫算表製定經費細目必悉心以研究其利害得失若以私

經濟支辦之則不感經濟負擔之苦痛漫然行事弊且日滋此華氏比較租稅與私經濟的收入利害之點其言可謂博深切明故吾黨所主張者認私經濟的收入可以爲財政上一大源泉且就經濟政策上能多所調和此必當採用者也雖然採用之際當附條件焉以華氏所舉第三理由之故故謂政府惟宜立百年大計漸嚮於此目的以進行而行之無取過驟如日本鐵路先委諸私營逮時會已至乃收諸國有蓋一則待國中諳練技術之人漸多政府得選拔之使當經營之任而比較的少失敗之憂二則待國中教育漸高人民公德心漸發則其爲官吏以代國家執行此等營利事務者舞弊不至太甚三則待各種法律大備且官吏與人民咸習於法律之運用則雖有欲舞弊者而制裁消遏之也較易若如彼報所主張謂新政府初立即收土地爲國有同時而國家即以大地主大資本家之資格舉一國之最大生產事業而專辦之吾以爲辦理必不能善而良果遂不可期此不敢贊成者一也又以華氏所舉第一第二第四理由之故故謂國家只宜擇數種犖犖大端之獨占事業辦之勉求勿侵私人經濟正當之範圍故一面雖可以政府爲一種之企業家一面仍希望私人中有多數之大企業家出相協以謀國民生產之發達且使政治上權力不緣此以畸重於政府若如彼報所主張謂惟以國家爲大資本家而不希望國中大資本家之出現吾以爲於經濟上政治上皆生危險利不足以償其弊此不敢贊成者二也夫今日無論何國皆不能以私經濟的收入占財政之主位況中國現在程度之幼稚遠不逮彼者耶土地單稅既不足以充國費而私經濟的收入其不可專恃也則又若是不知將何以處之況夫國家欲經營此等事業必須先投莫大之資本以彼報畫餅充饑之預算謂我國可坐歲收八十萬萬之地代越十年而且倍之者則此資本誠不憂其無所出然徵以事實則其預算之謬既若彼矣土地單稅以支國家經常費而猶不足則又安從

而得此舉辦私經濟事業之資本也。此彼報所持主義不能成立者七也。（此其關於經濟上不良之影響次節別詳論之）彼報之土地國有論既主定價買收之說。則不可不給以代價明矣。吾試與彼核算其共和民國政府所應支給之土地代價共需幾何。據彼所核算則全國地代總額爲八十萬萬。夫地代非地價也。由彼所言謂普通地代之價格爲六元者。則其所有之對價可値百元。（彼報十二號六十九頁）然則地代總額八十萬萬之土地。其所有地價總額應爲一千三百萬萬元有奇。（八〇〇〇〇〇〇〇〇之地代其對價之總額應爲一三〇〇〇〇〇〇〇〇〇〇）共和政府無點金術。不知何以給之。即曰如日本收鐵道爲國有之例。不必支給現金。而可付以國債證票。然考現今各國國債最多者。莫如法國。猶不過百二十萬萬元有奇。其次英國七十萬萬元有奇。俄國六十萬萬元有奇耳。以新造之政府第一著手而即負擔十倍於法國總額一千三百萬萬餘元之國債。天下有如是之財政計畫耶。彼報於計算收入時。虛報之數惟恐其少者。今吾與之計算支出。應又惟恐其多矣。（說部言有贓吏死者冥官積其生前宦囊所得之總額鎔之以火迫使吞之生時患此物之少死後患此物之多彼報虛擣數目以欺讀者其自作孽而見窘得毋類是）即以吾所懸揣略算。擬吾國地代總額爲六萬萬者。則其對價總値亦應爲一百萬萬。以國債支拂之。則國債之數亦幾及法國而過於英國矣。如此之財政案能成立否耶。且凡募借國債者。當其募借之始。不可不預計及所以償還之途。及其每年給付利息之財源。現今普通之國債最廉者亦須給利五分。則每百元者歲給利五元。而地價値百元者。其地代不過歲六元。國家擁此百元之所有權。而所收入六元之利益。以六分之五付之債權者。而僅自有其六分之一。然則果使有八十萬萬之歲入者。則每歲不可不以六十五萬萬餘爲國債利息。即吾所計算謂地代總額爲六萬萬者。則每歲不可不以五萬萬爲國債利息。天下又有如是之財政耶。然則爲彼共和政府計。惟有希望買收時値六元地代之地。漲價至値十一元。即全國地價平均略增至倍。然後足以敷債息之用而其餘額乃爲政府之純收入耳而若何償還之法則尚未計及也政府既除地代以外無復他種之收入欲還此債非待至地價漲增五六倍時勢不可望而地代之性質其漲價比較的不能甚速者也其在三數大都會爲一國經濟交通之焦點者或不數年而十倍百倍於其前是誠有之然其所漲之面積恆甚狹耳自餘耕牧之地每歷十年數十年而價無變者數見不鮮也不寧惟是亦有以文明發達之結果而一部分之地代緣之而低落者（非立坡維治之說）大抵緣交通發達之結果而地價驟漲者其面積不過居全國面積萬分之一耳其餘雖有漲者而其漲率必甚緩以吾國國土之遼廓其交通線普及之程度雖急起直追而二三十年內終難遽望其與歐洲諸國普及之程度同比例則其漲率之緩益可概見以吾計之則截長補短而欲全國之地價平均漲至一倍非二十年以外之力不能爲功然此猶必政府有術焉以助長國民經濟之發達乃始得此結果耳而彼報所持主義以吾觀之則不惟不能助長而反使國民經濟日趨萎弱者也吾恐其實行土地國有後地代不惟不能漲而反落也（說詳次節）如此則國家不惟不能償還國債且無從給付歲息於是政府之信用墜地而國遂可以亡今讓一步如彼報言謂十年之內可進至一倍（彼報十二號三十一頁）而此十年間國庫已須常以所入六分之一或四五分之一給付債息則亦安成其鞏固之財政耶彼徒見夫他國鐵道國有之政策可以進行而無障礙也因誤以爲施諸土地國有亦應如是殊不知現今各國鐵道事業大率有資本百元者最少可歲獲十元之利其尤勝者可歲獲利二三四十元之利政府以每百元給利五元之公債購買之此後每歲由此鐵道所入之利益除以之給債息外最少尚有五元之贏餘多者有數十元之贏餘此贏餘貯之數年即可以清償此項國債之元本此後鐵道所得即爲國家之純收入於是或減收腳價以便民或輕豁其他之租稅以弛民之負擔此法之所以爲善也若土

地者其地代不過爲其地價百分之六政府以利率百分之五公債購買之望梅止渴以待其漲價而漲價例不能速則政府惟有窘於公債不能自拔卒至破產而後已耳由此言之則不必問其地代總額有若干而政府緣買收土地之故而勢必至於破產地代僅六萬萬固破產也地代有八十萬萬亦破產也地代有八百萬萬亦破產也何也一比例於其負擔國稅之輕重而破產遂卒不可避也此彼報所持主義不能成立者八也嗚呼吾以上所論者皆易明之理必至之符土地單稅論無一毫之價值眞如示諸掌矣彼報記者之幻夢醒耶未耶

夫土地單稅之所入無論如何而必不足以給償公債本息既若是章章矣而政府猶侈然以大資本家自命欲經營全國之大生產事業則其經營之資本復何所出就彼報所言則謂國家擁八十萬萬之歲入無虞不足也又謂在地價未漲以前有是可億收之巨額新政府卽有莫大之信用而可以借入若干億之外債也又謂有此歲收之巨額不患其償還之無著也推其意一若新政府可以不費一錢之代價而坐收此八十萬萬之歲入者然吾昔謂公等之土地國有政策爲掠奪政策公等不服今請第三者平心察之彼新政府舍掠奪之外苟非先輦出一千三百餘萬萬以償於民當從何處得享此歲入八十萬萬之權利耶如其不能則必歲歲支出六十五萬萬餘之債息而猶常負一千三百餘萬萬之重擔壓於項背者也歲歲支出六十五萬萬餘之債息而猶常負一千三百餘萬萬之重擔壓於其項背似此政府而猶云有莫大之信用吾不知必如何而始爲無信用焉矣以此資格而借外債吾恐外人寧沈其資於太平洋而不願得此債務者也就令外人能我信而以此百倍於法國之內債復益以若干億之外債歲入總額既以其六分之五給內債之歲息又以其所餘之一分給外債之歲息則彼共和政府上自大統領國會議員下至未入流之小吏除枵腹從公外更無他術而一切行政費更奚遑問

矣。然又非徒若是而遂可卽安也。彼一千三百餘萬萬之內債。使野蠻之政府。或可以悍然不還。而彼若干億之外債。則無論政府若何野蠻。而不許其自由抵賴也。則惟有驅此四萬萬國民納諸奴關。任各國之債權者呼價而競賣之。或可以償夙逋已耳。夫彼所推算全國地代總額。既太荒謬。姑措勿論。若從吾所推算。則地代總額爲六萬萬。其對價應爲一百萬萬。彼之土地國有政策實行時。政府應負債一百萬萬。而後此歲入有六萬萬。而歲歲須給付五萬萬之債息。除外實餘一萬萬。比諸現在政府之歲入。不逮者且三千萬矣。卽不必復借外債。而現政府所負之外債。逮彼革命功成。新政府建設後。勢固不得不承認之。而繼續其負擔。而此項本息。實爲每歲二千四百餘萬。如此則彼新政府之實收入。不過歲七千餘萬。視現政府之歲入。僅得其半額矣。而猶曰財政鞏固政府信用。將誰欺。欺天乎。吾以爲我國將來之財政。當需幾何。大約宜以今日各文明大國爲比例。而猶增之。計英國現今歲入十一萬萬餘。法國十四萬萬餘。德國十二萬萬餘。俄國二十四萬萬餘。歲出略相當。而國債費尚在外。我國以幅員之廣。人民之衆。所需行政費之多。則其歲出入。必須過於英法德。而勿劣於俄。質而言之。則每歲必能提出二十萬萬以上之預算案。然後可以供國家自維持自發達之用。政府能覓得此適當確實之財源者。則可謂健全之財政案。而不然者。皆其不健全者也。今彼之土地單稅案。除整理公債外。實可以供國家經費者。不滿七千萬。不及其三十分之一。而猶曰財政鞏固政府信用。將誰欺。欺天乎。嗚呼。吾初不信圓顱方趾之人類。其發言之橫謬。有至於此極者。而今乃始於彼報記者見之。自今以往。吾眞不敢輕量天下士矣。此彼報所持主義不能成立者九也。

彼報又有言。『土地國有者。法定而歸國有者也。』法定二字。吾又不解其所謂。吾於彼之語多不解者彼笑我爲腦筋繆亂否塞不知果我之腦筋繆亂否塞耶抑亦唐人所謂卿自難記非關小生也夫政府既出代價以收買之。則所有權純移於國家之手。國家自由處分之已耳。何取法定。據彼報第十二號第三十一葉所言。謂『經國家定地價之後。則地主止能收前此原有之租額。而因於文明進步所增加之租額。則歸國家。』似此解釋其所謂法定之意義也。信如此言。則所有權仍屬私人。仍有收租之地主。何云國有。而其下文第七十四七十五葉。述國家種種自由處分土地之政策。國家既非全有所有權。則安所得而自由處分之。故彼報既屢言國家爲地主。而又言法定租額。此兩者性質絕不相容。是其大矛盾之點。令吾雖欲駁論。而不知當駁其矛歟。當駁其盾歟。故曰不解也。今姑且又就其法定租額之說而詰之。如彼所言。則國家惟定地價。而不必繼受私人之所有權。私人仍許世襲其固有之土地以收租。惟所收租額。有逾於法定價格之外者。則以歸國家。似此則國家無須付此買地之代價。無須負此莫大之國債。策似得矣。然還問國家歲入之額則何如。夫既於地租之外。絲毫不復有所征矣。而所謂地租者。乃又其法定價格外之贏也。非地代價格漲至法定之價格以上時。勢不能有所贏。然則使地代永不漲價。將政府無復一錢之收入。夫地代之漲價萬不能速。既如前述矣。則政府必有數年間爲無一錢收入之時。幸而得數十萬百萬。則如天之福矣。然無論如何。當其初行此制度之第一年。政府必不名一錢。何也。第一年地主所收之租額。必即爲國家法定價格之原額。故也。而試問亘一年間不名一錢之政府。果尚能繼續存在否也。且吾以爲若用彼法定價格之說。則政府將永遠不名一錢。非獨一年而已。何以言之。蓋政府所取於地主者。爲其法定租額之贏。而地主所收之租。果有贏於法定租額之外與否。則亦憑地主之自任而已。以今日各文明國法律之精密。而於所得稅營業稅等之以多報少。猶苦於無術以爲防。況乃彼共和政府之草創耶。欲派員一一而稽核之。其手續之煩費騷擾。甚且或訛詐激變。

固無論矣。而雖有幹員。決無從稽核以得其眞相。充其量不過遷小作人之租劵以爲據耳。而地主與小作人固可以串同作弊。使無痕跡之可尋。此等伎倆固吾中國人所優爲也。如其地法定地代價格本爲六元者。及夫因交通發達之結果。而漲至七元時。此一元例應爲政府所得。然地主可以一二角賂彼小作者。因僅多徵其八九角。而仍書六元之租劵予之。是政府終不能有所得也。以後無論價漲至若何。而皆可用此法以欺政府。政府雖明知之而終無如何。是故政府永不能享文明進步地價騰漲之利益。而惟不名一錢以終古也。夫由公債買收之說。則財政案之不能成立也。既若彼。由法定租額之說。則財政案之不能成立也又若此。然則彼之土地單稅說。果四衝八撞無一得當也。此彼報所持主義不能成立者十也。

今且暫置此收入足不足之問題。再從財政之他方面而觀察之。則凡租稅制度。必以公平而普及爲原則。此稍治財政學者所能知也。使全國中一切人民。無論居何階級。執何職業者。皆自然負擔租稅之義務。而無所逃。且自然比例於其負擔之能力以爲負擔。如此者謂之良稅。不如此者謂之惡稅。而土地單稅之結果。則極不公平。極不普及。而與原則正反對者也。昔十七八世紀之交。英國重農派學者。卽嘗倡土地單稅論。而法國福祿特爾曾設譬以笑之。其言曰『有歲入僅四十金之農夫。法當納國稅二十。憔悴枯槁。裴亶路歧。遇一故人有四十萬金之歲入者。窮豪極侈。其妻妾所費每歲八萬。僕從之俸給猶二倍於農夫之收入。輕車肥馬。淩厲通衢。農夫見而問之曰。君果以歲入之半額二十萬。納於國庫耶。其友曰。君毋相戲。余固無尺寸之土。余之財產。雖本產自土地。然以他人既納租稅之故。若官吏猶强余納稅。豈非課二重稅乎。是固不可。若君既擁土地以得四十金之歲入。其勿卸納稅之義務。當爲國家有所盡力。倘瀕飢餓。偶來與吾婢僕共食。吾固不辭』。此雖虐謔之言。然諷刺土地單稅論之不公平可謂無餘蘊矣今彼報所持者爲土地國有之單稅論與重農學派之所論微異雖然福祿特爾之所諷刺即土地國有之單稅論者亦未或能免也何以言之夫人類固不能離土地而生活然有直接利用土地以爲生活者亦有間接利用土地以爲生活者而間接利用者所得之利益往往視直接利用者爲豐此事實之數見不鮮者也今如彼報所擬之新共和國預算案欲絞出八十萬萬之土地稅以入國庫則必取現在田賦率十倍之復取其十倍者而二十倍之則今日每畝賦一錢之地新政府必賦二十兩今日每畝賦六錢之地新政府必賦百二十兩此所賦者誰負擔之則農民負擔其十之八九而農民以外之負擔者不得一二也然此實笑柄吾且勿復惡作劇以重窘彼記者則試爲之代取消其預算案不問國庫所入多寡惟以任意契約行爲聽民租地則夫彼農民者非直接利用土地以從事生產不足爲仰事俯畜之資則有八口之家得百金之歲入而厪足以禦飢寒者於是向政府賃地而耕以現在時價約有米四十石乃能易百金最良之田畝產八石故所賃者不能少於五畝而最良之田每畝地代其時價假定爲四兩（此以視彼共和民國豫算案不過二十分之一耳若照此時價則共和民國所收全國地代總額應爲四萬萬兩）則歲須納二十兩於政府矣等是而進之耕十畝者所納爲四十耕五十畝者所納爲二百其率恆五分之一反之而如醫生辯護士輩終身不親隴畝而歲入可至數萬或數十萬又如轉運商或爲取引投機事業者歲或至數十萬數百萬問其所負擔納稅之義務則如何使其賃屋而居則國家所徵之地代自有屋主代完直可終身不納一錢之國稅雖曰屋主所納地代還轉嫁於賃屋之人然其數幾何其或賃地以自築室則得五畝地於村落夫已足林園之娛亦不過歲納二十兩耳其都會繁盛之區地代價格或十倍焉或百倍焉然醫生辯護士等之公事房需地不滿半畝十倍之則亦二十金耳百倍之則亦二百金耳其餘商店等亦復例是若

是則國家所取於農者恆爲其收入五分之一而所取於農以外之人者有時乃爲百分之一千分之一萬分之一也天下之不平寧有過是夫就社會政策上以論租稅則所得稅最爲公平消費稅最爲普及而營業稅最便於轉嫁但使一國中有諸種稅並行則全國人民往往於不知不識之間而固已各如其分量以盡納稅之義務彼富豪者流不徒其地稅家屋稅所得稅財產稅等直接有所貢獻於國家也彼日用飲食間固息息未嘗與國庫斷絕關係焉卽吾儕旅居日本曾未嘗一度見稅吏之叩吾門然吾儕固非徒吸日本社會之空氣而無報酬抑章章矣質而言之則吾儕亦對於日本政府而盡納稅義務之一人也此複稅制之所以爲善也若土地單稅制行則土地之外無復有稅除直接利用土地者外無復負納稅之義務則其結果必至如吾所云富豪階級絕不納稅卽納矣亦不過百千萬分之一而惟此哀哀之小農常戴五分之一重稅於其頭上詩云哿矣富人哀此煢獨農民何辜乃授命於此惡政府也夫如是則豈惟財政卽全國經濟界亦將釀大混亂而國可以底於亡矣此彼報所持主義不能成立者十一也

語至此則彼報之土地單稅論更無復半錢之價值矣若彼猶不肯自懺悔而欲强爲說辭也則惟有曰『土地所生產之物凡以供社會一般人之求國家所取於彼之租稅彼得而轉嫁於消費之人一國中無論何人不能不仰土地所產物以爲養則是亦間接納稅也』此卽重農學派土地單稅轉嫁論之說也此說在現今經濟學上財政學上已無復價值不多辯然信如是言則一國負擔旣全落於農民之頭上國家之經費愈膨脹則所責於其負擔者愈多農民欲轉嫁其負擔則不得不昂其農產物之價值以求償而彼一般消費者固可以別仰給於國外之農產物而國家莫之能禁也豈惟農產其他亦有然則外國品滔滔注入以與國內品競爭我農民將

貶其價以與人競耶無奈屭負此厖然大政之國費於其肩背生產費緣此大增貶價則將不償其生產費是無異自殺也不貶價則在市場上無復過問是亦無異自殺也於彼時也則惟有廢田不耕相率向政府解除租地契約政府所有之土地一旦供過於求而地代價格因以驟落而財政之擾亂愈不可思議矣夫國家取諸民而不惟公平之爲務乃專責負擔於其中之一階級則其展轉所生之結果非致國家破產而不止也此彼報所持主義不能成立者十二也

或曰土地單稅可以獎勵土地之利用促進農業之發達蓋其所負擔者既重自不能不設法求生產額之增加乃足爲償也彼報第十二號謂『土地國有後必求地力之盡則以小農分耕所獲者爲標準而收其半或三分之一以爲租』（第七十六頁）或即此意耶此則須摩拉嘗駁之矣謂果如論者言利用地租可以促進農業之發達則其結論必將曰租稅重則經濟之進步愈速天下寧有此奇論耶此彼報所持主義不能成立者十三也此俟次節更詳論之

且土地單稅論其惡影響不徒及於財政云爾租稅之爲物其最大之目的固在充國家之收入然有時亦利用之以達其他之目的焉蓋時而課重稅於外國輸入品以保護內國產業此經濟學者所名爲保護政策者其作用全在租稅而行土地單稅制則此作用絕對的不能發生也夫保護貿易政策之利害得失且勿深論（次節論之）而今世各大國除英以外罔不行之焉決非無故而此政策則與單稅論不能兩立者也而中國將來不能絕對的採自由貿易政策又至易見也故土地單稅論與中國將來之國際貿易政策不能相容也又各國常有以政治上或社會上之目的而課嚴重之消費稅如阿片稅瑪非稅其他有害品之稅等皆有其必要之理由而採用單

稅制。則一切不能實行。所得單稅制土地單稅制其受病皆同消費單稅制對於此問題可以無障礙其於國家施政。抑大不便。此彼報所持主義不能成立者十四也。

復次租稅之與政治。更有其密切之一關係焉。卽人民以負擔租稅之故。常感苦痛。因此聯想及己身與國家之關係。而責任觀念權利觀念並隨之而生。試觀英國憲法史上之大部分。殆皆反抗惡稅之陳跡也。美國之獨立。亦爲租稅問題也。法國之革命。亦因財政紊亂也。彼文明國所以有今日。大率以此爲之媒。儻國民對於國事之利害。日趨淡薄。此必非國家之福明矣。財政學家有比較直接間接稅之得失者。謂間接稅使一般人民對於租稅之注意較薄。因漠然於政府之行動。現美國中央政府往往有濫費之弊者。其原因雖多端。亦由其歲入純爲間接稅。人民不直感負擔苦痛。緣此而對於經費之支出不鄭重注意也。此與華克拿氏論私經濟的收入之弊同一理由。夫直接間接稅之比較。猶且若是。況如土地單稅論者。國中一部分人。全免於租稅之負擔。其與國家渺然若不相涉。而彼直接負擔此土地稅之一部分人。亦不過以雙方合意契約的行爲。以對於國家。而公法上權利義務之觀念。全䨮沒而無由發生。然則此制度足以令政治趨於腐敗。又必至之符矣。此彼報所持主義不能成立者十五也。

以上就財政政治一方面觀察之。土地國有論既種種謬於學理。反於事實。而毒害於國家矣。今請以次觀察他方面。

二　就經濟上正土地國有論之誤謬

言經濟學必當以國民經濟爲鵠固已雖然國民之富亦私人之富之集積也不根本於國民經濟的觀念以言私人經濟其偏狹謬誤自不待言然在現今經濟制度之下而離私人經濟以言國民經濟亦無有是處今本論於此兩方面無所偏畸以公平之眼光觀察彼報所持土地國有論其利害何如得一一疏通證明之

土地國有論最有力之學說莫如亨利佐治其言曰『土地者造化主之生產物也非由人力故無論何人不得獨占其利益蓋土地價格所以逐漸騰貴者非個人之勞力能使然皆社會進步之賜也故緣價騰所得之利益自當屬於社會土地私有制度實流毒社會之源泉也然則徵社會所當得之利益還諸社會實政府之義務人民雖有各自享其勤勞所得結果之權利若夫土地之純收入即經濟學上所謂地代者不可不屬諸國家享利』此論即彼報所宗仰唯一之論據也雖然近世學者已將此說難破而無餘蘊今請述之(第一)謂土地本當屬於社會者根據自然法以立言而謂土地私有制度背反於自然法也此實蔑視歷史之妄言也夫所謂自然法者不過歷史之一產物耳十八世紀之思想家盛稱自然法之存在及近世社會學上歷史的研究大行自然法之存在久被否認所謂規律所謂公正不過社會變遷直接之結果而非如自然法家所云別有規律公正其物者萬古不易也即如土地私有制度實亦歷史之產物其在太古土地雖屬人類公有及經濟上社會上幾許變遷爲增進社會一般幸福起見馴致認私有制度之必要故否認自然法之存在實今日思想家之公言而土地自共有制度遞嬗而爲私有制度實有歷史上之理由而非可蔑棄者也(第二)謂土地爲造化主之生產物其價格騰貴食社會之賜非個人所宜獨占此其說若稍近理雖然若以此種論法爲根據充類至盡則社會之富何一非造化主之生產物何一非社會之賜者寧獨土地如彼職工之製造器具其木材則造化主之生產物

也。其所用之斧鑿。則冶人供之。其所棲之室廬。則左官建之。其所被之衣服。則自紡績所經織房染房裁縫店成之。其維持生民之食物。則農夫給之。如論者言。則職工所製之器具。非職工能自製之。而社會實製之也。不寧惟是。彼職工所以能保其生命財產。得安居以樂其業者。亦恃有社會耳。準是以談。謂土地之地代以食社會之賜故。而當然屬於國家之所有。則彼職工之庸錢。亦不可不屬於國家之所有。質而言之。則社會中無復一物可以私有而已。夫土地國有論者之孟浪杜撰。斯可覘矣。以上譯日本田中穗積氏著高等租稅原論第六章之一段田中氏所言亦本於歐洲學者之說也要而論之。土地所有權者。所有權之一種也。其性質與他之所有權無甚差異。皆以先占勞力節約之三者得之。而在現今之社會組織。當認爲適於正義之權利者也。故若取一切之所有權而悉否認之。則土地之不許私有。自無待言。若既承認他之所有權。而獨於土地否認焉。則無論若何迂回其說。而根本觀念總不免於衝突也。夫根據自然法以立論。則所有之權應存在與否。兩方論者皆各有其主張之理由。若將自然法之一種架空理想除去。而就歷史上觀察人類之普通性質。以研究現經濟社會進化之動機。則私有制度。即以法律承認私人所有權之制度雖謂爲現社會一切文明之源泉可也。蓋經濟之最大動機。實起於人類之利己心。斯密亞丹派以此爲唯一之動機近世學者多補正如華克拿則分動機爲五種前四種屬於利己心其第五種屬於利他心此利他心固不失爲經濟之一動機然往往隱而不發且在現今社會組織之下前四種獨占優勝之力就中其第一種爲尤甚卽經濟上求利益而惡不利益之念是也華氏嘗據此以批評社會主義派之說謂必須第五動機獨占優勝能壓倒第一動機然後社會主義之理想可以實行若果能如此則經濟純化而與倫理同物誠爲佳事但徒恃制度組織之改革不足以致之必須先造成適應於此新制度之人而欲改變人類之性質決非一朝一夕之效故社會主義派之理想必非現在所能見諸實事也此其言最爲博深切明無論何種制度皆不外其社會分子的心理之反射而所有權之爲物卽由現今全世界人類心理所構而成關於經濟生活一切之總前提也人類以有欲望之故。而種種之經濟行爲生焉。而所謂經濟上之欲望。則使財物歸於自己支配之欲望是也。此日本河上肇氏所下定義視前輩諸家之說稍精密今采之惟歸於自己之支配。得自由消費之使用之移轉之。然後對於種種經濟行爲。得以安固而無危險。非惟我據此權與人交涉。而於我有利也。即他人因我據此權以與我交涉。亦於彼有利。故今日一切經濟行爲。殆無不以所有權爲基礎。而活動於其上。人人以欲獲得所有權。或擴張所有權。故循經濟法則以行。（以比較的最小之勞費得比較的最大之利益此經濟法則也）而不識不知之間。國民全體之富。固已增殖。此利己心之作用。而私人經濟所以息息影響於國民經濟也。若將所有權之一觀念除去。使人人爲正義而勞働。或僅爲滿足直接消費之欲望而勞働。（直接消費之欲望者如飢欲食寒欲衣是也經濟上之欲望則在求得一種穩固之權利可以爲得食得衣之手段者也）則以今日人類之性質。能無消減其勤勉赴功之心。而致國民經濟全體。釀成大不利之結果乎。此最宜注意之一大問題也。（伊里氏所有權果足爲正當之權利與否頗爲微詞謂所有權大率起於掠奪掠奪者罪惡也罪惡則始終爲罪惡若謂罪惡得變爲權利無有是處雖然過去之罪惡則將已葬送矣居今日而欲判斷所有權之當否亦惟察其果足以進現在未來之公益與否而已如彼諾曼人侵入法國北部攪亂當時社會之秩序誠一種罪惡也然以同一理由故吾輩今日不可不認其占領爲權利而尊重之蓋自彼征服後歷數世紀民已安之今託名於懲罰過去之罪惡報以威虐復使人民陷於塗炭是又一種罪惡也故以糺過去之故而破社會之秩序是欲收覆水而已使所有權制度而確有害於現在社會進步則一刀兩段以劃除之固不可辭雖然方今此權之存在確爲鼓舞企業之最大誘因此事實之不可不爭者也吾非謂此爲惟一之誘因他日或有更勝之動機發生亦未可知而在今日則此爲生產之最大誘因洞若觀火矣今忽然杜絕此大動機大誘因其影響於社會者當如何牽一髮而動全身苟關於此制度有一點一畫之變更其關係皆非細也案伊氏謂所有權純起於掠奪之說吾不能表同情蓋以現今論則此權或以勤勞所易得或由承襲而來其正當固不待論即以最初獲得者言之亦多有由於先占而非必盡由於掠奪也若其論此制度在今日不可破壞之理由則可謂持平之論矣）彼圓滿之社會主義。其所恃爲經濟的動機者。純與現社會之經濟動機爲異物。則其不置重於所有權。且務破壞之。亦固其所。其說之能應於現社會心理與否。此自爲別問題。要之。就彼所主張者論之。可謂始終一貫。盛水不漏者也。若如某報所主張。既承認現今之經濟組織。（菲立坡維治分經濟組織爲二一曰交易的經濟組織二曰公有的經濟組織現今經濟社會則屬於前者也社會革命派所夢想之經濟社會則屬於後者也今彼既承認交易的經濟組織故吾得斷言其爲承認現今經濟組織）則爲現今經濟組織基礎之所有權制度。不得不承認之。不承認則一切經濟行爲將不得施也。乃既承認所有權矣。

而顧於所有權中之一種所謂土地所有權者。獨否認焉。問其理由。則曰此乃自然產物。非所有者能以自力增其價值。故不當許私有。則如吾前所述謂充類至盡。凡一切物皆不當私有。寧獨土地。夫當私有與不當私有。此自然法上之問題。而許私有與不許私有。其於現今經濟組織孰利。此事實上之問題也。彼報侈虛理而忘事實。既不能取現在經濟組織翻根柢而一新之。而乃取現今經濟組織之基礎破壞其重要之一角。牽一髮以動全身。則其紊亂社會秩序之影響。必有不可思議者。蓋在現今交易的經濟組織之下。人人皆以欲得財產所有權爲目的。既共向此目的以進行。則汲汲自殖其富量。而國民富量卽隨之增進焉。而財產所有權。則不動產較諸動產。尤確實而易保守。（不動產卽田地家屋等動產則器具及股份票等也）而土地又不動產中之最主要者也。今一旦剝奪個人之土地所有權。是卽將其財產所有權最重要之部分而剝奪之。而個人勤勉殖富之動機將減去泰半。故在圓滿之社會主義。絕對不承認財產私有權。而求經濟動機於他方面者。固可行之。若猶利用此動機爲國民經濟發達之媒。而偏采此沮遏此動機之制度。則所謂兩敗俱傷者也。此其所持主義不能成立者十六也。

持土地國有論者。尙有其一理由焉。曰以其爲獨占的貨物。故其言曰『土地價值隨人口之增加而增加。地主不勞而獲之。不寧惟是。人口增加之結果。地主以外之各階級（卽資本家及勞働者）其所得以競爭而愈微。甚或無復利益。而地主反之。以鷸蚌相持爲奇貨。安坐而享漁人之利。是社會中一階級之人無故而特霑殊惠。不平莫大焉。故將此等獨占的貨物歸諸公有。均利於一般之人。實天經地義也。』此亦彼報所祖述之論也。雖然。非立坡維治嘗駁之矣。曰『社會主義者謂土地不當私有。彼蓋以土地與他之生產資料等。謂地主搾取勞働者所勞働之結果也。然事實乃與之相反。蓋土地之大部分現今實屬於其所有者之自經營。（案此謂田主自爲農夫者居多）

數也故以土地搾取勞働結果之事實乃甚稀。且土地所有權之集中。亦不如商工業上資本集中之顯著。不寧惟是。就一般農民之心理論之。不徒不希望土地私有制之廢止。寧望其保存而確立者爲多。又農業上用地。現今全地球各處。多容競爭之餘地。故論者所謂獨占的性質。在農業上用地殊不甚見之。』菲氏據此諸理由以證明土地國有制之不可行。可謂篤論。今請就其說而引申發明之。大抵土地當分邑地野地之二大別。邑地者。都會之地。工商所輻輳也。野地者。郊鄙之地。農業所利用也。然無論何國。邑地不過居野地千分之一。故論土地者。當以野地爲主。不當以邑地爲主。而論者所言。則皆適用於邑地而不適用於野地。故按諸一般事實。往往而謬也。今試取野地之性質而解剖之。（第一）其性質非純粹爲獨占的。凡獨占事業。必其事實本質天然無容競爭之餘地者也。伊里舉其特質有三。第一例。其事業占有必要特殊之地點線或路者。如紐約市之空中鐵路。其地段據全市交通運輸之中心點。若他會社別營一空中鐵路。到底不能與之競爭。於此而欲强與競爭。必爲所壓倒而致斃。故結果必爲獨占也。就此點以觀農業上用地。則其地味特別豐腴者。或其位置瀕大河流及鐵路線。得特別交通轉輸之利者。誠可謂占天然之優勝。然欲恃此以壓倒其他之土地而吸收其利用。則固不能。何則。此占天然優勝之地。其農產物以生產費運輸費較廉之故。固可以廉價提供於市場。而非劣等地之所能望。如劣等地每米一石必須售價二兩乃能敷其生產費運輸費者。而優等地或以同一之資本勞力。在劣等地僅能產一石者。在彼能產一石五斗。則以生產費減少而價可廉。又或在劣等地費銀三錢乃能將其物運致諸市場者。在優等地僅費一錢而可運致諸市場。則以運輸費減少而價可廉。然合全國或全世界以觀之。農產物之需要。必非僅優等地所產者能滿足之。故劣等地所產者。雖所提供之價較昂。而不憂無購買者。優等地之地主。欲以貶價之故倒斃劣等地之地主。以壟斷其利勢。固不能。徒自喪其地代耳。優等與劣等地相較。以其生產或運輸費較廉之故。而所得之利益。即爲地代。夫工業上之有獨占性質者。則其擁據優勢之會社。能以己力撲滅與己競爭之會社。而使之不能自存。及他會社既倒斃之後。則己可任意復昂其價。而一般之消費者。莫可如何。惟俛首以聽其坐吸膏髓而已。此所以爲獨占也。若土地則占優勢之地主。不能以己撲滅劣勢之地主。而以己意昂其農產物之價以享獨占之利。此勢所限也。此其獨占之性質不完全者一也。伊里所舉第二例。謂獨占事業者。當其所供給之貨物及任務有增加之必要。則投少額之資本。可收多大之結果。如郵便電信事業。若發郵發電者加多時。則添電桿添郵局添局丁。所費有限。使發郵發電之數倍於前時。則郵電局所收入。亦倍於前時。然對之而所增投之資本。不過前時十分之一而足矣。其他如鐵路電車自來水煤氣燈等事業。莫不有然。故常比例於社會之進步而獲不貲之利。此所以爲獨占也。就此點以觀土地。其在邑地或選不須增毫釐之資本勞力。而緣社會進步之結果。地代什伯於其前。此其獨占之性質。似比工業上之獨占者爲尤甚。然在野地則反是。彼擁據土地所有權者。苟欲增加其生產之供給。以多有所易。非惟不能以少額資本收多大結果而已。且爲報酬遞減之法則所支配。（此法則爲理嘉圖所發明。彼報所譯下之注解云。土地之生產力不應於所投之勞働資本而增加者曰報酬遞減之法則。如十人耕之而得生產百石。二十人耕之不能增爲二百石。則爲勞働之報酬遞減。今年所施肥料增於去年二倍。而所收穫不見二倍於去年。則爲資本之報酬遞減。此譯語頗爲簡明。今采之。）雖資本勞力增於前。而比例所得乃減於舊。此其性質與鐵路自來水煤電燈郵便電信等正相反。即曰農產物之價往往歲昂。緣此而可獲利。然物價趨昂。實生產費增價之結果。抵除其生產費。則不見其利潤之歲進也。故夫擁據土地所有權者。必非其常能得過當之利潤。與自然獨占之工業同科也。此其獨占之性質不完全者二也。伊里所舉第三例。謂獨占事業者。其所供給之貨物及任務。與其設備之所在分離。則失其效用。如美國之電報價貴。德國之電報價賤。然在美國勢不能不用美國之電報。日本之電燈價貴。美國之電燈價賤。然在日本勢不能不用日本之電燈。是其例也。此在邑地固爲此例所支配。其在野地則不然。甲地地主若索過昂之地代。則可以轉而耕乙地。而地代之爲物。既爲自然法則所限。則甲地主雖欲昂於其過當之限。不可得也。此其獨占之性質不完全者三也。準是以談。則謂土地以含獨占的性質。故應爲國有。持此以衡邑地。誠哉其然。持此以衡野地。未可云當然。一國中野地多而邑地少。以少概多。其失之不亦遠耶。此彼報所持主義不能成立者十七也。(第二)

菲氏謂土地所有權之集中。不如商工業資本集中之顯著。此證諸今日各國現象而可見者。現今地球各國土地權集中最甚者。莫如愛爾蘭。次則英倫蘇格蘭之一部。普國之東部。奧國之上部等。次則俄國美國。自餘其他各國。皆比較的小地主多而大地主少。熟察彼土地所有權所以集中之故。(即大地主多之故)或由前此有貴族世襲財產。此權自封建制度時代傳襲而來。又行一子相續法。(歐洲舊制貴族之世襲土地多僅傳諸一子不及其他又子孫之襲產者多僅有用益權而無處分全權即每年許收其土地之所入而不許將土地賣却及抵當也)且不許土地分割之自由。(歐洲舊制土地之許買賣者甚少即有許買賣者亦只能全份買賣不許割裂自拿破侖制定法國民法後雖然一切許其自由然英奧德諸國仍多沿舊制即法律上不禁者而習慣上仍因而勿改近學者且頗有辯護此制度習慣之善者以上兩端菲氏所著經濟政策舉例甚詳)緣茲憑藉。故兼幷易以行。或由國境內自由地甚多。(即前此無主之地)聽民自名。而政府所以限制之法律未善。故投機者流。常獲奇遇。而大地主亦因以起。由前之說。則於歐洲中之一部分之國見之。由後之說。則於美國見之。若夫歐洲中他部分之國。如德國之大部分。如荷蘭。如比利時。則大率小地主多而大地主少。雖在今日生產方法革新以後。而兼幷不至盛行。其故全由農業上用地。其地代漲進之率。萬難太驟。且爲報酬遞減之法則所限。非可以人力强易之。然則苟非前此本有廣土者。或得自由占領廣土者。乃投資以買收土地。而欲博將來之奇利。則毋寧投之於工商業之爲得計也。由此言之。則土地所有權集中之國。大率有其歷史上特別之理由。苟無此理由者。則此現象之發生蓋不易。

此證之諸國而可知者也。其在我國。則漢魏時患土地兼併最甚。而其後則遞減。逮今日而幾復無此患。其故何由。蓋在古代自由地甚多。（古代人口之少。視今日相去懸絕。參觀本報鄙著中國歷史上人口之統計）强有力者得恣意占領。每當鼎革之後尤甚。而法律又疏闊。尚沿封建制度之舊觀念。各階級之負擔不平等。諸王列侯公主中貴等全不負納稅之義務。惟重重朘削於小民。又雖侵漁攙奪。而法律莫之能禁。故小地主之所有權。極不確實。容易喪失。且有自願放棄之免爲累者。如明代猶有投大戶之俗可見也。（投大戶亦名靠戶。蓋小民不堪征徭及豪强魚肉之苦。乃自投靠一豪族。無報而爲之傭奴。往往有中人之家擁有田土者。則幷其田土帶往投靠。而自爲之隸農）然此所有權雖一度集中。而緣買賣及相續之故。旋卽均散。蓋豪家衰敗之後。田地悉易新主。而新主非必能以一人之力獨承受之也。故往往散而爲數十人數百人之所有。此集中所以不能久者一也。又一人而有數子。一子而有數孫。及其行遺產相續時。則以次遞爲割裂。不數十年。而疇昔一大地主者。析爲數十小地主矣。此集中所以不能久者二也。法國所以獨多小地主者。由斯道也。而我國則情形正與彼同也。（法國此現象。全食拿破崙法典之賜。蓋拿破崙法典有兩種重要之精神與此現象有關係者。一曰許土地分割買賣之自由。二曰廢世襲身分之制度。前此財產與身分相連屬。一併世襲。今則無身分之可言。而財產亦行平均相續故也。我中國法典雖不完。然其慣習則全由此精神衍出也。）故自今以往。我國農業上用地。決不慮其集中過甚。而以怵豪强兼幷之故。乃倡土地國有論者。實杞人憂天也。此彼報所持主義不能成立者十八也。（第三）菲氏謂現今土地之大部分。實屬於其所有者之自經營。此徵諸中國而尤信者也。蓋農用地之爲物。既非能以僅少的勞費。得過當之利益。故除固有世襲或自由占領者之外。比較的不易兼幷。既如前述矣。故普通小農。大率以勤儉貯蓄之結果。獲得土地所有權。卽復以勤儉貯蓄而保持之擴充之。質而言之。則雖小農之本無田者。往往勤勞數年。卽能進爲田主。既進爲田主之後。而仍自耕其田者。蓋大多數也。而後此地代之歲進。實爲其前此及現在之勤勞所應享之報酬。國家一旦剝奪其所有權。是無異紾其臂以奪其勤勞之結果也。夫吾有田而吾自耕之。則無須納地代。而其田所生產之全額。悉屬諸我焉。他人何以必須納地代。而我獨否。蓋此地代即我或我祖父勤勞之結果。保留迄今日而食其賜者也。（以自己勤勞之結果而得土地所有權者其權之爲正當固不待言若以祖父勤勞之結果而得之者在社會主義家言則認爲非正當雖然積財產以貽子孫實現今經濟組織一重要之動機苟非全破壞此組織則此權利固不可不承認也）今國家忽剝奪此權利。我疇昔能自享我田所生產之全額者。今忽與彼賃田而耕者等。須割其所入一部分以與國家。則國家非掠奪我勤勞之結果而何也。（其理由下文更詳說之）夫使專就賃地而耕者之一方面觀之。則均之納地代也。納諸私人之地主。與納諸國家。其所感苦之程度。蓋無所擇。則土地國有制。固未始不可行。然就地主自耕其地者之一方面觀之。則是明明以分內應享之利益之一部分。被朘削於政府也。夫自耕其地之小地主。實一國之石民也。欲得健全之政治。不可不盡力以保護此輩。此各國大概同認之政策也。今以剝奪其所有權之故。其結果將使此輩失其獨立之地位。（其理由亦下文更詳說之）則不惟經濟上蒙莫大之損害。即政治上之危險且隨之矣。此彼報所持主義。不能成立者十九也。吾謂土地國有制爲國家掠奪人民勤勞之結果。彼將不服。其意曰。政府非無償於民而竟奪取此權也。必給之以代價。其代價或以現金或以公債。要之皆有償也。如日本去年實行之鐵道國有案。以五釐利之公債。收買人民之私有權。彼鐵道股份。亦其股東勤勞之結果也。收買鐵道。不爲掠奪。收買土地。亦安得爲掠奪乎。應之曰。此兩者之性質。蓋釐然不同。鐵道以其爲獨占事業。故常能增僅少之資本。而獲極大之利益。土地則反是。（此就農用土地論細讀前文自明）故鐵道股東者。其已飽吸過當之利益者也。政府將其將來所續得之適當利益。提歸公衆。亦不爲過。（然去年日本政府提出此案於議會時其反對黨猶以政府爲侵奪人民之既得權恣其攻擊）而農業用之土地。其地代非過當之利益也。而政府括取之。斯爲厲民也。且日本之鐵道國有案。其政府之所以償股東者蓋甚厚。日本鐵道（公司之名）資本金五千餘萬元。其買收金一萬三千餘萬元。山陽鐵道資本金三千二百餘萬元。其買收金七千四百餘萬元。北海道炭礦鐵道資本金一千二百餘萬元。其買收金二千九百餘萬元。其餘各線大率例是。彼股東既已飽吸前此之利益矣。而現政府所以償彼者。復在資本原額一倍以上。可挾之以營他業。故民不以爲病也。彼報所持土地國有論。能如此乎。彼報第十號云『地主有地價值一千元。可定價爲一千或多至二千。』其第十二號云『普通地代之價格爲六元。則其地價爲百元。』又曰『中國現時地代總額有八十萬萬。』合彼報此三條以會通之。則全國值八十萬萬之地。其原地價應值一千三百萬萬餘。而國家以買收此土地之故。應負擔公債之額。亦如此數。夫既言之矣。然以日本鐵道國有法例之。僅以原價償地主。未足云平也。（收民產以爲國產其迹近於與民爭利故若求公平則不徒僅償其原本而已足又當略償其將來之利蓋民之節約其勤勞之結果以置產業也凡以求易將來之利益也今一旦收其產爲國產而僅曰吾償汝現在所值無缺失而已而將來之利則全歸諸我是對於現在而雖不可云攘奪而對於將來實爲攘奪也何則彼民之有百金者苟以之購一公司之股份票現在每年可得六元之利潤然彼非以此自足也望其漲至八元焉十元焉其購地之心理亦猶是也以現在百金購入之地得六元之地代亦望其將來漲至八元焉十元焉今政府忽焉還彼百金而遂盡攘其將來之希望則民之以百金購股份票者何其幸而以百金購地者何不幸也故曰不平也）然則價值一千之地。定價一千以買之。既爲厲民。必如彼所云。或多至二千者。庶乎可矣。然此地代總額值八十萬萬之土地。其原價既爲一千三百萬萬有奇。倍價以購之。則當爲二千六百萬萬有奇。使政府能輦出此二千六百萬萬餘之現金。以償地主。使得用之以營他業。固於民無所甚損。然此着之不能辦到。無待蓍龜矣。則惟給與一紙之公債證書而已。使政府財政之信用而鞏固。則擁有公債者。亦與擁有現金者等。固可用之以營他業。然其病國民經濟。固已不少矣。（次段更詳之）乃今就彼所預算者而統之。則國家負二千六百餘萬萬之公債。以五釐利息起算。則每年應派息一百三十萬萬餘。而政府土地單稅所入不過八十萬萬。尚有五十萬萬之債息。不能派出即使地代漲至一倍而除派債息之外所餘者亦不過歲入全額六分之一夫國債者非徒派息而已足也又必須預爲清償元本之計畫焉如彼報之計畫則非俟全國地代平均漲至三四倍而此項國債清還永無期然此畫餅充飢之理想不足以起國民之信也明矣然則此項公債證書必無復一錢之價値等於篋底之故紙而已彼大地主之損失姑勿論而小地主之自耕其田者疇昔不須納地代故足以自給今則與無田者等同須納地代於政府問其所以異於彼輩者則多藏此一片故紙於篋底而已而前此勤儉貯蓄所得之結果遂付諸東流此等政策欲不名爲掠奪政策安可得也此等政府欲不名爲盜賊政府安可得也夫如是故其結果能使全國小地主頓失其獨立之地位降而爲計日受庸之勞働者而國本以危此彼報所持主義不能成立者二十也

吾以爲言土地者首當明邑地與野地之區別（鐵路線旁之土地雖屬野地者亦與邑地性質略同故可歸併邑地一類論之）又當明自由地與有主地之區別蓋其性質極不同非可一概論也既明此區別之後則不必其絕對的反對土地國有也自由地例應歸國有而國家當永遠保持之與否別爲一問題邑地可以不許私有而應爲國有或應爲市有別爲一問題若夫普通有主之野地則人民既得之所有權國家非惟不可侵之且當全力保護之此不易之大經也今請詳說其理由（第一）所謂自由地例應歸國有者何也以我國論內外蒙古新疆青海西藏諸地土廣人稀其未經墾闢者十而八九且其住民尚未盡脫游牧之俗土地所有權之觀念甚薄故自由地實什八九也東三省稍密邇內地移住者漸衆然自由地亦尚什之六七此諸部之面積約當本部一倍有餘計所得自由地之面積最少亦應與現在本部有主地之面積相等將來新政府成立必當採內國殖民政策獎厲本部人移住以實之此稍有

識者所能見及也。然當實行此政策以前。必先淸丈此等自由地。悉取而歸諸國有。毋使桀黠者得竊殊惠以行兼并。此政府所當有事也。又不惟屬地而已。卽本部中其未經墾闢之土。亦所在而有。森林地其大宗也。此外如瀕海瀕江。歲歲淤增之地。或湖底乾涸露出之地。與夫人民瞞稅不納之地。亦往往不乏。凡此皆可歸諸國有。其事至順而其理亦至完者也。然國家既收此自由地之所有權後。其應永遠保持之與否。則別爲一問題。蓋國家所以處置國有土地之政策。不外三種。一曰國家自經營之者。二曰貸之於民而取其地代者。三曰售之於民者。國家自經營之。則是國家以大地主而兼爲大農也。以近世財政學家所言。謂國家自進而爲營業。自利往往拙於私人。致招不經濟之結果。而農業爲尤甚。且以官吏的性質而執行事務。手續極煩雜。致生種種障礙。故各國皆不採之。除留出一小部分以爲模範農場外。（模範農場者。國家特設此農場以爲改良農業之模範。使國民有所觀感也。）其餘皆不自營。而我國將來擁此廣大無垠之國有地。其不能盡取而自營之。此五尺童子所能知矣。故此策可不必論。若貸之於民而取其地代。此卽土地國有論實行後所採之政策也。此策有利亦有弊。而弊常餘於利。俟下段乃論之。除此兩者外。則惟有售之於民之第三策而已。考普國近有所謂地代農場制度者。設於西普魯士及坡善之兩州。專爲獎厲內國殖民之用。蓋兼采以上三策。而最終之目的。則仍以售地於民爲主。其制度則國家將國有地及從大農手購入之地。設置農場。而募東部之貧民移住。歲徵其地代。又特設一銀行。以便移住民之欲購地者。每歲額供若干。供若干年。則全地可以爲其所有。蓋國家設農場而以官吏監督指揮之。此近於採第一策也。歲徵移住民之地代。此近於採第二策也。欲購地者。則與以購入之利便。此則採第三策也。要之其最終之目的。仍歸宿於第三策。而第一策第二策不過其手段耳。此實最良之制。將來我國對於滿洲內外蒙古新疆青海西藏諸地。皆宜採用之。（此事所關極重大吾將別著論論之）然既行此策。則是國有土地。亦不終於國有也。若夫本部新墾及淤增之自由地。收為國有者。則除留出一部分為模範農場外。其餘當相機售之於民。以之充國家臨時經費。或償還國債元本之用。最為得策。此財政學家所同認矣。惟森林之業。以國家經營為宜。故國有森林地。宜保持之勿售於民。此亦財政學家之公言也。故吾對於將來中國處置土地之政策。非惟本屬私有者。不宜收歸國有而已。卽本屬國有者。亦當漸散而歸諸私有。除模範農場及森林地之外。國家皆不必永保持其所有權以為貴也。若用吾策。則就經濟的方面觀之。移本部貧民徙殖於屬境之自由地。本部勞働者無供過於求之患。可以大減競爭之劇烈。而本部之經濟大紓。前此屬境遺利於地。今徙民以實之。又與之以獲得土地所有權之方便。則民有所歆。而紛紛移住。且勤勉趨功。以思有所易。將來此等地方獨立之小地主日多。地力愈盡。而屬境之經濟亦大紓。兩途駢進。而國富增殖之速。當有不可思議者。就財政的方面觀之。國家所收者本自由地。無須出代價以購諸民。重勞國庫之負擔。而設種種便利與民。以取得土地所有權之機會。民之趨之者必日多。而年年售出之地價。可以為國庫大宗之收入。此誠一舉而數善備者也。以較諸彼報所持主義。國家強奪人民勤勞之結果。致經濟界大生騷動。而政府且窘於公債。永不能望財政之鞏固者。其一得一失之間。豈可以道里計哉。此彼報所持主義不能成立者二十一也。（第二）若論邑地與野地之區別。則邑地誠帶獨占的性質。與伊里所舉三例殆皆相合。與野地劃然若為二物。故須摩拉氏（亦德國現今經濟學大家）頗主張此等土地宜歸公有。吾雖未敢絕對的表同情。然比較的視普通之土地國有論。則較為有理由者也。蓋此等地主。往往得意外過當之利。偏享社會之殊惠者太甚。他人末由與之競爭。與鐵路郵電自來水等之性質正同。此就經濟上觀察。其可以收為國有之理由一也。又此等土地所占面積不多購買之尚易爲力而將來地代之漲進可以一日千里非如農業用地漲率之遲緩卽募公債以購之而不致貽國庫以負擔之累此就財政上觀察其可以收爲國有之理由二也故此策初非絕對的不可行也苟欲行此策則鐵路線旁之土地其性質亦略同一然既用鐵路國有主義則其線旁附屬之土地必隨其路而同歸國有無俟別論至都市工商輻輳之地其應歸國有抑應歸市有則尚屬一爭點就一方面觀之都市之發達實由全國交通發達之結果非該市獨力所能致則舉其土地上過當之利益歸諸國有宜也就他方面論之則都市所生之地代由其市民自擔任之故市民亦宜得報酬則舉其土地上過當之利益歸諸市有亦宜也澳洲之雪梨市曾兩度提出全市土地市有案雖未見實行此亦其動機也吾以爲中國將來不采用此政策則已若采用之則與其國有毋寧市有蓋使市之法人團體能有此土地權則有所憑藉以大改良其市政設備種種機關以促其市之發達而此等營業委諸中央政府不如本市自任之之尤親切而有效也市既得此莫大之收入且比例於其市發達之程度而歲入日進則雖借市債以購之而不爲累（此與農業地之性質絕異非吾與前言矛盾也宜細察）將來地代愈漲之後則本市自營之電車電燈自來水等事業可以收極廉之費以便民而市之發達愈甚故吾於此政策亦頗贊之若如彼報所持論取一國中無論邑地野地悉歸國有焉彼野地既非具完全獨占之性質無必須收歸公用之理由而其地代非能驟進國有之反貽國庫以莫大之負擔而爲財政之累故無一而可也此彼報所持主義不能成立者二十二也

以上皆言國家買收私人土地之說萬不可行也試更就買收後所以經營此土地之法論之據華克拿所言則各國所以處置國有土地者不外三法一曰自作法二曰年期小作法三曰世襲小作法（小作者謂賃地而耕也日本名詞）自作

法之萬不可行。既如前述。世襲小作法。又不過所有權之變形。諒亦非彼報之所取。彼報有云。『雖永小作人亦附以三十年或四十年之期間。則其時可得制限也。』然則彼報所取者。爲年期小作法。今卽就此法之利害論之。（第一）若用此法。則政府於買收後三四十年間。地代之增率無可望。緣是而國庫歲入之增率亦無可望。何以言之。政府之既得此地。而召民承租也。必不能以法律强定其租率。卽强定亦多效力惟基於雙方合意之契約行爲。此卽土地國有鐵路國有性質絕異之點鐵道國有則政府可任意增收其車脚（其利害又屬於別問題）以其爲一方强制的行爲也土地國有則政府不能任意增收其地代以其爲雙方合意的行爲也要之彼爲完全獨占性質此非完全獨占性質故行爲自緣之而異也然則當買收時價値百元之地。其普通地代爲六元者。政府亦只能歲徵六元於小作人耳。若增徵將無應者。卽政府能有術以使民不得不應而其害且滋甚次段更言其理由而人民既取得小作權後。則於其契約期間內。政府更不能任意而半途增徵。此又至易見之理也。考日本民法第二百七十四條云永小作人雖因於不可抗力而其收益有損失之時不得請求小作料之免除及減額夫小作人既負此義務則地主亦不能因其收益有增加而請求小作料之增額言下自明又第二百七十六條云永小作人若二年以上不納小作料或受破產之宣告時地主得請求永小作權之消滅然則因半途欲增徵小作料而小作人不應之者地主不能設口實以請求永小作權之消滅言下自明政府以百元買入之土地。而亘三四十年間。由此土地所得之收入。歲不過六元。而此百元之債息。已歲費其五元。則不及數年。而政府固已破產矣。寧能待小作之期滿耶。此就政府按照時價以原價買入土地論之耳實則以原價買入不免厲民前既言之若如口口演說謂或倍價以買入則普通地代六元之地其原價應爲百元者政府以二百元買入之每年債息應派十元而所收地代亦不過六元耳何也彼永小作人只問此地時價若何不問地主買入時所費若何也此彼報所持主義不能成立者二十三也。彼若欲自解於此說。則將曰。凡契約行爲。由雙方當事者之協定耳。然則政府與小作人定契約時。加入一條。謂『將來若因文明發達之結果。而土地之價値增進時。則政府可以酌增小作料云云。』亦安見其不可。應之曰。此固可也。然能强制小作人以必承諾乎。苟其承諾。則彼亦將要求加入一條。謂遇天災地變。收益有損失時。可以要求政府以小作料之免除或減額。政府能不應之乎。不應則誠無以異於掠奪。應之則政府將並此蠅頭之歲入而亦不能穩固也。然則當互結契約時略豫定以若干年增徵租率則又何如。如小作期間凡三十年政府先懸想每經十年則地代必漲價若干因與結契約分爲三期第一期十年間徵六元之地代者第二期之十年增爲八元第三期之十年增爲十元如此則小作人必不安心。蓋將來人事之變遷決非現在所能逆睹。若政府必欲結此等契約。則人民將無復希望得長期之小作權者。寧希望得短期之小作權已耳。故政府若欲所收地代之歲增。除非採用短期小作法。愈短愈妙。年年而易之。則競爭烈而價或得昂。乃若如彼報所主張定三四十年爲期限者。吾以爲所生結果惟一焉。曰政府破產而已。此彼報所持主義不能成立者二十四也。然則逕用短期小作法則又何如。就財政一方面觀之。其一時之現象或可較優。而手續之煩擾已不堪其敝。若就國民經濟一方面觀之。其害更有不可勝窮者。華克拿論年期小作法之缺點曰『小作人以所用者非自己之土地。故則於小作期內。往往枯竭地力無所愛惜。借衣者披之。借馬者馳之。人之情也。此其害一也。又土壤必藉改良。然後生產可以歲進。小之如薙草施糞。大之如浚渠築壕。皆其用也。然貸地而耕者於收效稍遠之改良事業。率莫肯從事。此其害二也。欲免第二害則視其小作契約之內容如何。欲求國家與小作人利害一致。尚非甚難。欲免第一害則苦於無良策。蓋政府若結細密之契約嚴行監督。固未嘗不可以防弊。然緣此而妨害小作人之事業甚多。他弊卽緣之而生也。』華氏此論可謂簡明。此二害者在年期小作法皆通患之。而期愈短則弊愈甚。故華氏謂期限不可短於十二年以下。良有由也。然當期限將滿之時。此等弊害猶終不可免。況乃授受頻數。視耕地如傳舍者哉。夫農夫之忍於枯竭地力與怠於改良土壤。皆生產力減耗之原因也。一部分之生產力減耗。國猶將受其病。矧於全國生產力減耗者耶。土地私有制所以爲現今經濟組織一最重要之動機者此亦其一端也。而彼報蔑視此動機。不復顧其影響於國民經濟者如何。此彼報所持主義不能成立者二十五也。

復次國家之徵地代於小作人。其價格當用何方法以決定之乎。華克拿所舉則有三法。一曰精細調查各地之收益。據之以爲基礎。而懸一地代定價以召租者。二曰就所調查者立一地代之最低率。小作人能出租在此率以上者。則許其租耕者。三曰政府不必調查定價。任民競租。出租最多則許其租耕者。以華氏所批評謂若用第一第二法。其調查計算甚難。往往生謬誤。且當農業進步遲緩時代亘數年或數十年間。其收益之率相差不甚者。則此法或尚可用。在今日則爲萬難。而謂其第三法與今日經濟上普通之競爭主義相合。按此第三法即本報第十四號所謂競賣法也比較的尚爲適當。然徒獎勵地代之漲進。不免有枯竭地力之患。此其所短也。今彼報持土地國有論。關於此點之決定。不知其采第一第二法耶。抑采第三法耶。彼報十二號有言(前略)美洲大農之所穫。不過歐洲小農四分之一。國有土地之後。必求地力之盡。則如小農可穫四分者。以爲標準。而收其半或三分之一以爲租。原文意不甚可解姑仍之就此觀之。則似是采用第一法也。歐洲小農制之土地生產力果能優於美洲大農制否。即曰優之。而其懸隔果爲四與一之比例與否。則現代學者尚無定論。姑置之。推彼報之意。不過欲調查各地之生產額。充其量每歲可得幾何。而據其最高額以爲標準云爾。如此則必畝畝而算之。又歲歲而算之。其手續之煩擾勿論矣。其調算之難得正確勿論矣。即曰不厭煩擾。即曰可得正確。然假有一地於此。去年每畝產米二石。而納地代二金於國家者。今年調查之結果。知其每畝能產米三石。國家其即將此例而增徵之。使其納每畝三金之地代乎。吾恐徧查各國之永小作契約。無此奇例也。故若國家與小作人結不定期之契約。無論何時。國家可以任意收還其地轉租別人則此法或可行然果如是則試想土地生產力之減耗其惡果將安所屆極也至彼所云『以農夫所穫爲標準而收其半或收其三分之一以爲租』眞可謂奇悍之談夫「所穫」云者總收入之謂也每一事業之總收入則凡參加於其事業者皆應享分配之利焉語其類別則(一)企業者其所得爲利潤(二)地主其所得爲地代(三)資本家其所得爲利子(四)勞働者其所得爲庸錢也一事業之總收入分配於此四項其某項應得若干甚難決定而要之僅地代一項斷不能占其半或其三之一則吾所敢昌言也如吾前節所述吾粵最良之地每畝歲可產米八石每石值銀二兩四錢則一畝之總收入爲十九兩二錢而此等地之地代約歲值四兩其國家所徵地稅地主負擔之不過總收入五分之一耳此何以故蓋此一畝地所以能產此十九兩二錢之貨物者非徒賴土地自然之力而尚有種種要素以參加之也計最勤之農以一人之力歲可耕十五畝若所耕者爲此等最良田則其總收入歲可得二百八十八兩然以吾粵普通農工計之受傭於人而爲之代耕者每日可得庸銀二錢五分其一錢爲庸銀其一錢五分爲每日三餐之食費其一歲之總額應爲九十兩使彼農夫受傭於人固可以穩得此九十兩農業上之勞働隨季節而異其需要一歲中往往有不得傭錢之時故謂其必能歲得九十兩似稍過然其數不甚相遠也今以賃田自耕之故而失之則不可不取償於此十五畝中明矣此卽勞働應享之分配也又治田者其牛種肥料之費每畝可需二兩其農器缺損之費每畝亦三四錢耕十五畝者都凡需三十五兩以外以普通利率計之三十兩之利子最少應爲二兩五錢內外使農夫不治田而以所貯蓄之三十五兩貸諸人歲可以坐得二兩內外之利今以自耕故則此三十五兩及其所附屬二兩之利子又不可不取償於此十五畝中明矣此卽資本應享之分配也二百八十八兩除出一百二十七八兩爲必要之生產費其餘一百五十兩內外則地主所得之地代與企業家所得之利潤皆當於茲出焉今其

地代爲畝四兩。則十五畝之總額。爲六十兩。尙餘九十兩。成爲利潤。似屬太豐。雖然。企業家爲社會生產之主動。例應獲報償。不俟言矣。此義菲立坡維治最能發明之然其所得者。又常不確實。故帶保險的性質。時而所得極優。時而損失無算。又自然之數也。如吾所計算其十五畝之總收入能產米八石。始然耳。萬一遇旱熯水溢。而所收者僅七石焉。六石焉。五石焉。則總收入隨而大減矣。又必米每石能值二兩四錢。始然耳。萬一際收穫時而米價驟落。或僅値二兩焉。甚或値二兩以下焉。則總收入又隨而大減矣。故此企業之農夫。有時可以得百金之利潤。有時或不得一文之利潤。且並其資本勞力而喪之。而地主之地代。無論遇何變故。而不虞喪失者也。故農業上地代之分配。只能占總收入五分之一。若加多焉。則企業家危險之程度太大。而人將視爲畏途。莫肯從事也。企業者資本家地主勞働者之四項有以一人之身而兼之者有四項分屬於四種人者有一人兼其二三項而其餘求諸外者一切事業皆有然農業亦由是也如農夫自有田而自出資本自出勞力以躬耕之所收穫者自售之於市場以取利此則一人而兼四項者也或自本無田自無資本又不能自耕惟覺農業之可以獲利乃納地代於地主而借用其田納利子於資本家而借用其資給庸錢於勞働者而雇用其力及計總收穫則除所償地代利子庸錢之外而尙有餘乃爲利潤而自取之此則四項分屬四人者也又或自有田自有資本而須雇人代耕則地代利子利潤合歸一人而庸錢屬諸別人又或自有田能自耕而須假資於人以爲耕本則地代庸錢利潤合歸一人而利子屬諸別人又或自有耕本且能自耕而無田須租他人之田則利子庸錢利潤合歸一人而地代屬諸別人又或能自耕而無田且無耕本乃租田假資以營業則庸錢利潤合歸一人而地代利子分屬別人要之無論如何皆以同一之形式分配之耳其最不確實而難以豫算決者則企業所得利潤之部分也今如彼報之政策。謂收其半或其三之一以爲租焉。租之所値。本不及此數。而强徵之。是以地主而朘企業家資本家勞働者之所得以自肥也。彼疇昔自有田而自耕之者。忽被國家掠奪歲入之半或三之一。其苦痛自無待言。卽疇昔本無田而賃地以耕者。同一地也。前此僅須納四兩之地代於地主。今以土地國有故。忽須納十兩或七兩之地代於國家。其誰能堪也。非盜賊政府而安得有此。夫誠如是也。則全國農業之衰頽。可立而待也。而其他一切經濟界之受牽動而並衰頽。可立而待也。然則政府雖欲長爲盜賊。又豈可得耶。此彼報所持主義不能成立者二十六也。所謂吾粵最良之土地能每畝產米八石者此實例外之現象耳蓋吾粵農業常有輪栽之慣習以十年藝五穀以十年植果蔬當其由植果復變爲藝穀之第一二三年所穫特豐故有産米至八石者然欲耕此類田除每年四兩之租外其第一年尚有所謂批頭者數率在十兩以外以一次前納爲原則故企此種業之農夫其冒險之程度比諸耕普通田者亦較大也若普通田則每年能産米五石者爲其中率而普通農夫又大率一人能耕十畝前云十五畝者謂極勤而健之農夫亦其例外也以現在米價其總收入可得百二十兩除所用資本二十兩餘復除地代居總收入五分之一爲二十餘兩實餘七八十兩僅足以償其勞力而已而企業之利潤殆可謂絕無矣今國家若徵其總收入之半則所餘者僅爲六十兩除資本二十兩外實餘四十兩卽徵其三之一而所餘者僅爲八十兩除資本外實餘六十兩然則謂非國家絞取勞働者之結果而何也夫土地國有後國家不過獲得地主之資格耳其所取者充其量亦只能取前此地主所取之一部分而止今以何理由而得取諸其部分以外耶且彼所以主張土地國有者豈不以嫉地主之絞取勞働結果也今乃如水益深如火益熱在前地主遺彼盜賊政府之荼毒固無論矣而一般勞働者亦只受其害而不一覩其利然則此擾擾紛更果何爲哉彼報謂土地國有。可以獎勵小農。謂小農對於土地之生產力優於大農。而爲社會資本計。以獎勵小農壓抑大農爲利。彼報第十二號云據新農學家言農業異於他事比較以分耕爲利蓋農事之大部分必須人工而機器之用反絀取美國用機器之大農與歐洲小農所耕之地每畝而衡之則美農農事之所穫不過歐農四分之一彼美洲之大農所以樂用機器者則以一時得多地爲利也就其私人資本計之則便益而就社會資本計之實非利也國有土地之後必求地力之盡則如小農分耕之可穫四分者以爲標準而收其半或三分之一以爲租而大農之用機器者合耕者乃每畝而得一分非其私人所有土地而須納之以爲租則不惟無利而且有損云云欲證彼說之當否。則(一)當問土地國有制。果能獎勵小農乎。(二)當問小農生產力果優於大農乎。(三)當問大農果否不能增社會資本。而大農永遠不發生。果否爲社會之利乎。其第一問題。則如彼之政策。所謂收其所穫之半或三分一以爲租者。則雖賃地而耕之小農猶蒙損害。而自耕其地之小農。損害更甚。前旣言之矣。卽不行此苛法。而聽民自承租。與國家爲雙方合意契約。則賃地以耕之小農。縱不甚病。而自耕其地之小農。緣此所損。猶不少。致危及其獨立之地位。傷國家之元氣。又如前述矣。其第二問題。則現今學者。尚聚訟無定論。欲究其利害。當先明大農小農之性質。菲立坡維治曰。所謂大農小農者。不當以其耕地面積之廣狹定之。寧自經濟的觀察點類別批評之。按謂當就經營之方法以分類也故彼所區別者。

（一）大農謂有一教育經驗兼備之農業家立於其上以當監督指揮之任而使役多數勞働者以營業農也。

（二）中農謂不必有專任監督之人而營業者一面自經營監督又躬與其所使役之勞働者同從事耕作也。

（三）小農營業者自與家族從事耕作而不雇用他人者也至其關係於國民經濟上之利害比較菲氏言之極詳今節譯一二。（日本氣賀勘重譯菲立坡維治經濟政策第八十二至八十六頁）

大農之所利者在其耕牧方法之改良進步常敏於中小農而能爲農事改良之先驅也蓋大農場之經理人其智識率較中小農爲能億中又大農場之生產組織比中小農場較爲便宜如勞動者之配置建築物器械役畜及其他固定資本之利用惟大農場乃可望完全然則投充分之費用施充分之肥料行完全之擇種確能得品質善良之多大收穫者惟大農具此資格耳據彪亨巴爾加所言則小農場所收穫平均一町步得十五乃至二十端拏者大農場所收穫平均可得五十乃至八十端拏此其利也若就其不利之點言之則以雇用多數之勞働者故其監督需多大之費用然其勞働之效力常劣欠精巧綿密地主之注意亦難普行於全般土地此其所短也大農所短在是則中小農所長卽在是然以中小農所長者以與大農所長者對抗其眞能制優勝者惟牧畜業及其他二三之事業耳此外則其實力終不及大農若園藝等業大農常優於小農往事歷歷矣。

大農與小農若一般的在同等條件之下以熱心經營則大農之常占優勝既若是矣雖然就實際上觀之則爲大農者非必其有充分之資本有充分之智識及技能又非必有才能資力兼備之小作人坐是之故其能收前述利益之結果者頗少不寧惟是大農場之地主屢將其所有地之一大部分供庭園獵場等之用徒消

費而不能生產致全國農業生產額爲之減耗其結果往往有許多大農場主所收穫非惟不能如其技術上所應產之額而已或反劣於小農場所收穫比比然也(中略)由是觀之大農與中小農各有其長短得失而不容偏有所去取明矣以今日之社會教育未能完全普及人民之智識能力差別而至不齊是宜以土地之一部分委諸大農之手以爲改良農事之先驅而多數之中小農交錯於其間各維持其特長（菲氏論中小農爲經濟上之利益者有六爲社會上政治上之利益者有四文繁不復徧引）則爲國民經濟大局計最有裨矣

菲氏者現世經濟學者中最以持論公平著者也而其言如是然則爲盡地力起見小農必非優於大農明矣蓋就理論推之大農實當優於小農然大農有大農應具之資格條件而此資格條件具之頗不易苟其不具則反劣於小農者有之大農之缺點此其一也又其土地之一部分往往用之於消費而不用之於生產致生產額平均減少（如大農每畝可產六石小農每畝僅產四石是大農本優於小農也然大農或以奢侈之故其耕百畝者或以四十畝爲庭園獵場等而僅六十畝爲耕地則百畝總收穫不過三百六十石而小農百畝之總收穫有四百石故反優勝也）大農之缺點此其二也雖然非大農本來之性質劣於小農也其優劣亦存乎其人已耳使大農而果有適當之人才適當之資本而復無濫用土地於消費的之弊則其優於小農固可決言也如彼報言乃謂大農本來之性質例應劣於小農此吾所不解也彼謂美洲大農所穫不過歐洲小農四分之一此不知其所本者爲誰氏之調查然據菲氏所引彪亨巴爾加說則小農所穫不過大農四分之一與彼說恰爲兩極端反對菲氏彪氏雖妄誕亦何至懸絕若是之甚耶是彼所謂小農生產力必優於大農者其非篤論明矣由此以進於第三問題謂大農毫不爲社會之利而絕對的當排斥者其爲武斷蓋無待言以大農直接之結果論誠得其人以理之則收穫可以加豐則私人資本增殖而社會資本亦隨而增殖又必至之符也以其間接之結果論則以有大

農之故能爲種種設備以從事於農業改良而小農得資爲模範令全國農業隨而進步其造福於社會更不可量故善謀國者一面當保護小農全其獨立一面仍當獎勵大農助其進步而此兩種政策實可以並行不悖絕非矛盾。其條理甚長非片紙所能盡彼報若有疑吾當爲解之 苟毗倚於一方皆非計也如彼報所持論欲以重課地稅之一政策沮抑農業上之大企業使永不發生如是則關於農業上種種之進步的器械與夫集約經營之新方法將永不得適用於我國而惟抱持此千年陳腐之舊農術以自安。農民之性質恆毗於保守此萬國所同也非外界受大刺激決難望其舍舊圖新以謀進步所謂刺激者或見他人用新法卓著成效獲大利以去因歆羨而思模倣也或他人以用新法故能產多量價廉物美之品而己之所產品生產費既多於人品質復不及之緣此而在市場上不能與彼競爭乃感苦痛而思改良也若是者皆非有大農介於其間不可若舉國永無大農則舉國農業可以永絕革新進步之望也 自國民經濟上觀之利果足以償其敝乎必不然矣準此以談則就令彼重課地稅之政策果足以保護小農而就保護小農之方面言之雖見其利者就沮抑大農方面言之猶不勝其敝而況乎彼之政策實並小農而困之也此彼報所持主義不能成立者二十七也。彼報有云梁氏以重農爲病可謂大奇云云吾謂此語眞乃大奇彼又豈能得吾以重農爲病之證據耶若彼自命重農而所以對待農民之政策如是則吾誠不能得其故矣

吾嘗爲彼輩理想的革命政府之前途計其危險之現象蓋不可悉數而財政問題即其一也而財政問題又與國民經濟問題有直接之關繫其結果非徒影響於一政府之興仆而實影響於全國民之榮悴故辯之不可不審也使革命而獲成功也則試懸揣革命後新共和政府所應負擔者有比例於他國而略可推算者美國當南北戰爭以前僅有公債六千萬打拉一打拉約當龍圓二元以爭戰之故驟增至二十八萬萬四千六百萬打拉當我五十五萬萬餘元日本以西南戰役故募公債千五百萬元另發行新紙幣二千七百萬元法國當大革命前財政之混亂已極然公債類之負擔猶不過六萬萬元及革命後自一七九二年十月至一七九六年二月間其濫發紙

幣之總額。至一百八十二萬萬三千二百五十六萬四千二百元。內亂之結果。其貽累於國庫之負擔者如此。彼法國革命時代之政府。殆如中風狂走。其舉動太逸於常軌。姑勿以爲例。日本西南之役。其亂地之面積甚狹。其亂之時日亦甚短。非中國革命所可擬。若中國徧地革命軍起。自始局以迄終局。其時日最速。當不能短於美國南北之役。及其終局後。則無論其勝利屬於舊政府屬於革命軍。要之兩方之戰費。皆須由勝利者擔負之。此自然之理也。而革命軍成功後所擔負爲尤重。蓋革命軍既以文明自居。則當其用兵時所徵發於人民之糧食器物及勞力。與夫將校士卒之俸給。皆不可不給以債券。而新政府成立後。皆當履行償還之義務。然僅此猶決不足以給軍實。勢且不免募外債以充之。而此項之內債外債。其性質之危險。皆特甚。非以極重之利息。不能得之。此就革命軍方面言之也。其在舊政府方面。勢亦必竭全力以抵抗。其抵抗所需之軍資。若以租稅充之。則固不必貽負擔於新政府。然現政府之不能以租稅支此意外之巨費。夫既洞若觀火。則亦必以外債充之。戰亂亙二三年。則其數及於十萬萬以上。亦意中事。而新政府固又不可不繼受其負擔之義務。兩方面合計。大約革命政府所負擔之總額。不能下於三十萬萬。而舊債十二萬萬餘。尚不計。此新債若爲五分利者。則每歲應由國庫支出債息一萬五千萬。其利率若加高。則且以次遞增。（此等公債斷不能以五分利得之。實不俟問）益以現在舊債本息帶償之額。每歲二千四百餘萬兩。則每歲僅國債費一項之支出。殆將二萬萬元。而新政府所應圖內治之改良。國防之鞏固者。其歲費尚當以數萬萬計。而又當大難初平。創痍未復。舉國經濟界恐慌憔悴之餘。雖有極良之財政案。猶恐顧此失彼。而無以善其後也。乃無端又提出此土地國有案。驟增一千三百餘萬萬乃至二千六百餘萬萬之公債。勞國民以負擔。其財政之棼如亂絲。固不待問矣。若其所及於經濟之影響。則更有不忍言者。試條舉之。（第一）

此類公債者。財政學上所謂一種間接强逼公債也。現在各國普通之公債皆爲任意公債其與直接强迫異者。彼則勒令人民獻出現金若干於政府。給與一債劵耳。此則政府强取人民價値若干之財產。其代價不償以現金。而給與一債劵耳。財政學者。謂此種公債實與强徵重稅無以異。所異者不過國家負償還之義務且每年須給債息耳減殺一國之資本。妨害產業之發達。莫此爲甚。今世各文明國已無復行之者。誠以利不勝其敝也。今革命政府當其用兵時所發巨額之軍用債票。既屬於此類公債之性質。病民固已甚矣。乃無端復益以一千餘萬萬乃至二千餘萬萬之土地公債而亦以强迫行之。民將何以堪也。此其反於公債原則者一也。（第二）即在任意公債而國家所能負擔之額。猶必須比例於人民之「應募力」以爲標準。苟溢出應募力以上。則經濟界未有不受其病者也。何謂應募力。謂國民所能應於募集之力也。此力以何而得見之。蓋人民一歲之所收入除償其生產費外。而猶有贏餘者。則爲「所得」。其中除其日用直接必要之消費外而猶有贏餘者則爲「資本」。公債之應募力即自此資本之一部分而生者也。然非能盡舉其資本而悉應募於公債也。人民資本之什八九大率皆以自營生產事業之故而投下之。如是者謂之固定資本。不能驟移之。否則產業界必生擾亂也。其餘未投諸生產事業者。什之一二或藏諸篋底焉。或貯之銀行及保險公司焉。如是者謂之流動資本。亦謂之游資。公債之應募即自此游資之一部分而生者也。國家以比較低廉之利率。吸此等游資以歸國庫。而以之直接營有利事業。或間接以增進國利民福。則一面既獎勵人民之貯蓄心。一面復活用一國之資本以增富力。公債所以能助長國民經濟之發達者。蓋以此也。然使所募者。而超出於國民應募力以上。則其致國民經濟之疲弊亦與之成反比例。夫一國之游資固非常委之於無用也。或將以爲固定資本之後援焉。如既開辦之生產事業可以獲利者。時增資以圖擴張是也。或將變爲別種之固定資本焉。如未開辦之生產事業，見其可以獲利者，則新投資以營之是也。若政府所募公債太多，將一國之游資，而盡吸集於中央，則人民無復餘裕以應各種生產事業增資或新投資之用，則全國利子必驟漲，生產費增加，營業之利益減少，一國之游資若散在民間者多，則供過於求，企業者欲得資本也易，可以低利而得之，故生產費少而營業利多；若一國之游資求過於供，則其現象反是，而公債過度則最能使一國游資求過於供者也。而產業將停滯而不進矣。然則就令公債所吸者僅在游資，而吸之太過，其弊猶如此。使由是而進焉，吸盡游資猶以為未足，則必侵入於固定資本之範圍，人民不得不提出其所已用於生產事業之資本一部分以充公債，而一國產業將紛紛倒閉減退矣。使由是而更進焉，人民減衣縮食，將其日用必要之消費割出一部分以充公債，則全國消費力緣茲減殺。消費力減殺，則企業家蒙其損害。企業家蒙損害，則勞働之需要減少，而勞働者之損害隨之。企業家蒙損害，則資本不能還元，而資本家損害隨之。企業家損害，則土地利用之價值減殺，而土地所有者之損害亦隨之。故能使一國中無論何種人，其所得皆劣於前。一國中無論何種人，其所得皆劣於前，則消費力愈以微，如是相為循環，果復生因，因復生果，則一國之國民經濟，將奄奄無復生氣。一國人富於消費力，則所購買之物品多，企業家之所生產者不憂無銷場，則企業能得利潤。企業家既能得利潤，則益擴張其業，而他人亦競於企業，如是則所需勞力日以多，勞働者不惟不憂失業而已，且以求過於供而庸錢日增。又企業者必需資本，企業多則一國資本不憂其委棄於不用，而企業所得先割其一部分以供利子，故資本家食其利矣。又企業必不能離土地，企業多則土地利用之途愈廣，地代增進，而地主食其利，故既已企業家、勞働者、資本家、地主咸食其利矣，則人人有餘裕，而一國之消費力又益以增進，不待言也。如是相引以至無窮，則國民經濟日以膨脹。若消費力減殺者，則反是。消費之關係於經濟，其重大有如是者。而一國公債額過鉅，則最能減殺國民之消費力者也。若其公債用諸生產事業，則其弊猶不至太甚；若用諸不生產事業，則益不堪言狀矣。今以甫經亂後新造之政府，而有千餘萬萬乃至二千餘萬萬之公債，是其超過於國民應募力者不知幾十百倍，其必陷國民經濟於九淵而無從拔救，斷斷然也。此其反於公債原則者二也。(第三)或疑此項土地公債非如普通公債之懸價格以募於民者。人民未嘗臨時擧其所蓄者。以直獻於政府也。則其所生結果。或應與普通公債有別。雖然。苟稍知經濟學之原理者。則必能知此疑問之無容發也。何也。兩者之性質毫無以異也。蓋國民所有資產。非必其堆積貨幣或現物之謂也。有其物權或債權已耳。而其以資產而投諸事業。或應募公債。皆不過一時移轉也。而彼土地國有案之強迫公債。則正強迫人民以物權之移轉。而國家還附以債權也。故其性質與普通募集之公債無以異也。試詳晰之。疇昔人民之擁此土地所有權者。其將以地主兼爲企業家。卽自利用所有之土地以從事生產耶。則土地卽爲其固定資本之一部分。蓋不必另納地代於他人以借地故也。土地國有後則不然。疇昔吾有二十金之資本。而可以耕十畝之地者。今以須納地代故。非有四十金資本。不能耕十畝。（假定地代中價每畝二兩起算）是國家明吸取我資本之一半也。我欲湊足此一半之資本。則不得不轉貸之於人。而以國家起過額之公債。盡將流資吸集。故金利必緣而大騰。我有此二十金之債權於國家者。（國家收我值二十金之地代而以債券畀我故我有二十金之債權於國家）僅得利五釐。而我負此二十金之債務於他人者。須出利七八釐乃至一分以上。是國家明奪我企業之能力也。於是疇昔能耕十畝者。不得不減而耕八畝。所入愈少。而消費能力與資本之演進者皆愈微。一人如是。十人如是。一國如是。而產業之衰退立見矣。又使疇昔之擁土地所有權者。其將不自爲企業家。而惟以所收地代儲之爲資本。而更貸之於人以求利耶。則其地代受自箇人與受自國家無所擇。雖土地國有後。其影響於此輩者似尙不甚大。雖然。疇昔吾有值十萬元之土地。每歲能獲六千元之地代。今以易得此五釐利之十萬元債劵。歲僅獲五千元之利息。是國家明掠取我一千元也。我前此每歲有六千元之游資。以供社會生產力之後援。今則雖以國家所給我之歲息。還用之以爲游資。而其數已減少一千元矣。一人如是。十人如是。一國如是。則國債常吸取全國游資六分之一至易見也又使疇昔人民之擁土地所有權者以每歲地代所入僅足支其日用必要之消費而無復餘裕蓄之以爲資本耶則吾前此有價值二千元之地歲得地代百二十元而僅足以自給者今以易取五釐利之二千元債劵故歲僅獲百元之利息而此二十元之不足額無他途以補之也則惟有節衣縮食並必要之消費而亦不消費已耳則是國家明剝奪我消費力六分之一也一人如是十人如是一國如是而全國之消費力因以大殺不寧惟是以國債吸集資本太甚故金利昂貴以金利昂貴故生產費加增以生產費加增故物價漲騰疇昔我以百二十金之歲入消費賤價之物而僅足自給者今以百金之歲入而消費昂價之物二災駢挾幾何其不轉於溝壑也準是以談則土地國有政策其足以病全國之經濟至易見矣政府如欲免以上之弊則惟有當買收時厚其所償庶乎可矣其法有三一曰逾格償値如其地價本値百元者以百四五十元之代價收之是也（如孫氏演說所云或定價倍原價）二曰用呼價募集公債法劵面百元之公債以八十餘元納政府即可購得之此各國所常行之例若用諸買收土地時則値十八餘元之地即給與百元之公債是也三曰給以重息如價値百元之土地其地代爲六元者則國家買收土地之公債其利息爲六釐以上（或七八釐）務使人民之持此債劵者其歲入足償前此之地代而有餘是也此三法若行其一則皆可以略救前舉諸弊雖然如此則國庫之負累益重果有以善其後乎如彼所預算則國家須以千三百餘萬萬之五釐公債乃能購入全國之土地而所收地代不過得八十萬萬耳而已須以六十五萬萬爲償債息之用若逾格償値不必其原値一百者償以二百也即使略加三之一夫既須以二千萬萬之公債購地而所歲收地代仍不過八十萬萬耳而債息則已歲需一百萬萬於何取之其他呼價募集公債法與夫重息公債法皆可以此比例而推算一言蔽之則曰盡國庫歲入之全額而不能敷國債

費而已。是此政策之不能實行。不俟論也。況就令能實行。亦不過前此地主之一階級不受其病云爾。而財政學家所謂頻起巨債則盡吸資本於中央。致全國金利漲騰。企業家蒙損害。而種種階級隨之而蒙損害者。其弊抑未嘗因此而能免也。一言蔽之。則凡國民不能堪此過大之公債負擔而國家强使負擔之者。其結果必至召經濟之衰亡。此非吾之私言。實萬國學者之公論也。然則就令財政方面政府能有術以善後。履行債務而勿渝。每歲能照章派息。不貽累於持債券之人。而全國經濟界尙因此而生騷擾。況乎彼之財政基礎杌隉而不能一日安。又衆所共覩也。此其反於公債原則者三也。此彼報所持主義不能成立者二十八也。

夫國家之所入。實不外取之於民耳。未有全國經濟界衰退。而國家之財政獨能膨脹鞏固者。此無論採用何種財政制度。而皆不能逃此公例者也。如彼報所持之土地單稅論。欲國家歲入之增進。其道何由。亦曰希望全國之地代漲價而已。然全國地代何以能漲價。亦曰企業者衆而已。企業者衆。則土地之利用愈廣。求過於供。而地代乃不得不騰。反是則供過於求。而地代亦不得不落。然則企業者何以能加衆。曰企業者易得利潤。則羣率而趨之。斯加衆矣。企業者何以易得利潤。曰生產費廉其一也。國民消費力大其二也。國民消費力何以能大。則各種階級之人其所得皆歲進是已。生產費何以能廉。其條件頗繁。然資本供給之源厚。利率不昂。實其重要之一原因也。今既以買收土地之故。負此空前絕後之巨額公債。吸取全國之流動資本。抑退全國人之消費力。則全國企業之衰頹。實屬避無可避之現象。彼法國以負擔國債太重之故。全國產業不能發達。著著落他國後。其已事矣。法國以居歐洲中央且奢麗冠全球故每歲游客所費於巴黎之金錢在十萬萬佛郎以外有此大消費力爲之後援故產業不至十分萎靡然以比諸英德諸國則其進率相去天淵矣 而況乎所負擔更什伯於法國者耶。全國企業之動機既已衰頹。則地代有日退而無日進。國家雖擁有土地。而所得恆不足以敷國債費之用。其他尙勿論。於此而停止債息不付。或減少其息率耶。無論政府之信用緣此墜地也。而其貽恐慌於經濟界者當若何。於此而於土地單稅之外。別徵他種租稅以補其不足耶。徵論其與政府最初之主義相反。且課兩重租稅。戾於財政上之原則也。而人民累負擔全國生產力消費力益以減退。元氣傷盡。更斷絕回復之望已耳。然則彼之土地國有案。無論從何方面觀之。皆不外國家自殺的政略。此彼報所持主義不能成立者二十九也。

彼將强爲說辭曰。吾所恃者外債也。有外債以爲挹注。則全國金融大添活氣。政府既利用之以興種種官業。直接間接助國民經濟之發達。而民間既得此資本之流通。企業動機必無衰退。經濟現象必加良好。然則前述諸弊皆可無慮也。應之曰。是或然也。雖然。凡甲國人之應募乙國國債也。有其絕相反對之兩動機焉。一曰。乙國財政之基礎甚鞏固。其政府爲外國人所信用。甲國以資本過賸之故。在本國不能求贏。乃以低廉之利率貸付於乙國。此外債普通之良現象也。在歐美日本諸國。資本融通之常態屬焉。二曰。乙國財政紊亂。政府既不見信於其國民。欲更求一錢之內債而不可得。乃轉丐之於外。外國人之富而冒險者。倚本國政府强有力之後援。乘人之危而索重利以貸付之。此外債特別之惡現象也。前此英法諸國所以待埃及土耳其者屬焉。將來革命政府於土地國有案成立後而借外債。則於彼兩現象中果占何等乎。此不可不審也。政府既負千萬萬以上之巨債。罄其所歲入猶不足以償息。而其歲入之加增又無可望。於此猶肯借債於我者。必其懷抱不測之野心。欲餌我而鹽我腦也。如是則借債實爲亡國之媒。夫我固非絕對排斥外債者。而外債之爲利爲害。必以政府財政基礎穩固與否爲前提。彼自謂其財政基礎極穩固。故以外債爲有利。我謂其財政基礎極不穩固。故謂外債爲有害。

而此兩反對前提孰爲正確則前文既已歷歷證明矣此彼報所持主義不能成立者三十也彼報之言又曰『用吾人之政策則不必獎厲資本家尤不必望國中絕大之資本家出現惟以國家爲大地主即以國家爲大資本家其足以造福種種於全體國民者不待言而於國中有經營大事業之能力亦其一也』（彼報十二號三十一頁）又曰『社會的國家未嘗不從事於生產以增殖其資本也』（同五十一頁）彼所謂經營事業所謂從事生產即經濟學上『企業』之義也其謂以國家爲大資本家即以國家爲大企業家之義也其謂不望國中絕大之資本家出現即不望國中絕大企業家出現之義也（此語當非誣彼報蓋企業必須資本之大部分既歸國家人民無大資本自不能爲大企業而企業能增生產力生產力還生資本民間既有大企業家則其結果自必有大資本家欲使民間大資本家永不出現則其前提必爲民間無大企業家明也）欲評此政策之當否則當先明企業之性質次考企業家對於國民經濟之職務次乃論此職務以私人當之與以公共團體當之兩者孰宜「企業」者何也「企業家」自以其成算冒險而結合諸種生產力以贏得利潤爲目的以主導經濟行爲之經濟的組織也（此松崎博士所下定義蓋合羅查士非利坡維治須摩拉諸說而斟酌之者也）須摩拉論國民經濟機關有三一曰國家及自治團體二曰家族三曰企業而企業者實最圓滿最持續而對於國民經濟之統一體負絕大之職務者也蓋國民經濟云者通全國民之經濟的行動儼然成一有機體而就其全體觀之常期能以最少之勞費獲最大之利益者也而企業云者則常直接間接向於此目的以進行者也何以言之生產三要素曰自然曰資本曰勞力三者本分離不相屬有企業家然後結合之羅集資本驅役勞力以利用自然而從事生產企業家之職也而企業家既以贏得利潤爲目的故必求所生產者恆適於消費某種之貨物生產少而不給於消費則迅速補足之蓋如是而所得利潤可以豐也某種之貨物生產多而有餘於消費則節制之而移其生產力以生產他種蓋非如是則其所得利潤將微甚乃或至無利

潤也。但貨物之種類亦繁矣。曷從而知其孰爲有餘。孰爲不足。則以企業家常冒險以從事於投機的試驗。積經驗而略能得其確實之程度故也。夫企業家之本意亦以自求利耳。然一見夫生產不給於消費。而即迅速補足之以求利。則能養國民之欲。給國民之求。而國民之幸福增焉矣。一見夫生產有餘於消費。而即移其生產力生產他種以求利。則全國生產力不至耗糜於無用。而國民之幸福又增焉矣。此企業家所以司生產之樞機。而爲其最高職務者一也。企業家既結合自然資本勞力之三生產要素。而冒險以求利潤。故地代利子庸錢三者。皆經企業家之手以給付三階級之人。於給三者之外。而猶有贏餘。然後企業家得之。其有損失。則亦企業家任之。彼三階級之所得。常立於安全之地位。企業家之所得。常立於危險之地位。此企業家所以司分配之樞機。而爲其最高職務者二也。由是言之。則企業家果爲國民經濟之中堅。而企業之榮悴。與國民經濟全體之榮悴。誠有桴鼓相應。而絲毫無忒者。蓋甚明也。企業之職務關係重大。既已若此。而此職務。或以私人當之。或以公共團體當之。兩者孰利。此不可不深察也。若能導經濟動機使純出於道德。盡人皆以公益爲務。而一毫私利之念不雜其間。則以國家當企業之職務。舉生產分配之樞機。而悉集諸中央。寧非甚善。而無如現在人類之程度萬不足以語此。雖歐美號稱最文明之國。猶且不能。而中國更無論也。美國芝加高大學教授耶氏曾於去年新著一書。論「公企業」之得失。其評英國市街鐵道市有市營之成績。（市街鐵道者市內之電車鐵道也英國前此由私人經營自千八百七十年後歸諸市有由市自經營之）謂其弊有六（一）自公有主義（即市有主義）實行。而技術上之發明改良大生阻害。（謂英國前此發明家最多即電車一項亦英國所自創愛爾蘭之某市首尤行之然自一八七〇年以後闃然無聞蓋技術之發明改良純由企業家之刺戟而來私人企業既減殺故新發明隨而希少云）（二）自公有主義實行。其結果阻市街鐵道里數之延長。妨市民之郊外移住。（原文舉英美兩國都市人口之數與所有市街鐵道哩數之比例兩兩相較美國延長線之速率遠過於英國且美國賃率採五仙均一主義不問遠近皆僅收車脚五仙，故勞働者得移住於郊外，而都市集中之壓制力可以少殺。英國當初行市有主義之時，政府向國會委員會宣言本以方便勞働者使得郊外生活爲目的，乃今者之結果全與相反，哩數既不延長，而賃率復大率比例距離以爲增減，故市民或須納七仙八仙之賃率始得乘車，貧民之負擔益重，都市之壓制逾甚云。(三)公有主義之結果，致運輸不能統一。倫敦一市而市街鐵道線路之系統區爲三部不相連屬云。(四)自公有主義實行，致都市吏員之數日以加增，而都市及一國之政治勢力失均。謂自市街鐵道歸於市有，市公吏之員數日以增加，於市政部內別作成一種之勢力圈，雖有利於市之事，苟稍損於自己私人之利益者，則羣起而反對之。以格拉斯高一市論之，其市街鐵道局之公吏凡四千人以上，自餘水道局煤氣燈局等稱是。市之企業愈益膨脹，則彼等政治的勢力愈益增加，常先一人之私利而後全市之公益。不寧惟是，其影響且往往及於一國之政治。如一八九六年所發布之輕便鐵道條例，本以五年爲滿期，至一九〇一年末日例應廢止，此條例缺點甚多，當時商務大臣巴科既熟知之，徒憚於市有主義黨之反抗，不敢斷行，遂致延期，此其左右一國政治之明效也云云。(五)市有市營比諸私人企業家之經營，其濫費殊多。原文所引例下具述。(六)既以市有市營之故，阻害斯業之發達。緣此而市民應享之職業轉爲所奪。美國市街鐵道以私人自營之故，延長線日見增加；英國則以市營之故，久停滯不進。計市街鐵道每平均一英里需使用執事人六人半，今以兩國都市人數及其鐵道線里數比較，則美國每都市多使用七萬一千五百人，英國以市營之故，而使此七萬餘人不得職業以餬口於勞働，實爲大不利云。又去年五月紐約發行之「經濟雜誌」載有巴突博士「論英國公企業」一篇。其所調查者，特詳於電燈煤氣燈各事業。英國此等事業大率皆由市營。其所指陳利弊，亦留與耶氏說同，謂由市營所生之惡結果亦有六。(一)阻害該產業之發達。英國電氣事業其發達之速率與他種事業不能相應，美國人不過一倍於英國，而電燈電車等類凡屬應用電力之事業無不三倍以上於英國，故知公企業不惟不能助長其發達，而反摧抑之也。(二)緣此而用電機之製造工業，亦隨而不能盛。與德美兩國比較，英國瞠乎其後，近年德美工業上漸有壓倒英國工業之勢，原因亦頗由此。(三)煤氣燈電燈等之供給，僅及於都會之一部，其分配失當。僅富者得使用之，貧者無力使用，不如美國之普及。(四)此等市營企業收支多不能相償。原文引一九〇四年十二月三十一日英國公私業電燈成績比較表。(五)市營企業之使用人增多，其影響及於市政。與耶氏說略同。(六)緣此而市債之增加、市稅之增徵，在所不免。格拉斯高市人口過去十一年間不過增加十一割六分，而市租增徵十一割二分，市債增加十一割九分，皆市企業所賜之惡果也。該市之市企業號稱最多者也。就耶巴兩氏之說合觀之，雖在文明胎祖之英國，而以公共團體代私人之企業。其利之不勝其弊也。猶且若此。此無他。經濟動機實以營利之念爲之原。私人之企業家。爲此營利之一念所驅。故能累發明以發明重改良以改良冒險前進。有加無已。若夫公共團體之企業。則公吏之執行庶務者。雖緣該事業發達之故而獲大利。其利不歸於己。反之若緣冒險而致失敗。則受行政上之責任。而己之地位將危。故爲公吏者。常橫一不求有功但求無過之心。其精神恆傾於保守而乏進取。傾於保守而乏進取者。必非能完企業之職務。而不爲國民經濟全體之福明矣。公企業之所以常劣於私企業者。其最大之原因。蓋在於是。故公企業之性質。不宜於開創而宜於守成。（去年英國市政調查委員佐治氏之報告曾力持此說）現在英國諸市之公企業。其有一二能著成效者。則皆由買收私人之舊業。拱手而受其成者也。（如利智市及利物浦市之電燈是）德國之公企業成績。號稱最良。亦遵斯道也。日本政府雖自始卽以鐵道國有爲方針。（去年首相西園寺在議會演說曾爲此言）而初時必委諸私營。逮其事業之發達已進於水平線以上。然後乃舉而收之。則亦以是也。夫以鐵道電車電燈煤氣燈自來水等之獨占事業。其性質本宜於官辦。而不宜於私辦者。而官辦之不宜過驟也。猶且若是。而官辦之流弊百出也。猶且若是。乃若如彼報所主張。自共和新政府成立伊始。卽以國家爲大地主兼大資本家。蠶食私人企業之範圍。而不復望民間有大資本家出現。則人民之當盡企業職務者。既被束縛於國家而不得盡。而國家之公吏。又勢不能完企業家所必應盡之職務。是無異取全國之企業機關而窒塞之也。敗全國企業而窒塞之。而謂國民經濟猶能發達。吾未之前聞也。此彼報所持主義不能成立者三十一也。此以言其影響於經濟上之惡結果也。若自政治上論之。則以英國政體之良。然以公企業膨脹之故。猶助長公吏之專橫。馴致政界之腐敗。況中國現在人民教育程度遠不逮英。而新政府草擬之際。無論如何。而法律未能遽臻完密。一旦舉全國重要之生產事業。悉委諸官吏之手。則官吏之權力必更畸重人民無施監督之途而所謂民主專制之惡現象遂終不可得避則其危及政體之基礎當更有不可思議者矣此彼報所持主義不能成立者三十二也

且彼報所謂國家以大資本家之資格而經營者亦限於獨占事業而已而獨占事業不過占生產事業之一小部分耳若其他不帶獨占性質之事業在彼報所主張固未嘗不許私人之經營也然既許私人以經營則經營之自不得不需資本若如彼報言謂不必望民間有大資本豈謂惟獨占事業需大資本而非獨占事業則不需大資本耶若斯坦達之煤油若卡匿奇之鋼鐵經濟學者皆不以列諸獨占事業之中而其所需資本額之大以視鐵路電車電燈獨占事業寧多讓也若惟許國家有大資本而不許民間有大資本則是此等大事業終不能興辦也而於國民經濟全體果爲利爲害也夫惟有大資本然後能爲大企業亦惟有大企業斯能生大資本兩者又相爲循環焉使國家而不許人民從事於大企業則亦已耳夫既許之則民間之絕大資本家固不得不生今彼報不望國中絕大之資本家出現得毋欲詛私人之大企業家皆以失敗終耶而於國民經濟全體又果爲利爲害也夫循彼報之政策其結果勢必盡吸一國之游資於中央而無復餘裕以供給私人企業之需要則一國中無復大資本家出現誠哉然矣但不識彼時國民經濟之狀況其萎𢾆當何若耳此彼報所持主義不能成立者三十三也

附駁某報之中國已亡論

頃因與某報辯論社會革命之一問題故於種族革命之問題反不遑旁及抑亦以近日學界新出現之「中國

新報」於此問題已發揮盡致語語皆足助我張目而摧陷彼報之論據使不復能成立更無俟我之詞費也雖然尚有彼報之謬說爲「中國新報」所未及駁斥者故不可不更綴數言

吾黨認中國自有史以來未嘗亡國謂愛新覺羅氏之代朱氏乃易姓而非亡國其所根據之理論不一而滿洲人在明時實爲中國臣民則亦其一有力之論據也彼報知此論據之不可破乃紆回其說謂滿洲人未嘗取得中國國籍因以斷滿洲人非中國之臣民其言曰

辯滿洲人爲於中國有永續的服從之關係與否無他亦問其取得中國國籍與否而已而解答此問題一不可不據諸歷史（中略）則首當考者爲明代中國國籍之編制次當考者爲滿洲人於建州編籍之有無按明史食貨志太祖籍天下戶口置戶帖戶籍具書名歲居地籍上戶部帖給之民（中略）洪武十四年詔天下編賦役黃册（中略）册凡四一上戶部其三則布政司府縣各存一焉云云此明代國籍之編制也而滿洲人之於明代未嘗編入國籍此證之明史可無疑義蓋編籍時有帖給民滿洲人始終未嘗得此史籍可按也且滿洲人與我國言語文字皆不相同既不識漢字安得有給帖之事此其證一戶口無籍一上戶部而布政司府縣各存其一建州之地無布政司府縣又安得有編籍之事此其證二明史地理志凡州府皆言編戶若干惟衞不言戶口此其證三（下略）

噫此卽彼報記者所考定明代編制國籍之法耶此卽彼報認滿洲人爲非中國臣民之根據耶其闇於掌故抑亦甚矣彼所述明代科民之政非如近世各國之編國籍也其目的專以課賦役而已故謂之賦役黃册蓋明代租稅丁糧並重故編此黃册以防逃匿其在不抽丁稅之地則不編也明代行政機關有與今絕異之點蓋軍政

與民政參錯於境內。其民政則置十三布政使司。分領天下府州縣及羈縻諸司。而上隸於戶部。其軍政則置十五都指揮使司。分領衛所番漢諸軍。而邊境海疆復增置行都指揮使司。而上隸於京師之五軍都督府。以屬於兵部。兩者釐然各不相蒙。其十三布政使司所分轄者。則爲府百有四十。州百九十有三。縣千一百三十有八。又羈縻府十有九。羈縻州四十有七。羈縻縣六。其十五都指揮使及五行都指揮使司所分轄者。則爲衛四百九十有三。所二千五百九十有三。守禦千戶所三百十有五。又土官宣慰司十有一。宣撫司二十有二。招討司一。長官司百六十有九。蠻夷長官司五。此見於明史地理志者也。其布政使司所屬民籍。則以一百十戶爲一里。推丁糧多者十戶爲長。餘百戶爲甲。甲凡十人。此見於明史食貨志者也。其都指揮使司所屬兵籍。則五千六百人爲衛。千一百二十人爲千戶所。百十有二人爲百戶所。此見於明史兵志者也。由此觀之。則戶籍四冊。所以分藏於戶部布政司及府縣之故。從可見。而明史地理志凡州府皆言編戶。惟衛不言戶口之故。亦從可見矣。蓋府縣布政司戶部皆收租稅者也。故藏戶籍以便按圖索驥之用。衛所則軍籍也。別有都督府及兵部司之。故不著云爾。論者於明代官制一無所知。强指賦役冊爲國籍名簿。因地理志於衛所不言戶口。遂謂凡屬於衛之人民皆未取得國籍。豈知明代之衛。將及五百。腹地各行省無處無之。以明太祖發祥之地。而有鳳陽衛。滁州衛。泗州衛。邳州衛。皇陵衛等。若謂凡衛屬皆未取得國籍。豈鳳滁邳泗諸衛之人民。亦皆未嘗取得中國國籍耶。卽吾粵亦有廣州前後左右衛及南海衛等。彼報記者之遠祖。其屬於廣東布政使司治下之民籍耶。抑屬於廣州衛等之兵籍耶。蓋不可考。萬一屬於兵籍。豈彼報記者之祖。亦未嘗取得中國國籍耶。此其謬吾不待辨矣。夫中都留守司所屬鳳陽衛滁州衛等之人民。廣東都指揮使司所屬廣州衛南海衛等之人民。不問其曾入布政使司之編籍與否。而不得不謂爲中國臣民。然則遼東都指揮使司所屬建州衞之人民。亦不問其曾入布政使司之編籍與否。而不得不謂爲中國臣民事同一律有何疑難而彼報徒據一「衞」字以爲滿洲人未嘗取得中國國籍之鐵劵吾不得不驚其武斷也。

彼報又混羈縻州與衞爲一談。更可發大噱。其言曰。「羈縻州非領地。以其無戶籍故。」及問其何以知羈縻州之無戶籍。則曰「明史地理志凡州府皆言編戶若干。惟衞不言戶口。」又妄以己意釋其理由曰。「戶口不上於戶部者。無利其人民之心。未嘗以其土地之住民爲中國之人民。此羈縻州之情狀也。」是彼認「衞」爲卽羈縻州。而羈縻州之人民所以不爲中國臣民者。乃以衞之不編戶口推得之也。此其重紕貤繆直不可思議。夫衞之不編戶籍。其理由旣詳前論。然羈縻州與衞劃然爲二物。則又非可以同類而並論之者也。蓋衞隸於都指揮使司。而羈縻州隸於布政使司。明代布政使司所屬羈縻州四十有七。此明見於地理志者。羈縻州之編戶籍與否。史無明文。然府州縣旣皆編籍。則地理志所稱其布政使司所屬戶若干口若干者。或並其所屬之羈縻府州縣而合計之。亦未可知也。若夫都指揮使司所屬之衞所。則亦有普通衞所與羈縻衞所之分。然皆不編戶籍。其所以不編戶籍者。則以不課其丁糧之故。而非以不認其住民爲中國臣民之故。立法本意。較然可見也。故府州縣與衞所相對待者也。普通府州縣與普通衞所相對待者也。羈縻府州縣與羈縻衞所相對待者也。彼報記者於此制度。毫無所知。而妄以羈縻州與衞同視。不亦陋乎。建州衞之在明。其爲普通之衞。抑爲羈縻之衞。雖未能確指。（據湘潭楊氏所考證則建州衞確爲普通衞而非羈縻衞見中國新報第二號第三十二頁以下）然如彼報所說。徒以其爲衞之故。徒以其不編戶籍之故。而指其地之住民爲非中國臣民。此實不通之論也。

大抵國籍法之爲物。自國家觀念成立後而始發生。中國前此自以其國爲天下。故國家觀念不甚分明。隨而國籍之爲物。亦非所重視。今彼報必牽合附會以言明代國籍編制之法。實心勞日拙已耳。具體的國籍。既非可得實指矣。若夫抽象的國籍。則率數千年來相傳踐土食毛之義。凡生於王土者。卽爲王臣。建州衞既爲中國主權所及之領土。則建州衞之住民。卽當然爲中國之臣民。雖有蘇張之舌。而不能難者也。以中國臣民而篡中國前代君主之位。此歷史上所數見不鮮者。而亡國問題。安自發生耶。

彼報之所以答我難者。其最重要之點。卽在「滿洲人未嘗取得中國國籍」之一語。然其不應於事實。既已若是。故略一糾之。若此問題之根本的論據。則具詳本報前號及中國新報第二號第二十七葉以下第三號第七十九葉以下。

答某報第四號對於新民叢報之駁論

昨某報印派號外。發表與本報辨駁之綱領十二條。雖其詞意之牽强者甚多。然以爲彼既敢於强辯。則必能將本報重要之論點。難倒一二。殷殷然引領願聽。而不意見彼報第四號。乃使我大失望也。何也。彼文皆毛舉細故。或枝蔓於論點之外。而本報所以難彼說者。於根本上無一能解答也。本報論文最要之點。曰今日中國萬不能行共和立憲制。而所以下此斷案者。曰未有共和國民之資格。欲論共和國民之有無。則必先取「共和國民資格」之標準而確定之。然後按諸中國現象。視其與此標準相應或不相應。則其已有此資格與否。較然易見。共和國民之資格不一端。或非吾之學所能悉知。或非吾之文所能悉舉。然吾櫽括言之。吾所認爲最重要者。則曰

「有能行議院政治之能力者。斯有可以爲共和國民之資格。」此吾所命之標準也。論者如欲難吾說也。則於吾所命之標準。或承認。或不承認。不可不先置一言。若肯承認之。則還按諸中國現象。指出其已與此標準相應之確據。夫如是斯吾之說破。若不肯承認之。則說明吾所命標準不正確之理由。夫如是斯吾之說亦破。若更能別命一標準曰「如此如此則可謂已有共和國民之資格者也。而中國現象實已如此如此者也。」夫如是斯吾之說益破。不幸而論者所以相難者不爾爾。於吾所謂「凡國民有可以行議院政治之能力者皆其有可以爲共和國民之資格者也」之一前提。避而弗擊。吾讀其文至再三。其果承認此前提與否。渺不可見。而惟悍然下一斷案曰『吾之意以爲中國國民必能有爲共和國民之資格者也。』（能爲與已能爲自有別下方別論之）推其意似不承認吾之此前提者也。而不能說明所以不承認之理由。噫吾知之矣。論者殆極不欲承認。而無奈苦思力索。不得所以不承認之方法也。彼言中國國民有能爲共和國民之資格。而於共和資格之概念及要件。不能指出。噫吾知之矣。論者殆極欲指出而無奈於吾所指者之外。欲別指而不知所指也。於是不得不支離焉遁而之他。毛舉一二小節。以混耳目。冀人之徒讀駁論不讀原文者。謂原文之所論。不過爾爾。而彼之欺遂得售。而不思天下之目。固非一手所得掩盡也。欲相辨難而用此等手段。本無復受反駁之價值。但鄙人固嘗宣言有賜教者。深願更相攻錯。今得彼文亦所謂見似人者而喜。故略一解答之。

論者於吾所命「凡國民有可以行議院政治之能力者。卽其有可以爲共和國民之資格者也」之一前提。自言對之爲駁論。乃讀至終篇。不得其駁論之語。而惟曰『先問論者所下議院政治之解釋果正當乎。』云云。夫吾所下議院政治之解釋。謂事實上總攬統治權者在議會也。觀本報第三號第三十一三十二葉。其文意甚明。

吾見論者言吾之解釋不正當。方欲急就敎以聞其不正當之理由。不意讀至終篇。亦無一言。而惟摭拾篇中「美國變爲議會專制」一語。謂吾將政法論與法理論併爲一談。嘻。論者殆未讀吾全文耶。吾固明言『美則憲法上不許爲議院政治。而事實上固已爲議院政治。』（第三號第三十三頁）吾混言耶。毋亦論者強命吾爲混言以入人罪也。在野蠻時代爲獄吏。則此等手段可施矣。而烏可以入辨林。夫以吾之先就法理方面立論。後就政治方面立論。而遽謂其併爲一談也。則吾草此文。並未嘗與讀者約。謂吾專言法理學。或專言政治學也。吾所以先述美國國法之大概。次言其政治之趨勢者。正以其國法所規定者如彼。而今者政治現象。已大反於其國法之精神。凡以證明共和政體與議院政治相屬而不可離也。論者若能就政治方面。而證明今日美國爲非議院政治。則吾願聞。若就法理方面而斷斷然辨美國爲非民權專制政體。則誰謂美國之國法爲民權專制者。論者謂我無敵而放矢。彼自當之矣。論者謂吾之評議院政治。不外抄襲穗積氏說。夫以吾學力之綿薄。豈能多自有所創見。其常用他人之說。不必自諱也。雖然。謂「不外抄襲」。則穗積原文與吾原文具在。可覆按矣。且即使果全屬抄襲也。亦問其說之完否。不能以抄襲之故。遂一概抹煞也。吾之原文。以美法瑞士三國政治現象爲證。而斷言必有能行議院政治能力者。乃有可以爲共和國民之資格。論者果承認吾說。而謂必有此能力。乃有此資格耶。抑反對吾說。謂不必有此能力而已有此資格耶。盍一明言之。以發吾蒙。蓋既與我辨。則於吾所置前提。或可或否。不可不擇其一。今取其最重要之點。囫圇瞞過。則是非與我辨也。其命題無取夫「駁新民叢報」云云也。

吾原文之解釋此前提。先就美法瑞士之國法比較之。次述美法兩國政治趨勢。以證明共和政體所以必歸於議院政治之理由。而論者於吾所言法國政治之現象。避而不論。而惟論美國。論美國又於吾之全段皆置之。而

惟摘取一語似此而欲使吾心折豈不難哉

吾謂今日中國國民未有可以爲共和國民之資格論者一則曰「中國國民必能有爲共和國民之資格者也」再則曰「我國民必能有民權立憲之能力者也」其所謂必能有者屬現在乎屬將來乎若屬將來則近的將來乎抑遠的將來乎其文意不明瞭惟其文有云『論者之意以爲中國國民必不能有爲共和國民之資格者也』此又故入人罪以冀挑撥讀者之惡感情不可不察也吾原文具在讀者試終篇曾有此語意否耶吾文屢言夫抽象的「今日中國國民」與具體的「今日中國國民」其不能混爲一談明矣吾文謂今日我國民不能有此資格吾文中之意謂在近的將來我國民不能有此資格凡此皆就抽象的立論也若具體的言中國國民則吾曷嘗謂其必不能有此資格豈惟未嘗言其必不能而且言其必能也吾之前言具在可覆按也吾固明言曰『既名之爲人類自有人類之普通性既有其普通性則必可以相學而能相肖豈惟吾國民能爲共和凡屬圓顱方趾者未有不能爲共和者也』（第三號第四十頁）而論者所以駁我之言一則曰『人類之所以靈於動物者以其有模倣性也』再則曰『苟其適合於人類之普通性則將一鍥而不能舍』三則曰『共通之法理不以國爲域』其全篇立論大率類是讀者試兩校之彼之此語與吾之前語有以異乎直用人之所主張者以駁人之所主張者此眞千古所未聞也吾之意以爲凡人類皆有可爲共和國民之資格可有民權立憲之能力非獨中國而現在已有之與否則以演進之淺深爲斷若今日中國國民則吾信其未有者也論者欲駁吾說而刪去今日二字則又非與我辨矣論者如欲難吾說以自申其說則請於今日已有今日未有兩者擇取其一以立論不然是又無敵而放矢也

夫論者雖未明言今日已有或今日未有。然推其全文之意。則不敢武斷爲今日已有明矣。故彼與我之爭點。實不在現在而在將來。我所主張者。則謂在遠的將來。彼所主張者。則謂在近的將來也。吾之說。謂共和資格必非可以一二十年之力養成之。且尤非可於內亂倥偬時養成之。（見第三號第二十三四五頁及四十四十一頁）而論者未嘗一致駁。且於吾所謂內亂時代不適於養成共和之義。諱而不言。何其規避若是。請還讀原文之第二十三四五等葉。窮思極索。而更有所以相難也。夫吾之持論。謂一二十年內。我國民萬不能遽養成共和資格。未養成而遽行之。必足召亡。若待數十年後養成焉。而始爲用。是猶待西江之水以救涸鮒。所希望未遂。而中國之亡固已久矣。卽所謂數十年後養成者。其養成之也。亦必在開明專制時代或君主立憲時代。若非在此時代。則非惟數十年不能。卽數百年亦不能也。此吾說之梗概也。

夫吾所以敢於立「今日中國國民未有能爲共和國民資格」之一前提者。吾所謂共和國民資格。吾先示其標準也。若論者承認吾所示之標準與否。殊不明瞭。而又未嘗自示一標準。此如甲乙相爭。甲曰此物有機體也。乙曰。此物非有機體也。而有機體之概念。尚未論定。則是非何從判。雖辨論累萬言。皆無意識焉耳。故吾謂論者如欲與吾辨此問題。必須先承認吾所示之標準。乃可。否則自示一標準。待吾承認之後乃可。而不幸論者之文。於此點全付闕如也。吾乃極力搜索之於彼文。見有曰『夫我國民既有此自由平等博愛之精神。而民權立憲。則本乎此精神之制度也』。又曰『我國民於公法之基礎觀念未嘗缺也』。又曰『此足以證我國民之有國家觀念也』。然則彼所謂共和國民之資格。殆卽以自由平等博愛公法觀念國家觀念等爲標準也。夫彼謂我國民既有此等等。吾固不能爲絕對的承認。然比較的可以承認。然如彼說。謂有此等等。而遂可命之爲共和國民之資格乎。此似是而非之言也。法國者自由平等博愛論之大本營也。論者卽極諛我民。謂其富於自由平等博愛之精神。恐亦無以踰十八世紀之法國。而十八世紀之法國國民。卽吾所認爲無共和資格者也。卽今日之法國國民。吾猶認爲無共和資格者也。吾所根據之理由具見前論。論者何不一駁之。論者而認法國國民爲共和資格之標準也。謂我國革命後所建設之共和政治能如法國大革命後之共和政治而已足也。則吾敢斷言曰。論者殆日以詛中國速亡爲事者也。而不然者。則微論我國今日此等精神萎弱已甚。卽使極發達。而斷不能遂據此以爲有共和資格之證也。若夫所謂公法觀念國家觀念。則國之所以立耳。若並此而無之。則將僅爲社會的結集。而不能形成國家。雖然。不能謂有此等觀念。卽有共和資格也。泰西歷史上國家何國之民不有此等觀念。而何以優美之共和政體至十八世紀而始實現也。卽今世國家亦何國之民不有此等觀念。而何以除美國瑞士外。不聞更有可爲模範之共和國也。彼法國及中美南美諸國。於此等觀念論者寧能謂其無之。而謂其有共和資格。雖論者或强詞承認。恐不能言之成理也。蓋公法觀念自國家初成立時。而卽有之。善固法。惡亦不可爲非法。此觀念之有無。不足爲國民程度之試驗器甚明。國家觀念之强弱。則全視乎國家外部之相接厲者如何。列國對立。則此觀念自强。此觀念之强。其於促內部整理之進步固大有影響。然不能謂有此觀念。而整理內部之術。遂臻圓滿也。以上所述。吾繹論者之文意。而假定彼所舉三言爲彼所示共和資格之標準。而此標準則吾絕對的不肯承認者也。論者若曰此非吾所示之標準也。則吾願別聞之。

論者又摭拾吾原文論革命後建設共和政治之困難一段。而復誚我爲不知國法學與政治學之區別。其言曰。

『夫既爲立法論矣。乃以政治上之觀察判斷之。是混法理論與事實爲一談也。』噫。異哉言。立法論者乃不許從政治上觀察判斷微論者吾安得聞此前古未聞之奇論也夫立法之政策原屬政治學部門蓋立法之學與成法之學異爲立法論者未有不合法理政治兩方面研究者也豈惟政治凡屬社會現象（如經濟現象等）皆其研究之範圍矣如論者言則不知國法學政治學之區別者豈惟鄙人凡各國古今之立法家皆然矣如論者言則立法者不過一鈔胥之業取外國法搬字過紙而已足苟有他及者遂不免如論者所謂非馬非驢之類矣吾爲中國前途共和憲法着想見其若立甲種之共和憲法則政治趨勢不勝其敝也若彼若立乙種之共和憲法則政治趨勢不勝其敝也又若此而因以斷言共和憲法之不適用於我國今日而爲我國立法家所不可採此正言立法者所最當論及且不可不論及者也若夫語具體的共和憲法之性質若何則屬於純粹法理論而非政治學部門中之立法論矣論者謂吾不知二者之區別其果誰知之而誰不知之耶論者一篇之中頻以此語相誚然由前段所辨之說觀之則吾並無此言而論者强代吾言以故入吾罪就此段所辨之說觀之則論者與吾之說孰得孰失稍治政法學者當能爲公正的批評也

夫此皆屬枝蔓之論不過因論者無理之挑撥不得不應敵耳顧本論之要點則吾謂中國今日無論採何種之共和立憲制而皆不能善其後吾所根據者皆有絕大之理由論者欲難吾說而不能取吾所舉之理由破之而惟漫然下一斷案曰『夫中國卽使模倣美國憲制三權分立而以議會爲總攬機關固亦能舉行民權政治之實』彼之所以答吾說者僅此卅五字而於所以能舉行此實之理由無一語之證明是足成爲辨論之文矣乎夫既云以議會爲總攬機關是卽瑞士制法國制所演出之議院政治也是論者於吾前者議院政治之說不承認而承認也如是則於吾之第二前提所謂「今日中國國民未有能行議院政治之能力者」或承認或不承

認。二者不可不擇一。而論者又避而不擊。舍此三十五字外。不能復著一字。則又何也。吾則謂中國今日若以議會爲總攬機關必不能舉行民權政治之實。吾最强之論據。則曰必政黨發達圓滿。然後議會可以爲總攬機關而無弊。所謂政黨發達圓滿者。則以小野塚氏所舉七條件第三號第三十四頁爲標準。而中國現時之程度。吾認爲與此七條件不相應者也。論者如欲難吾說。則當曰以議會爲總攬機關之國。無須有完全發達之政黨。否則曰政黨不必如小野塚氏所舉七條件。而亦得稱爲完全。否則曰中國現時程度。旣已具備此七條件而無遺。此三說者。苟論者能有一說證明其理由。則吾之說立破。而不然者。無取復曉曉爲也。

論者言模倣美國憲制。論者亦曾知美國憲制由來之歷史乎。當一千六百二十年。英國淸敎徒中之康格黎基純派四十一人或言六十一人去其母國而西渡。以適新大陸之馬沙諸些省。於航海船中。卽共結所謂移住契約 Plantation Covenants 者。同舟人悉署名。然後登岸。此契約之目的。在相約爲政治上之團結。保其善良之秩序。據之以作法律。選官吏。宣誓各各服從之。蓋此契約實帶憲法的性質。故學者或認之爲成文憲法之嚆矢云。其後來者日衆。而每加入一員。必使之向此契約而宣誓服從。由此觀之。盎格魯撒遜人之初殖於美國。實取盧梭所謂民約建國說而實行之。其共和憲制導源之遠若是。而彼最初所以能實行者。其第一條件。由盎格魯撒遜人種固有自治之特性。第二條件。由淸敎徒高尙純潔之宗敎觀念。第三條件。由僅有極少數之團體員。第四條件。由利害關係同一而無衝突。此四條件一不具。則其能達此目的與否。焉未可知也。夫以極少數之素能自治而有純潔之宗敎觀念且利害關係同一之人。共居一地。而爲政治生活。夫是以能益發達其美性。而自治之習慣。愈純粹而堅牢。美國共和憲制之源泉。皆自茲出。迨一六三八年。其中一部分人由馬沙諸些更移殖於康尼狄克復發布所謂 Fundamental Orders of Connections 者。其所定政治之組織益詳細。已確然成一憲法之形一八七二年出版之北美合衆國及各州之憲法集載其全文此後多數之殖民地。皆從英王得特許狀。Charters 其特許狀。凡皆規定該殖民地之政治組織行政組織。而大率由殖民所自決定。而已實行者。國王從而承認之耳。如一六六二年查理士第二所給與康尼狄克殖民之特許狀。實全以彼公定之移住契約（卽 Fundamental Ord rs）爲基礎。是其明證也。迨獨立戰爭時代。而彼十三省者。固皆已莫不有此等特許狀。其久者已行至百餘年。近者亦數十歲。故一經脫母國而成聯邦。採集各省固有之憲法（卽移住契約及特許狀）斟酌而損益之。一轉移間耳。而中央政府干涉之程度。又極微弱。凡百殆皆悉仍其舊。參觀本報第四號第二十五頁故利害之衝突。無自而生。然後所謂合衆國憲法者。始得適用以迄今日。夫當未有合衆國憲法以前。其久行共和立憲制。能舉自治之實。且富於政治上之經驗。既若彼矣。及合衆國憲法既發布以後。而母國最善良之政治習慣。卽所謂兩大政黨之習慣者。復發生於其地。且其組織政黨之術。視母國尤完整。至今有稱美國政黨爲第二之政府者。蓋英國時或有有力之第三黨偶爾出現。如前世紀末之愛爾蘭自治黨及現今之社會黨而美國則幾舍利巴披力根丹們奇勒兩黨外。更無復他小黨出沒之餘地。又其一國政治上事業。中央政府與各省政府中分之。故其人之競爭權於中央也不甚烈。以此等種種理由。故能行共和政治而獲今日之盛强。而此等種種理由。必非可漫然模倣之。尤非可以短期之歲月模倣之。章章明甚矣。彼西班牙舊屬之中美南美諸殖民地。固皆革命後而模倣美國之共和憲制者也。而其結果何如矣。蓋其歷史舍人民與軍隊之爭鬭外。無他可紀。就中如玻利非亞。自發布共和憲法以來。凡易大統領十四度。而十四人之大統領中。得善終者僅一人。餘十三人則慘殺者九。而流之以終者四也。自餘他國。大概類是。吾固不敢謂我國民之程度。必如中美南美諸國。顧吾不幸而偏求我國民程度與北美合衆國相同之點。而不可得。吾又不幸。而偏求北美合衆國憲法發布以前之諸條件。於我國中欲舉其一二類似者。而不可得也。吾是以不敢謂模倣美國憲制。而遂能舉民權之實也。論者既主張此說。則何不將其理由指出一二以間執我口耶。嗚呼。論者最崇拜筧克彥氏。顧以吾間接聞諸筧氏之說。謂『英之憲法自然發達者也。至於美。則其憲法由人爲矣。而彼乃以發達圓滿之人民組織爲國。而制爲憲法。皆不能學者也。』（國法學講義第一編第三章第一節）然則謂美之不能學。非余一人私言也。論者能難波侖哈克。盍一更難筧克彥也。

抑論者又言『立憲各國各具其特有之精神。又各具共通之精神。所謂特有之精神。如英人對於巴力門之觀念。日本人對於萬世一系天皇之觀念。皆其歷史上所遺傳之特別原因結果也。所謂共通之精神。如國家對於人民有權利義務。人民對於國家亦有權利義務。其國權之發動。非專注於惟一之機關。而人民有公法上之人格。有私法上之人格。凡此皆我國民所同具者也。我國民而爲民權立憲也。固亦有特殊之精神。不必强學英法美也。非唯不能學。抑且不必學也。至其共通之精神。則立憲國所皆有者。而證諸歷史。我國民固亦有之。』（下略）（以下皆言我國固有立憲共通之精神。文繁不具引。參觀附錄原文）吾讀此語至數四。而不解其所謂。夫國民之有立憲的共通精神。此何勞論者與我嘵嘵耶。立憲二字。豈論者所能專有耶。吾固持君主立憲主義者。使吾不認有立憲的共通精神。吾安敢爲此主張耶。論者絮絮數百言。毋亦又放無敵之矢而已。顧所最奇者。則於此一大段中忽插入「我國爲民權立憲固亦有特殊精神」二語。吾方欲急聞其所謂特殊精神者何在。不料讀至終篇。無一語之證明。而所舉者。仍爲共通精神。乃云『我國民較諸英法美。非有與無之區別。乃精與粗之區別。自無而有難。自粗而精易。』

吾以爲此言實足以佐我說之成立。而不足以佐彼說之成立也。蓋立憲共通精神。今日中國與彼所異者。精粗之問題也。即論者所謂程度問題也。共和特殊精神。今日中國與彼所異者。（今日二字勿忽）有無之問題也。即論者所謂性質問題也。吾之所以解釋者如是。論者又何以教我耶。

所尤奇者。前文方言『模倣美國憲制。以議會爲總攬機關』。而此文又言『不必强學英法美。非唯不能學。抑且不必學』。鄙人本不知中國文法。（此論者評我之語）不識「學」字與「模倣」字其訓詁有何區別。不能學而能模倣。此種妙文。眞費人索解也。論者謂『文成於一人之手。而自相矛盾。斯乃可譏』。其何以自解於此文耶。吾此詰問。非襲論者之故智毛舉細故也。蓋此所關者乃問題之主點。要之論者之意。謂我國若行共和憲制。宜學美國耶。宜不學美國耶。吾亦欲取論者之語以還贈彼曰『吾將列舉論者自相挑戰之點。使自定一勝著。吾乃對於其勝著而下駁論』。

夫吾謂我國民今日未有能爲共和國民之資格。箴我國民也。彼謂我國民今日已有共和國民之資格。諛我國民也。樂聞諛言而惡聞箴言。人之情也。彼有覺於是。遂有其卑劣手段。角理不勝。乃轉而挑撥人之惡感。故其所布綱領十二條曰『新民叢報以國民爲惡劣』。其意蓋爲新民叢報侮辱國民。惟我爲能崇敬國民也。夫吾固自信非敢侮辱國民者。但吾言固批國民之逆鱗。知非國民所樂聞也。雖然。古哲不云乎。苦言藥也。甘言疾也。願我國民自審其病理之若何。則藥與疾二者之間。必知所擇矣。

以上皆本報第三號論文最重要之點也。（彼報自言所駁者在第三號。故其於第四號不能相駁者暫勿問之）讀者試以我原論與彼駁論兩兩相校。觀彼所駁者曾有一語中肯綮否也。

彼之駁我分爲兩大段。謂我第二之論據曰。雖革命不能得共和也。謂我第一之論據曰。約法不足恃也。讀者試全繹吾文則知吾於其間自有輕重主助之別。吾文標題爲今日中國萬不能行共和立憲之理由。今日不能行共和立憲。革命後愈益不能行共和立憲。是吾文之唯一之論據也。而因彼有革命時約法之說。故並破之。實此論據之附屬論據也。彼苟不能將吾原本論據解駁。則雖能解駁附屬論據。而其說固已不能自完。故吾原文曰。『吾對於論者之說。固已連讓十餘步。乃達此最後之結論。使前所讓者。有一非如論者言。則不必達於最後之一問題。而論者之說固既可以拉雜摧燒之。卽使前所讓者。皆如論者言。苟不能解此最後之一問題。則論者之說猶當拉雜摧燒之也。』今論者於此最後一問題。支離躱閃。而要害處全不能解駁。既已若此。然則前此諸附屬問題雖一一能解駁。而其說之不立如故也。而況乎其並此而不能也。論者謂吾之詰難約法。非能就約法之本體。一一指其利害得失。而因以我之所設種種假定爲不能於根本上着想。以我之連連讓步爲進退失據。嘻。異矣。吾之連連讓步。非吾之不能不讓也。因吾文前半所列之諸問題。本屬假定。使吾所置假定。而爲正確。則吾此一段之說立。使吾所置假定。而不正確。則吾此一段之說不立。夫假定之正確不正確。其徵驗在將來。吾與論者皆不能下武斷。使吾必堅主張吾之所假定。則殊不足以服論者之心。吾故如其意謂雖取消吾之假定亦可也。於是乎有讓步。必吾對於論者忠厚之意也。若語於實際。則雖假定之正確不正確。無從斷言。而我說正確之程度。此較的强於彼說。甚章章也。然卽使吾所置假定有一不正確者。則亦此一段之說不成立耳。卽使吾所置假定悉不正確者。則亦前半之說悉不成立耳。然吾之說固非除假定問題外別無成立之理由。吾說最重之根據。則一曰未有共和資格之國民。不能行共和立憲。二曰。今日中國國民實未有共和資格。三曰。共和資格非可以短期之歲月養成。四曰革命軍倥偬騷擾時代。必不適於養成共和資格。此四者。皆非憑假定以立論。而事實上有必至之符者也。吾雖全掃假定說。而吾說之得成立也猶若是。是得爲進退失據矣乎。而論者於吾之此重要論據。無一焉能爲正當之答辯。而徒毛擧細故。吾誠不知其進退何據也。且論者謂「吾詰難約法。非能就約法之本體指其得失。以是誚我爲不能於根本上着想」。夫論者所謂約法之法文今尙未發表。吾何從就其本體而下評騭。但吾據彼報所標之六大主義。有所謂建設共和政府者。有所謂土地國有者。則其約法之條件雖不可知。而其約法之精神。大約可以推定。吾因以極言共和立憲主義之約法萬不可行。復順言土地國有主義之約法萬不可行。此正吾從根本上着想。而予論者以最難之返答也。而論者乃謂我「爲此假定以僥倖其或然。何蒙稚若是」。論者試細讀吾文。其果舍假定外無立足之餘地耶。抑吾何嘗僥倖其或然耶。吾固已如論者之意。一一取消我之假定。如剝春筍。已達於最後之決定矣。吾文具在。而論者乃反責以僥倖。何相誣之甚也。

彼論言約法之能行。根於國民心理。而引「合成意力說」以爲之證。此殆彼最得意之點也。彼每以知學派知家法自詡。而其所主張之合成意力說。不外本於日本之筧克彥博士。故非引筧氏之說。不足以破之。今請以論者所言與筧氏所言相比較。筧氏曰『所謂合成者。非要約之合成。而心理之合成也』（國法學講義第一編第二章第一節第一款）筧氏說所以異於前此之契約說者。以此。論者解合成意力而以約法。是先與筧氏說相戾也。欲言法必合實質方面與作用方面觀之。然後法之觀念始完。故筧氏既言合成意力。而重以一言曰『必須有外部的組織』。且擧其例云『如在校聽講。各有求靜之心。然此雖與同校中人心理相合。而心理尙在內部。不得卽謂爲法。何也。設校中人有妨礙靜謐者。同校莫得而强制之時。謂無法。蓋法者全恃外部的組織也。如校中有校長舍監。而同梭中人皆尊敬之恐怖之。而後梭中秩序自無紊亂。此之謂法。』然則如筧氏之說法也者。必藉强制執行力爲後援。而非僅如論者所謂欲問個人肯服從此法與否。當先問此法是否由個人心理所表現云云也。蓋筧氏採盧梭之總意說。而以霍布氏之權力說附之。論者所言則採其半而遺其半也。蓋苟無外部組織無强制執行。則各個人之意力無從合成。縱偶合成亦歸幻散。故以秦漢間之挾書律明太祖之大誥。雖殘酷無人理。而不得謂之非法。蓋其法文中所規定之條件。果爲個人心理中所表現與否不可知。然心理所含者不一端。如恐怖心亦其一也。專抽象的利用其恐怖心。而以外部組織厲行之。則亦得命爲規律的合成意力。反是而如康德所倡之永世太平論。（弭兵論）瑞士及海牙之萬國平和會英國之仲裁裁判協會法皇拿破侖第三及俄今皇所倡平和會議。凡此皆世人所極表同情者。而不得謂之法。雖以前世紀世界二十六國在海牙所結之仲裁條約。猶不得謂之法。蓋其約雖或爲「有人格的國家」之心理所表現。而無立乎此諸人格之外部者。以組織而强制之受裁判者。若不服從。則仍出於戰爭。蓋國際無强制力使然也。吾初聞論者約法之說。以爲彼之法字不當作法律解。故未與辨析。及此今論者既引筧氏合成意力說。則所言者必爲國法無疑。國法而以約爲作用。是先已與法之性質大相反。蓋約也者。得以自由意志結之。亦得以自由意志解之者也。人不願與我約。將若之何。約矣而旋解棄之。又將若之何。論者如曰吾所約之法甚善。而中於人心。民必願就我約。且約矣而必不背。是則又事實論。非法理論也。彼報第二號述某氏約法之說。從事實方面立言。吾故亦從事實方面難之。既不能答辯。則一轉而遁入法理論。指其所謂約法者與國法爲同一之意義。吾請以簡單之語質之曰。國法者事實上國家之意力也。超然於各分子之上。而國家固有獨立之意力也。（日本法政新誌第十卷第四號第三五頁筧克彥著『論國家之性質』）公等革命發難伊始。

此國家固有獨立之意力從何而來恃約法而意力始發生是約也者其母也而法也者其母所生之子也無約斯無法矣而論者乃曰『使國民而背約法則軍政府可以强制』夫約也者本私法上之名辭非公法上之名詞既彼此立於平等之地位以互結契約則本無可以行强制之道而私法上相約者之一方或不履行所約之義務而他方有可以强迫使履行之權利者則以其權利由法律所規定而法律則有國家之權力在其後也故强制之權利實自國家來也使權利未經國家法律規定以前甲乙兩人以社會的分子之資格而共結一約一旦乙不履行所約之義務而甲欲强制之其道何由則惟訴於武力以決勝負耳卽舍決鬬外無從解決也此如兩國互結條約一國背約而他國欲强制之舍戰爭外無從解決也軍政府既與國民約法不過如社會上個人與個人之契約耳否則國際上國與國之條約耳而云國民背約則軍政府可以强制試問可以强制之權利從何而來故吾以爲若就法理方面立論則軍政府既與人民約法苟一方有背約者則惟以膂力爲最後之裁判耳何也此國際法上之法理而非國法上之法理也必中央政府確立外部組織已完然後有國法之可言乃如論者之說謂定甲縣則與約法定乙縣又與約法以此而冒筧氏之規律合成意力說吾不期以法學家自命者乃如是也夫筧氏說本合盧霍於一爐而冶之如論者說已採盧而遺霍然筧之評盧說也謂其國民總意說爲相乘的而非相加的如論者言甲縣又與乙縣約馴至十八省相約則正相加的也並盧氏之說而悖之也論者所以笑人者曰非驢非馬之奇觀論者自當之矣夫苟專就事實上立論曰吾軍政府有莫大之威力能使人民恐怖吾利用其恐怖心無論制何種法律皆得以無限之權行之由此恐怖意力之合成遂產國法如此則與筧氏說不繆矣而貴頭領約法之大義則拉雜摧燒之矣

然則論者卽取消約法說。而易其詞曰。吾軍政府審國民心理之趨嚮。採其所表現者。而制爲法。以軍政府之權力使其服從。此其說足以自完乎。曰是未定之問題也。箟氏又曰『輿論非法也。輿論爲多數人類合成之意見。非社會心理之合成意力。意力與意見不同。若辨別不明。必有誤認意見而制爲國法。欲其合於社會一般之心理難矣。』（同上）此以言夫眞正之國民心理。（箟氏多言社會心理而論者稱國民心理今用論者之名稱）不易見。而立法者之不可以冒昧也。吾謂凡國民心理之能形成爲規律的合成意力者。必須其眞正而成熟者也。何謂眞正。何謂成熟。凡國民心理。必須其爲自由發動者。若一時刺激於感情。不可謂眞。如法蘭西大革命時代之狂醉於共和。其心理不可謂眞。於何見之。於其共和政府成立後僅八年。而復狂醉於帝政見之。不眞。隨而不成熟。蓋沈醉共和固非眞。沈醉帝政亦非眞。何也。皆不成熟也。故其憲法發布後不及百年。變更已累十次。（（一）一七九一年九月三日之憲法（二）一七九三年六月廿四日之憲法（三）一七九五年之憲法（四）一七九二年之執政官政府憲法（五）同年之帝政憲法（六）一八一四年六月四日之憲法（七）一八三〇年八月四日之憲法（八）一八四八年十一月四日之憲法（九）一八五二年一月十四日之第二次帝政憲法（十）一八七〇年五月二十一日之憲法（十一）一八七五年之憲法）夫憲法者。一國之根本法。而合成意力之發表於具體的者也。而動搖若此。使一國投於戰亂渦中。而日以萎悴。（法國當十七八世紀爲全歐第一雄國及十九世紀惟拿破崙時代有曇花一現之光榮後此遂日卽於弱今殆已失第一等國之位置數月前摩洛哥問題談判將破裂德國報紙嘲之曰法人欲與我德戰乎請先復帝政乃議戰爭之準備可耳）皆由所認爲國民意力者。非眞意力。卽偶爾發動。而亦未成熟。而彼少數主動者。自以其主觀的意見。而指爲全體國民之合成意力。或以直接間接手段。煽動脅迫國民。偶得多數。而指爲全體國民之合成意力。而因據之以立法。而不知此意見也。非意力也。卽爲意力亦其不眞且不成熟者也。故不移時而復有他主動者。亦用此術。而自以其意見立法。或據別方面之不眞且不成熟的意力以立法。夫是以法雖迭更。而累偏畸以偏畸。終無一焉實爲國民合成意力者。而法不勝其敝也。

而論者曰．『約法者．革命之際．應於國民心理之必要而發生者也．』就令將約字刪去．而所謂法者．吾恐其爲論者一人之意見．而非筧氏所謂合成意力也．雖然．一人或多數人之意見．固不能徑指爲國民合成意力．而一人或多數人之意見．有時亦能與國民意力相脗合．然則其法果爲應於國民心理之必要而發生與否．必當視其法之性質爲何如．論者將來所約之法．今未嘗發表一字．於此而欲論其爲應於國民心理之必要與否．實不成問題也．而吾敢斷言彼將來所約之法．決非應於國民心理者．以吾雖未見其法．而據彼所標主義．有共和憲制土地國有諸條．吾因以推定其法之性質．亦當如是．而吾確信含此種性質之法．決與今日我國民心理不相應．不過彼一私人之意見．而不得以冒合成意力之名也．此還可以筧氏之說正之．筧氏論學．最重「第一事實」第一事實者謂天下事實有果必有因由果推因因復有因推而上之至於無窮終必有所謂最高原因者而此最高原因則非吾人之智識所能及也故只得以最高原因之下一級以爲斷而已最高原因之下一級即第二原因也而亦即第一果也故謂之第一事實而謂『國家之第一事實．即歷史也．故國是之或保存或改良．不能不以歷史爲根據．』同講義第一編第一章第四節第二款第一項而吾國之歷史何如．論者歷舉吾國歷史上革命之心理．參觀附錄原文而謂使我國民長葆此心理．則約法誠可廢棄．是彼明認歷史上心理不足以行彼之約法矣．及觀其所以自解者．則曰『國民之心理．有變遷者也．疇昔吾國民有國民思想矣．然專制之毒．足以摧抑之．有民族思想矣．然君臣之義．足以剗滅之．今欲使國民心理發達變遷．則當葆其固有者．而去其沮遏者．』彼所謂疇昔有國民思想民族思想者．彼未嘗引事實以證明之．吾不能斷言其確否．即使確矣．而既已爲專制之毒所摧抑．爲君臣之義所剗滅．則被摧抑被剗滅者．今日之事實也．夫國民心理之不能無變遷．不待言也．政治家常當導國民心理使變遷而進化．不待言也．而其變遷．無論爲自動爲他動．而要不可不假以若干之歲月．吾所以謂吾國民在遠的將來有能爲共和國民之資格者。以其心理之能變遷也。吾所以謂吾國民在今日或近的將來未有能爲共和國民之資格者。以其心理變遷之不能速也。筧氏又曰『先知先覺以其心理造成社會心理。使發達於一定程度而制爲至善之國法。非不可幾及。雖然由國家自爲之則可。以外國之心理爲標準則不可』（同講義結論）論者殆以先知先覺自命。而謂此種心理吾能造之也。（實則他人之汲汲焉思造此種心理也已在十餘年之前論者不過其被造之一人耳當他人造此心理時論者方咿唔於八股未可知也他人之心理或已幾經變遷進化而論者摭拾其棄置之唾餘嚣然以先知先覺自命不亦重可哀也耶）而由造以迄於成所需之歲月幾何。筧氏未嘗明言。（此不能明言者也蓋緣各國之程度而千差萬別也）然其言曰『法國大革命時。以人民發達未及程度之故卒無成效』又曰『或謂俄敗於日亦將立憲。不知俄之人民程度比之法國當時。猶未及也』（同講義第一編第三章第一節）夫以法之先知先覺造此思想在十七八世紀之交。俄之先知先覺造此思想在十九世紀初期。乃經百年之久。而筧氏猶謂其程度之未及。然則欲造成之。必非如論者所戴首領謂如改惡汽車爲良汽車之易易明矣。而論者乃謂『革命之時日不必甚長。一方扶義。萬里響應。而約法即應於其時國民之心理而發生』信如是也。則筧氏之所以論俄法者。其皆譫語矣。嘻爲此論者。苟如魯賓孫之在荒島。無第二人與之交語。自言之而自聽焉斯可耳。而不謂以先知先覺自命者。其覺民之言乃如是也。

復次論者謂『使民族主義國民主義而普遍於國民之心理也。則共和約法。乃應於其必要而生者也。』（原文無共和二字然吾推定其約法必爲共和約法故僭下此二字以供行文之便當爲論者所樂承認也）其所謂民族主義國民主義者。吾不知其所下定義如何。以簡單的推定之。則民族主義謂排異族。國民主義謂排專制也。誠如是也。則吾謂民族主義普遍與否。與共和絕無因果之關係。如明太祖洪秀全。論者所崇拜爲民族主義之偉人也。（吾則不許之彼等皆一邱貉之民賊耳其動機豈在爲一族爭氣耶爲一人謀利益耳）

而其已然之事實與共和立於正反對之地位也既若彼矣論者亦知之乃曰『卽使民族主義昌明而國民主義尚未入於人心則猶將知忠君而不知愛國』夫愛國心者國家之成立維持所最必要者也僅明民族主義而猶不知愛國則民族主義非徒與共和無關係且與國家之成立維持無關係矣然則民族主義所以能與愛國心相聯屬者乃僅在依賴國民主義以爲之媒介則其與愛國心無原因結果之關係甚明然使國民主義不依賴民族主義而亦不能與愛國心相聯屬則是此兩主義者爲愛國心之合成原因離之則兩皆非原因合之則兩皆原因也（如五雀六燕交而處衡適平僅雀不得爲衡平之原因僅燕亦不得爲衡平之原因而合之各置一軸則皆原因也是之謂合成原因）而徵諸古今萬國已然之事實則大不然國民主義離民族主義而獨立固自能與愛國心相連屬然則民族主義與愛國心絕無原因結果之關係益明論者謂僅言民族者不知愛國誠至言也而愛國心者與國家之成立維持有原因結果之關係者也僅言民族主義而猶不知愛國則民族主義其非國家之成立維持所必要甚明今以甲代兩主義之和合以乙代國民主義以丙代民族主義以丁代愛國以戊代國家成立維持之必要演其式如下

(1) $乙\times丙=甲=丁=戊$

(2) $\frac{甲}{丙}=乙=丁=戊$

(3) $\frac{甲}{乙}=丙=非丁=非戊$

此吾就論者之說推演之而種族革命爲國家成立之不必要其明白如此夫國民主義則政治革命論之立腳點也民族主義則種族革命論之立腳點也吾認國民主義爲國家成立維持之必要故主張政治革命論吾認

民族主義爲國家成立維持之不必要。故排斥種族革命論。吾以爲若從國家之成立維持一問題着想。則民族主義。贅疣已耳。蓋僅乙而已等於戊。不必俟其與丙相加而乃等於戊也。而論者必强主張兩主義同時並行。必謂惟甲乃等於戊。夫丙之等於非戊。（非丁等於非戊。丙既等於非丁。故即等於非戊也。）論者所明言矣。乙之等於戊。又論者所不得不承認矣。然則何必以丙加乙使成甲。然後謂之等於戊耶。吾故曰贅疣也。論者如欲與我辨也。其毋以國民主義爲護符。國民主義。吾與論者所共同主張。非論者所得專有也。如曰今日中國當言國民主義。而因以難我。是又無敵而放矢也。吾之所惡於論者。謂其以贅疣羼於其間也。

吾謂共和的國民心理。必非久慣專制之民。能以一二十年之歲月而養成。乃論者謂革命時日不必甚長。而共和約法。已應於國民心理。吾始焉苦思力索。而不得其解。及細讀彼文。見有云『去專制之苦。嘗自由之樂。夷階級之制。立平等之域。心理之感孚。速於置郵而傳命也。』吾於是恍然焉。曰論者所主張之理由乃在此。然則論者日言共和。殆絕未知共和爲何物而已。共和之眞精神。在自治秩序。而富於公益心。（所以能行議院政治者專恃此）國民心理而能如是者。則共和不期成而自成。美國是也。或且無共和之名。而有其實。英國是也。苟不能如是。而惟囂囂然求自由求平等。是未形成國家以前原始社會之心理。而決不可謂爲今世共和國民之心理也。（自由平等。固共和精神之一部分。然必與自治心公益心相和合。乃成完全之共和心理。苟爲離自治心公益心而獨立之自由平等。則正共和精神之反對也。）而樂自由愛平等之心理。可以煽動力而驟致之。重秩序尊公益之心理。非養之以歲月而萬難成就。論者徒認彼爲共和心理。無怪其心目中養養然呼之欲出。謂其今日已大發達。而實行革命時。愈益發達也。夫論者所謂今方滔滔汨汨而進行者。此樂自由愛平等之心理也。若吾所謂重秩序尊公益之心理。則非惟不見進行而已。且視前此更有退步焉。此實事之章章不容諱者也。故吾惟見彼方面之滔滔汩汩而進行也。而益以斷其與共和之心理。適成反比例而萬不能相容。勿論他人。卽以論者證之。論者固自命爲忠於共和主義之人也。而其所認爲共和心理者乃僅若是。是則論者之心理。先以不適於共和。而凡附和共和者。其心理亦若是則已耳。其今之聞共和而好之者。凡以謂共和能予我以自由平等也。然自由平等有代價焉。彼勿問也。一旦際於實行共和時。而索其代價。則與彼之心理遂大相拂戾矣。吾之所以謂共和約法萬不能行者以此。論者其何以教之。

夫筧氏之合成意力說。采盧梭之總意說也。而既以霍布士之權力說補之。復以康德之責任說補之。其言曰。『盧梭以人民總意爲法源。此不刊之論也。其提倡自由平等說。功不在禹下。雖然。不有說以補之。流弊日滋。故言自由者拋卻責任。言平等者昧於服從。規律力蕩然。而人道或幾乎息矣。故當參諸康德說。以責任心爲之維持。』（同講義第一編第一章第三節第一款）夫責任心。則吾之所謂自治觀念公益觀念之所從出也。筧氏言合成意力。而冠以「規律的」之一語。蓋以此也。論者襲用筧說。而襲其半而遺其半。昔晚唐西崑詩體盛行時。優人有扮演李義山者。衣褴褸以登場。他優問其衣胡敗若是。答曰。吾爲若輩撏撦殆盡。一座粲然。嗚呼。筧克彥何不幸而遇論者。遽變爲鶉衣百結之玉谿生也。論者之規我也。曰『凡治學問者。不當以自己之理想主張他人之術語』。其詆我也。曰『所主張之學派。大索而不可得』。又曰『生物學家發現一種蠅取草。謂之爲動物則非。謂之爲植物則非。論者之文。毋乃類是』。又曰『有非驢非馬之奇觀』。此種輕薄語。吾本不忍以加諸彼。惟彼之撏撦筧氏學說。而東塗西抹。則彼之所言者。彼實當之耳。今覆述前文。而特指論者所說與筧說矛盾者如下。

一筧氏謂合成意力非要約的。而論者指約法爲合成意力。

一筧氏謂意見與意力異而論者併爲一談。

一筧氏重第一事實而論者蔑視歷史。

一筧氏言不可以外國之心理爲標準而論者所以爲標準者實外國心理非本國心理。

一筧氏兼采盧梭之總意說康德之責任說與霍布士之權力說故自成己說論者將權力說責任說全行抹郤所以非驢非馬。

一筧氏規律的合成意力論者將規律的一語刪去所以爲蠅取草。

一筧氏言盧梭之總意說爲相乘的而論者所言約法乃相加的並盧氏說而不類故曰其所主張之學派大索而不可得。

一筧氏之合成意力指事實上國家之意思論者之合成意力指理想上個人之感情故曰以自己之理想主張他人之術語。

噫論者欲與吾言法理耶吾不幸而未得廁法政速成科之末席安敢比足下夫吾固自知吾之不諳法理故吾於第三第四號本報皆從事實方面觀察立論而論者乃對於並速成未就學之人而嘵嘵然撥弄其甚深微妙之法理論何也吾請直言論者之隱衷可乎吾之事實論駁無可駁者也而法理論則是丹非素入主出奴雖歷千歲而可以無定論此如我國漢宋學者所謂增一樁公案而已論者欲吾反駁其法理論而彼遂不憂詞竭吾今請明告論者吾之自初與排滿共和論宣戰也以事實論非以法理論也卽間涉法理亦附庸也論者如不能於事實上解決則卽將速成講義錄全文謄出以入貴報猶無當也而吾亦決不予反答何也諸博士之議義豈

吾之淺學所能詰難而論者既非與我辨則吾亦何爲嘵嘵也

雖然論者好言法理抑亦知法理學之不可離事實乎他人之說或不足以窹足下請復舉足下所崇拜之筧博士所言博士曰『凡研究一種學問必就理論事實兩方面觀察之然後得精確之知識』又曰『由正當之意思而後可求精確之知識反是即爲物蔽物蔽之原因有二曰迷信曰獨斷』（同講義緒論第一章）此以言夫一般學問也即法學亦何獨不然足下之蔽正在以迷信行獨斷故於事實之不與吾空想相應者奮然抹煞之掩耳盜鈴自欺欺人自謂得計而不知與學問之道相去益遠耳此吾之所以忠告於足下也吾知足下必不容吾忠告則吾願承學之士以足下爲鑑而勿效之

且吾以論者崇拜筧氏之故請更一述其說以爲箴言氏之論盧梭也謂『其說之所以昌者由當法蘭西專制恣盛之秋人民不平達於極點忽以絕妙之文章抒極新之理想既已深中人心矣而尤妙者在拋却當時之道理心說辨別心說而移入於感情以立言彼十七八世紀之交思想幼稚羣苦辨理之難於精確而獨信所謂感情者接一事物惟憑直覺的認識不爲歸納的研究其歡迎之不亦宜乎而法國遂緣此而成血世界矣』（同講義第一編第一章第三節第一款）嗚呼此言不啻爲今日之中國言之也論者固非能有極妙之文章亦非能有極新之理想而我國今日思想界之程度未嘗有研究的精神而惟憑感情之一瞥則眞與盧梭時代之法國同也故排滿的感情論最易煽動一般年少氣盛之人而驟占勢力於社會雖然論者當知此非由所持學說之有價值也亦非由辨才之足以入人也感情論之性質其投合於此種社會應然也抑尤當知專以感情論投合社會非社會之福而社會之禍也法國其前車也不知其爲社會之禍而輕投合焉則及其既知而當改之若明知其爲社會之禍而

故投合焉。則其心可誅也論者之所以駁吾之非革命論者。其無一毫價值。既具如前述矣。而彼尚有一卑劣手段焉。指波侖哈克學說爲吾說唯一之根據。而因以駁倒波氏學說爲卽駁倒吾說夫吾說舍波氏說外。尙有他根據與否。讀吾原文者自能知之論者安得以一手揜天下目也。抑吾固言學說者。千古之最難論定者也。是丹非素。入主出奴。自昔然矣。論者若欲與波氏爭法學之幟。則請還與波氏上下其議論。吾無爲波氏作辯護人之義務也。雖然。波氏之主權論。吾固未嘗爲絕對的承認。故吾於癸卯年本報曾紹介其法理論今茲轉錄則從而刪之。而惟采其近於事實論者吾之意固有在矣。況波氏亦非絕對的排斥共和政體者。惟言因習慣而得共和政體者常安因革命而得共和政體者常危耳。而其最重要之理由。則謂數百年卵翼於專制政體之人民。既乏自治之習慣。又不識團體之公益也。蓋共和政體之爲良爲惡。不能以具體的論定之。而惟當以抽象的研究之。波氏所述。取法國革命時代之現象以爲證。抽象論也。而吾論今日中國不能行共和立憲之理由。亦抽象論也。論者難波氏說。取吾所徵引者。全行抹煞。一字不駁。而惟取吾所不徵引之主權論駁之。抄襲美濃部達吉之說絮絮數千言則何不改其題曰駁波侖哈克國家論而題爲駁新民叢報胡爲也

吾固無爲波氏作辯護人之義務。然論者所述之機關說。抑非能全難倒波氏說也。國家有諸機關。而更有最高機關焉。以立於諸機關之上。此最高機關。其在君主立憲國。當然屬於君主。其在共和立憲國。當然屬於國民。故國民全體爲一國最高機關。實一般共和國共通之原則也。然近世之共和國有三種。一曰國民直接的共和國。二曰代議制度的共和國。三曰直接代議參用的共和國。（美濃部達吉國法學第一二一頁）其在第一第三國。國民全體直爲最高機關。不辨自明。其在第二種。則以議會爲最高機關。似屬例外。不知此原則雖緣代議制度而變其形。不緣代

議制度而喪其實也。如論者所述拉攀氏說。謂以法學上之觀念言之。國會不得謂爲國民之代表。此則耶陵尼及美濃部既已力闢之。蓋如拉氏說。則國家但求有此機關而已足。不必更問此機關之何自成立。其專由君主勅命議員所組織者。與專由人民選舉議員所組織者。應無差別。而古代勅任樞密顧問參與立法之國。可視與今世民選議員之國爲同物。而君主所有解散議會權與夫議員任期之一定。在法律上可云無意義。而當議員任期終結及議會被解散時。國家之立憲制度。可謂之中止。而一時復返於專制之形矣。（國家學會雜誌第二百號美濃部論文『議會ノ國法上ノ性質ニ關スル「新說」』）凡此皆足以難倒拉氏之說而有餘。使如論者所謂『國會非國民代表而超然於利害關係之外』。則雖以解君主立憲國之國會。猶不能得其眞相。若以解共和立憲國之國會。則此種國家在法學上可命之爲寡人專制國。而之得復謂之共和矣。然則拉氏說不足取。既已甚明。若夫耶氏說。以國民全體爲作成機關。以國會爲被作成機關。其從法學方面說明國民與國會之關係。可謂博深切明。雖然。耶氏尙有說焉。謂此種之作成被作成機關。與純粹的作成被作成機關有異。純粹的作成被作成機關。如中世德意志之選舉侯。以選舉皇帝爲職。選舉侯卽作成機關。皇帝其被作成機關也。選舉既終。皇帝全與選舉侯相離而立其上。此純粹的作成機關之原則也。若夫立憲國國民之與國會。其關係則與此異。國民非徒以作成行爲而已足也。而常與其所選舉之代議士爲繼續的結合關係。故耶氏亦名國民爲原始機關。名國會爲代表機關。被作成的代表機關。與作成的原始機關。其利害關係決非超然相離甚明。而耶氏之論原始代表兩機關之性質。引君主之有攝政爲例。攝政非君主。而攝政之意思。法律上認爲君主之意思。議會爲國民所作成。而議會之意思。法律上認爲國民之意思。謂君主與國民。皆原始機關。而攝政與國會。則彼原始機關之代表機關也。（以上述耶陵尼說皆據國家學會雜誌第二百號美濃論文據此說則當選舉終結後議會開會中國民恰如民法上之「無能力者」而議會則無能力者之「法定代理人」也雖然耶氏此說所以說明代議制度議會之性質無論君主國共和國凡行代議制度者其議會性質皆得以此說明之而非以說明共和國國民之地位蓋共和國決非徒有代議制度之一種而尚有直接制度與直接代議制度參用之二種也論者引用耶氏說而不明其所謂原始機關代表機關之關係認國民之作成行爲與德意志選舉侯之作成行爲相等已大非耶氏之意且耶氏就議會論議會而論者乃剽竊其說以推論一般共和國國民之地位其相去不愈遠耶夫如耶氏說則卽在行代議制度之共和國所謂國民如民法上之無能力人而國會如法定代理人者亦不過當選舉終結後爲然耳若夫當議員滿任或議會被解散而新選舉未成立之時則其原始能力卽已直顯此又至易見者也故美濃部氏曰『民主的共和國者國民全體有爲國家最高機關之地位國民全體之意思爲國家統治權之源泉也』國法學百二十頁今論者全忘却此語竊其作成被作成的半面議論而謂國民全體之利益衝突其影響不波及於所作成之機關是得爲知法理矣乎夫民主國既以最高機關在國民爲其原則卽代議的民主國亦不能離此原則則國民全體之程度能否當於最高機關而完其責任是卽此種國家成立維持之第一大問題也所謂完其責任者不一端而必先求機關內部之統一毋使以衝突而內潰苟內部自潰焉則先已失其爲一機關之資格機關者一體而不可分析者也而對外之行動能適宜與否更無論矣最高機關在君主之國其對外行動與彼最高機關在國民之國孰優孰劣雖不能以具體的論斷之惟語其機關自身內部之統一則此以一人爲一機關彼合多數爲一機關統一之難易則有間矣故曰因於習慣而得共和政體者常安因於革命而得共和政體者常危蓋因習慣而得之者則其國民程度發達圓滿有自治秩序而富於公益心一旦組織爲最高機關則

無論國民全體直接而行統治權。或議會代表而行統治權。而機關自身先無內訌魚爛之憂。然後可以語於對外行動。若因革命而得之者。則國民前此並未嘗當於一機關之任。雖使之組織一補助機關。猶慮不勝。（所以雖君主立憲制猶必經過開明專制之一階級然後能至）一旦而躍立於最高機關之地位。安見其可。機關自身之要素先自不具。他更何論矣。夫使爲一補助機關而不勝其任。則腐壞者僅在此機關耳。而尚有他機關調和補救之。惡結果不遽影響於全局。而可以徐圖改良。若爲最高機關。則一國命脈所繫也。最高機關腐壞。而國隨之。法國及中美南美諸國。所以禍亂相尋。元氣斲喪者。皆坐是也。此吾所以雖不採波氏之君主主體說。而於其調和利害衝突之義。則甚佩之也。所抄襲之半面的美濃部機關說。能復有他種遁詞以難我否耶。

夫既以國民全體爲最高機關。其在實行合議制度之共和國。此機關於法律上有萬能力無論矣。即在行代議制度之共和國。其政治上之趨勢。所謂被作成之代表機關。亦往往仰此原始的最高機關之鼻息。又勢之不可避者也。英人布黎士之美國政治論。謂『美之各邦。其立法部之議員。非常軟弱。往往有一新問題之起。兩黨派中人各各有其或贊或否者。（如禁酒問題婦人選舉權問題等甲黨中有贊者否者乙黨中亦有贊者否者也故政黨之用幾窮）則惟求人民之直接干涉。爲最後之判決。以自卸其責任。其直接立法之事。所以日多也。』夫美國之議員政治。所以能運用圓活者。全恃此兩大政黨組織之得宜。及遇此等問題。而政黨之長技失其效用。遂不得不還求解決於國民自身。而布氏論其弊曰。『若此法屢行。則大損議會之權威及責任。人民將視議會爲可有可無之物。而彼人民者。不徒無學識之人居大多數而已。而又以人數太巨之故。不能聚集一地以相討論。其所直接判決者。未必衷於眞利害。流弊不可勝窮。深爲美國政界前途懼之。』吾以爲布氏所論。可謂博深切明。而美國顧未嘗大受其敝者。則以彼之黨派組織。本極完密。而此等歧於黨派以外之問題。固非屢起。不至常失兩大政黨之效用。而中央政府（卽聯邦政府及議會）之權限本縮至極小。故聯邦立法部所討論之問題。益鮮有歧於黨派外者。而復加以人民尊秩序重公益之習慣養之已熟。故雖遇此等事件。委諸原始的最高機關之判決。不至緣是而生大衝突釀大禍亂。若乃歷史上不具此原素之國民。其政黨既絕不統一。無論何種問題。固皆足以起衝突。而其國家之組織。又非如美國於聯邦之下復有各邦。一切洪纖問題。悉集於中央議會。而其人民復非有尊秩序重公益之習慣。任以一睚眦之爭。而可以釀殺人流血之慘禍。而其人民學識程度。足以供判斷力之用者。又遠出美國下。而其人數又遠過於美國。而其交通機關之便利。又劣於美國萬萬倍。於此而欲以國民全體爲最高機關。果能有術以完機關之責任乎。卽以國民所作成之代表者爲最高機關。而作成者此國民也。被作成者亦此國民也。以數千年未嘗一度作此機關之國民。而驟以最高機關委之。果能有術以完機關之責任乎。論者於吾所謂共和國以國民爲最高機關之說。而有以相難也。則吾願聞之。若無以相難也。則吾所徵引哈氏之說。卒無見其能破也。

論者又曰『使國會而爲被作成機關。則必能顧其作成機關之國民全體之利益』。論者此段全從法理方面立論。法理學上果有何等之說明以證其必能。吾苦難解之。若就事實上徵諸各國。則法國革命山嶽黨最占多數時代。其國會固被作成機關也。吾不知其所顧者果國民全體之利益焉否也。西班牙之有國會垂百年。固被作成機關也。吾不知其所顧者果國民全體之利益焉否也。奧大利之有國會亦五十餘年。固被作成機關也。吾不知其所顧者果國民全體之利益焉否也。中美南美諸國。無不有國會。其國會皆被作成機關也。吾不知其所顧者。果國民全體之利益焉否也。北美合衆國之國會。當論者所認爲被作成機關之最美者也。以近今其對於托辣斯之態度。吾不知其所顧者。果全國民之利益否也。機關之性質。可以類似者比例論之。市會議員。亦可謂市之被作成機關也。而英之倫敦市會易革斯爲電燈之問題十年不通過。美之費爾特費市會改良水道之問題。亦歷年不通過。吾不知其所顧者。果市民全體之利益否也。故吾以爲此非能有必至之符。而總以構成機關分子之各員責任心公益心之强弱爲斷。而吾中國今日之人民。據之以構成機關。吾認其責任心公益心未能圓滿者也。又卽使有責任心公益心。則其欲顧國民全體之利益。差可期耳。而必能爲國民全體謀利益與否。尙屬於別問題。如普國會當普奧戰爭前大反對俾士麥擴張軍備之政策。自謂顧國民利益。其果爲國民利益焉否也。阿根廷國會當六十年前大歡迎外資輸入之政策。自謂顧國民利益。其果爲國民利益否也。然則此又非能有必至之符。而總以構成機關分子之各員政治智識之多寡爲斷。而吾中國今日之人民。據之以構成機關。吾認其政治智識太過幼稚者也。論者徒漫然下一武斷曰必能必能。吾願論者將其所以必能之理由。一爲我說明之。

論者謂『革命之際。流弊或所不免。然但當思患預防。力求所以免之者。不當以革命之有流弊。而至於不敢革命也』此其言尙屬平心之論。吾樂受之。雖然。當視其流弊之可避不可避以爲斷。若政治革命論。則其流弊有可避之道者也。若種族革命論。則其流弊無可避之道者也。何也。論者所主張之種族革命與共和政體相緣而不可分。而共和政體與吾所列舉之諸流弊相緣而不可分也。論者而猶有絲毫爲國家前途計利害之心乎。其必不妄爭意氣。而當思所以處之也。

至論者有駁吾所持開明專制論之點。吾固先與論者約。謂請俟全文出版。乃賜敎言。不幸而論者不守此約。故吾仍自守其約。不復詳爲嘵辯。讀者欲知吾論據。則亦俟全文出版可也。雖然。彼既振振有辭。則吾亦不能不先爲簡單的說明。吾所論我國民對於現政府所當行者。本有兩大方針。一曰勸告。二曰要求。其言具在本報第四號。可覆按也。所勸告者在開明專制。而所要求者在立憲。所要求者在立憲。其理由不待解釋而自明。而所勸告者則曷爲在開明專制。吾既確信共和立憲之萬不能行。行之則必至於亡國。而又信君主立憲之未能遽行。行之則弊餘於利。而徒瀆憲政之神聖。然則爲今日計。舍開明專制外。更有何塗之從。夫以吾所忖度。則君主立憲制。非十年乃至二十年以後。不能實行。卽如論者之說。主張革命而行共和。共和利弊之一問題。姑置勿論。而革命事業。亦豈其旦夕可致。或遲至十年乃至二十年。未可知也。然則當此欲立憲而未能立憲。欲革命而未能革命之時。一國之主權。尚須行動否。如須行動也。則政府之現象。無論如何。而必出於專制。此事實之不可爭者也。夫固有之事實則既若是矣。然則開明不開明之問題。安得不發生於今日。夫全部分之開明。固莫善矣。卽不能。而有一部分之開明（卽行開明專制政治之數端）而其影響於我中國前途者。固已甚大。吾之所以主張之者。蓋以此也。吾知讀吾文者。見吾所命之題。而不能無駭焉。曰子曷爲教政府以專制。曾不思專制者。現在之事實也。非吾之所能教。亦非吾之所能不教也。政府不以吾之無開明專制論而不專制。則亦非以吾之有開明專制論而始專制甚明。卽如論者極力排斥開明專制。而當論者之理想的共和政府尚未成立以前。而現政府安能不專制。專制等也。而開明不開明之間。其直接影響於國民進步者。固有擇矣。然則政府之肯開明與不肯開明。雖屬於別問題。而勸告之以開明。則爲凡有言責者所應履行之義務。無可疑矣。非獨以君主立憲爲究竟主義如鄙人者。當履行之。卽以革命共和爲究竟主義如論者。亦當履行之也。何也。究竟主義之貫徹在將來。而此乃目前之事實問題也。若曰吾利用現政府之野蠻。而後覆亡之易爲力。此則殊非君子之用心。吾奉勸論者。宜勿如是。吾奉勸普天下愛國君子。無論持何主義者。皆宜勿如是。且今當外患日侵間不容髮之時。而我尙未能建設新政府。一國之生命財產猶託於現政府之手。現政府而改良一分。則吾受一分之利。現政府而加劣一分。則吾受一分之害。故以利害問題衡之。而曰吾利用現政府之野蠻。此愚之又愚者也。且卽使持極端的暴動革命主義。而現政府開明一分。則教育普及一分。而無論持何種主義。欲以沁入於國民心理者。其易爲力也亦加一分。國民稍慣於規律制裁的生活。則雖如所持之約法說。屆時而實行之也亦較易。而國家對外之實力稍增。將來雖有內亂。而受干涉不至甚劇。卽受干涉。而抵抗之力亦厚於今日。然則現政府之開明專制。何一不足以供論者將來之材料。豈謂政府開明之後。而尙不如今日之可以馳騁耶。故卽爲論者之偏枯單一的主義計。而曰吾利用現政府之野蠻。此愚之又愚者也。吾故曰。勸告現政府之開明專制。實今日獨一無二之法門也。吾之所以爲開明專制論者以此。願普天下愛國君子。平心察之。

夫開明專制。非不美之名詞也。筧克彥曰。『開明專制。以發達人民爲目的者也。』又曰。『開明專制。與立憲同一狀況。而爲立憲所由之階級也。』又曰。『開明的專制。一立憲制度皆已實行。但未公布憲法耳。』由此觀之。特患專制者之不能開明耳。而開明專制。豈可詆耶。當未能立憲未能革命以前。今日之中國。舍開明專制以外。更有何者爲國家所當有事耶。願普天下愛國君子。平心察之。

該報第三號引筧氏此說。並述其言中國漢唐時代曾經過開明專制。遂以爲中國今日可以行共和立憲之據。今論者此文亦引證此言。以爲重。然則論者固不能絕對的排斥開明專制。不過謂此爲中國前此所已行者。而非今日所當行者云爾。顧以吾問按所聞諸筧氏者。謂『凡國家如欲立憲。必當經過開明專制。若中國漢唐時代固亦可謂開明專制。』然其後復歸於完全專制。故中國今日如欲立憲。必當再經過開明專制。筧氏之言如此。論者徒剽竊其發起語句。屏棄其結搆語句。破碎誕妄。一至此極。縱可以欺外人。其能掩盡同校中數百人之耳耶。如必因漢唐時代之曾經開明。遂謂今日可以行共和憲制。然則何不更曰唐虞時代之政體。已具有共和模範。中國今日並不須創訂共和憲制耶。何不更曰歐洲十字軍以後之文明。皆由我中國輸往。中國今日竟不必以輸入他國文明爲事耶。噫。適見其强詞而不能自完已耳。

論者又難吾之要求說。而以國民無實力爲言。夫要求必須與國民實力相待。無待言也。然實力必須養之而後成。吾以爲養之之途。分兩方面。開明專制其一也。政治革命思想之普及其二也。夫言要求固須實力。卽言排滿。亦豈不須實力。今日持要求論者。固得以無實力而謂其不成立。今日持排滿論者。亦得以無實力而謂其不成立。不成立等耳。然則今日無論持何主義者。皆只能從預備實力處下工夫。此當爲論者所承認也。（若不承認則是無意識而已。）而試問預備排滿之實力。則舍種族革命思想之普及。更有何道乎。此又當爲論者所絕對的承認也。種族革命思想。可以使之普及。而謂政治革命思想。不可以使之普及乎。論者詰我何所挾以要求。吾亦將詰論者何所挾以革命。（凡此單稱革命者皆種族革命之省文也。）論者若曰吾將來必有所挾以革命。則吾亦曰吾將來必有所挾以要求矣。夫國民意力爲世界上莫强之實力。善其用焉。靡堅不破。以之行政治革命可也。以之行種族革命亦可也。國民意力。固自由發動。而有指導焉。而爲之助者。則其發動也更易。而更顯。且能合成。論者詰吾無實力。而問論者何以有實力。無亦曰吾將指導國民意力。使趨於種族革命之一點。是卽吾之實力云爾。誠如是也。則論者所謂實力。其舍國民意力外無他物也然則論者問吾要求論之實力吾亦答以國民意力而已論者若謂國民意力無從使之趨於政治革命之一點則吾亦謂國民意力無從使之趨於種族革命之一點要之兩者皆非也凡屬人類皆有感情與辨理心之兩者我國民亦何獨不然若從感情方面而煽動之以壓倒其辨理心則雖舉國人而皆趨於種族革命一途可也若從辨理心方面而濬發之以節制其感情則雖舉國人而皆趨於政治革命一途亦可也而一國中其有中流以上之學識而以言責自任者則於此樞機之轉捩皆與有力焉質言之則自認以指導社會爲天職者卽其對於指導方針之或得宜或失宜而不可不負其責者也更質言之則一國之或興或亡此輩皆當科其功罪者也夫今後之中國其當指導社會之大任者當自有當世賢豪在若鄙人則安敢望此雖然夫旣以言責自居矣且自審今日之地位舍言責無以報效國家矣故自今以往所言者必求爲有責任之言卽不能使國家由我而興而決不忍使國家由我而亡夫吾豈不能鼓吹革命共和主義以漲彼方面之實力顧吾所信者謂彼方面實力漲至極廣之時卽我國家滅亡之時也吾故不惟不鼓吹之且盡吾力所能及以摧壞彼方面之實力而增進此方面之實力吾固知彼方面之人仇我必甚顧吾爲踐我之天職吾安能已也論者如欲問政治革命之實力安在乎舉國大多數之國民其頑舊焉而本無政治革命思想者至能發動其政治革命思想其熱狂焉而沈醉於種族革命思想者至能折歸於政治革命思想此其時矣論者若問以何道而能得此則非吾獨力所能爲焉而還求諸國民之自身亦如論者之排滿非獨力所能爲焉而還求諸國民之自身也

以上所論謂政治革命與種族革命其現在實力之不足也同其將來實力之可以養成也同而吾所謂當養成者在此不在彼也雖然同爲可以養成而養成之難易則又有差焉吾主張將來之政治革命（吾所下政治革命之定義謂革君主

專制而爲君主立憲也第四號詳言之同時主張今日之行開明專制。開明專制行得一分。則國民實力增得一分。持種族革命論者。既未能立刻推倒現政府。則其不能不暫受治於現政府、專制之下也。亦實與我同。而彼利用其野蠻。不顧其開明。政府愈野蠻。而國民實力愈萎縮。此其難易之差一也。吾主張政治革命論。非濬發國民之辨理心不可。而國民辨理心既發達。則無論治學治事。皆從實際着想。條理自趨於緻密。而能爲國中養成多數實行之才。彼主張種族革命論。非挑撥國民之感情不可。國民奔於極端之感情。則本心固有之靈明。往往爲所蒙蔽。求學者或厭伏案而日言運動。治事者不審條理而輒盲進。小有成就。而愈益其囂張。小有挫折。而遂至於嗒喪。其究極也。只爲國中養成多數空論之輩。此其難易之差二也。不寧惟是。彼以感情煽人。則只能收拾狂奔於感情者流。我以辨理心動人。則幷能獲有辨理心者之相助。凡狂奔於感情者。多無實力。而有辨理心者。其實力必富。以固有之成分爲基礎。其勢已優於彼。復因此成分而擴張滋長焉。此其難易之差三也。夫此則就建設以前言之也。若夫建設以後。則吾之政治革命論。以君主立憲爲究竟。彼之種族革命論。以共和立憲爲究竟。君主立憲。其所養人民之實力。但求其能爲監督補助機關而完其責斯已足矣。共和立憲。其所養人民實力。非能爲指揮主動機關而完其責。則不得謂成功。此就程度之淺深相較。其難易之差四也。君主立憲。則所以構成此監督機關者。可以制限選舉行之。共和立憲。則所以構成此主動機關者。不可不以普通選舉行之。此就程度之廣狹相較。其難易之差五也。夫淺深之一問題。吾既與論者辨之明矣。若夫廣狹之一問題。則前此猶未及言。吾今試更一詰論焉。論者豈謂吾中國創共和憲制。無須行普通選舉耶。天下有不行普通選舉。而得謂之共和之國耶。既必行普通選舉矣。而謂中國在近的將來能行之耶。論者每好引日本近年來民權發達之速以爲證。曾亦思日本之行開明專制也。二十餘年。其實施憲法以迄今日。又十餘年。而至今猶不能不行制限選舉。而謂中國革命時日。不必甚長。而經過此不甚長之時日。遂可以行普通選舉之民權憲制也。非夢囈。而安得有此言也。就此諸點觀察之。則彼此之在今日。雖皆同為做養成實力的工夫。然養成政治革命之實力。其視養成種族革命之實力難易相去。固不可以道里計矣。故吾黨之所謂實力至已養成確可以有要求之資格之時。而彼黨之所謂實力尚虛懸而無薄可斷言也。

雖然。此不過比較的言之耳。種族革命之實力。固非絕對的不能養成。亦吾所信也。苟非養成種族革命之實力而不足以救國者。則安能以其難而舍之。吾之所以不主張從彼方面養實力者。其理由全不在難易問題。徒以養彼實力徒取亡國故耳。若論者無他種之說明。而徒以現在無實力之故。謂我所持要求說不得成立乎。則以無實力者笑無實力者。所謂不自見其睫也。

抑論者更有一奇語焉。謂『我不汲汲養成民力。而惟望其要求』。夫論者安知我之不汲汲養成民力者。吾將來於他方面之若何養之。今不必以語論者。即本報之勸告專制政府以開明及鼓吹人民之政治革命思想。即吾所認為養成民力之一種法門也。論者其悟耶否耶。若其謂『我國民對於滿洲政府。義不當要求』。則狹隘的復仇主義。吾所不能容喙也。

惟論者自謂養成國民實力。則吾誠不知其所以養成者操何術矣。若徒刺激其感情耶。則所養者感情也。非實力也。以感情與實力為同一物。千古所未聞也。而論者之所以自文者。則曰『普遍之之法。教育與革命。教育者於革命之前。革命之時。革命之後。皆一日不可缺者也』。如論者言。革命之後。中央政府已確立。其能施教育不竢論。若夫革命之前。吾不知其從何處得有教育機關也。其教育尚須學校耶。抑專憑書報之鼓吹而已足耶。若須學校。則校中所教育爲何科目耶。尚有普通專門諸學科否耶。抑專爲革命的政治談耶。夫不爲政治談。則革命之心理。何從普遍。若爲政治談。則論者亦知政治談與教育之性質。最不相容耶。（大學不在此例）夫專爲政治談。則天下固無此學校。卽有他學科。而以政治談常參入之。則學童亦必徒喜此大言壯語之政治談。於他學科不屑厝意。而學校卒破壞不得成立。他種之政治談。猶且不可。況論者所高標者。又自由平等主義也。自由倡則學校之規則一切不守。平等倡則師長之教訓一切不行。夫三年前上海某學校。其最顯著之前車。而此外諸學校。其覆轍相尋者。亦不知幾許矣。論者豈其未聞之。故吾於論者所謂革命前之教育。百思不得其解也。夫彼所恃以爲教育之具者。既與教育之性質成反比例矣。況乎教育行政機關。決非革命以前之革命黨所能干預也。而何從使公等之主義。藉教育之助長力。而普遍於全國民之心理也。然則公之所謂教育者。殆不過以每月一期之貴報爲獨一無二之機關耳。更進焉。則以一二之山膏的日報（山海經言山膏之草善詈人）爲補助機關耳。信如是也。則吾請正告公等曰。此等之教育事業。於養感情則有之。若云養實力。是欲適燕而南其轅也。

嗚呼。讀者諸君。其勿以論者兼言種族革命政治革命。而誤以其所持主義爲圓滿。勿以吾之言政治革命排種族革命。而誤以我所持主義爲薄弱也。論者既語及教育。故吾益得就教育上以解決此問題。吾以爲一日不行開明專制。一日不行政治革命。則教育一日不普及。而人民一日不能得共和之程度。論者謂種族革命不實行。則政治革命之目的終不可達。而豈知政治革命不實行。則無論何等主義之目的。皆終不可達耶。何也。不先利用國家之强制力。以實行一切行政法規。則教育斷無普及之理。大多數之人民。其眼光無從射及國家。雖以一部分人抵抗政府。而哀號者自哀號。嬉笑者自嬉笑耳。就令一時能激動其感情。為電光一瞥之破壞。而以未受教育之人民。蜂屯蟻聚。向未識規律制裁為何物。而欲以一二豪傑之力拔諸九淵之下。而驟登諸九天之上。靡論其人未必豪傑也。即使豪傑。其力幾何。而曰吾能破壞之能建設之。直欺人自欺之言耳。論者而不知教育之為急也。則吾靡從與言。夫既知之矣。則尤當知開明專制與教育相倚。政治革命與教育相倚。經此兩階級後。則雖民族主義緣茲普及焉可也。雖共和資格緣茲養成焉可也。而不然者。則豈惟共和資格不能養成。即民族主義亦安從普遍也。夫論者知有政治革命。其視單一之復仇論既有進步。吾深嘉焉。而獨怪其所謂政治革命者。實行之時期。必俟諸種族革命凱旋之後。而汲汲焉反對今日之開明專制。反對今日之政治革命。吾誠不知其所據之理論為何等也。

夫論者以人民無要求政府之能力。而因勸以顛覆政府。其腦想之誤謬。眞不可紀極。夫要求政府之能力。尚且不有。而顛覆政府之能力。更何自來。蓋此兩種主義。皆無非以武力為唯一之聲援。而要求政府所需之武力。其分量極少。顛覆政府所需之武力。其分量無限也。論者其能平心靜氣。而細察此中相比較相關係之性質否耶。

吾答論者之說既略盡矣。吾更附一言。吾決非與論者爭意氣欲勝之以為武也。吾實見此問題為今日最大之問題。言之本不厭其詳。而我國民辨理心非皆能完全發達者。則似是而非之論。恆足以搖動其實識。而我國民對於國家對於政府之方針。及今不定。則歲月一去而不可留。一部分人之聰明才力消耗於無用之地而不可復。故吾雖犯剛愎排擠之嫌疑。而有所不避也。若彼報此後復有所言。而不脫此次之窠臼者。則吾雖不復與校焉可也。

又以上所答，皆就大端論之，其有論者毛舉細故以詆我無關問題之宏旨者，及其自發論之錯謬，而無辨難之要點者，本更不必齒及，今縱筆所至，順解答之糾正之。

一論者謂我既排斥國家器械說，何以復主張十七八世紀幸福說一派之干涉論，而引斯賓塞之對於器械說干涉論兩皆排斥以爲證。吾以爲干涉論決非十七八世紀學者所能專有，十七八世紀之學者，亦非皆主張干涉論，若盧梭、孟德斯鳩等，皆對於當時普王腓力特列、法相哥巴等之開明專制政策而生反動，故於政治上排專制而主張共和，於經濟上排保護貿易而主張自由貿易，豈得謂持幸福說者，即持干涉論者耶。夫邊沁之言最大多數最大幸福，可謂幸福說之巨子矣，而其言曰：『政府者有害之物也，然以不得已之故而存之。』是又大反對干涉論也。蓋十七八世紀之學者，雖同以人民個人之幸福爲標準，而其言所以致此幸福之方法則大異，有謂由政府干涉之力可以致之者，霍布士一派是也；有謂由人民之力可以致之者，盧梭一派是也；而斯賓塞則並兩派而箴之者也。論者毫不知各派之內容，而惟耳食焉，知十七八世紀之交有所謂器械說幸福說干涉說者同時並存，乃混爲一談，不自知其謬誤，而反以詆人，倘所謂仰天自唾適汚其面者非耶。吾對於今後中國之政策，實主張干涉論，而不取斯賓塞說，吾所主干涉之程度，則小野塚氏論國家之目的第三款個人心身之發達是也，而所以達此目的者，將來以君主立憲行之，今暫未能立憲，則以開明專制行之。吾雖主干涉論，而不妨於排斥國家器械說，如曰主張干涉，即不當排斥器械者，則今世學者，宜莫敢或齒及助長行政矣，何也？今世學者，固無復一人表同情於器械說也。論者謂『惟其視國家爲器械，故謂得以人力謀其進步發達，此幸福說之所由來也。』吾聞筧博士之說曰：國家者甚於自然必至之關係藉人爲而發達者也此說在論而固已徵引之乃今之爲說則謂以人民謀進步發達惟視國家爲器械乃得行之而因以器械說幸福說爲相緣而不可離然則筧博士亦應不許其排斥器械說矣豈惟鄙人故鄙人之取彼舍此絕不足爲鄙人之玷若論者日日言國民合成意力而復崇拜彼「以汽車機器喻國家」之人（即彼所謂孫先生者是也此乃彼在東京富士見樓演說之詞全文登於該報第某號正極端的國家器械說而於合成意力說最反對者也）斯乃可異耳

一論者謂我旣採國家主權說曷爲又言國家爲客體而引我開明專制論第四章之一語以相詰但論者未見吾之注耶吾固明言認國家爲客體似與近世學者所示國家之概念相戾然但就專制言專制耳云云（第三號第五十頁）夫吾第四章之彼文乃言管子商君等一派之觀念也管商等非認國家爲客體耶此何足以難我夫我旣已恐讀者之誤解文意而贅以注矣論者何不細心讀之

一論者以我引波侖哈克學說之故遂謂我主張國民客體說而我實不爾爾古人賦詩固有斷章取義者豈其守一先生之說而他說遂不敢徵引耶況吾所譯述波氏說半皆事實論（其法理論與事實論相緣者間不得不並引之）而吾所據之以推言中國革命共和之前途者亦本皆事實論夫吾第四章所言旣專就管商言管商且特注明之矣第八章所言於波氏原著第二編第一部第一章之說未嘗一引論者何所據而指我爲主張國家客體說國民客體說耶若論者之旣采國家主權說而復言國家與人民結契約斯乃可異耳

一論者已謂我主要求開明專制又曰『立憲後之開明專制無所謂要求立憲前之開明專制不能要求昔有要求立憲今有要求開明專制皆笑柄也』嘻天下有明目張膽故入人罪至於若此者乎吾於開明專

制論第八章有「欲爲政治革命者宜以要求而勿以暴動」二語。吾於第四號申論種族革命與政治革命之得失篇中。下政治革命之定義云。『政治革命者革專制而爲立憲之謂也』此其語具載前號。文意甚明。可以覆觀。要求專屬於政治革命。而政治革命則革專制也。則吾所謂要求。當然不屬於開明專制。又何待言。論者徧讀吾原文。能指出一處有「要求開明專制」六字連屬成文者乎。抑有論開明專制時。而語中含有云當要求之意者乎。夫吾第八章之末語。又明云『夫此固又別問題。非本論所宜及也』讀者曾見彼語否。嗚呼。吾觀論者。抑何其與酷吏傳中人物相肖也。

一彼報所布綱領末一條。謂『彼報鑒於世界前途。知社會問題必須解決。故提倡社會。我報以謂社會主義。不過煽動乞丐流氓之具』云云。此亦不可以不辨。吾認社會主義爲高尚純潔之主義。且主張開明專制中及政治革命後之立法事業。當參以國家社會主義的精神。以豫消將來社會革命之禍。若夫社會主義之極端的土地國有主義。吾所不取。今日以社會革命提倡國民。吾認爲不必要。野心家欲以極端的社會主義與政治革命種族革命同時並行。吾認其爲煽動乞丐流氓之具。蓋辨理的社會主義。與感情的社會革命。決非同物。非必由人民暴動舉行社會革命。乃可以達社會主義之目的。此吾所主張也。此當別著文論之。如彼報綱領之所布。直是誣我。

一吾對於論者所最感謝者。則其於吾所釋穗積氏論中一字之誤。而賜糾正是也。夫此一字誠誤。豈敢自諱。然幸而吾於彼一段尚有數百言之注。注中解釋其原文之意。與論者所以誣我者。尚無大相剌謬之處。雖然論者斥我爲不識日本字。不知中國文法。則我固直受之不欲辨矣。

以上吾答彼之說已完，更將彼失敗之點列爲一表如下。

一我所主張而彼不能難者。

一 有行議院政治之能力者，乃有爲共和國民之資格。（此爲吾論文之大前提，彼之承認與不承認不明瞭，辨駁之基礎已失）

二 今日中國國民未有能爲共和國民之資格。（此爲吾論文之斷案，彼於吾所舉證據一毫不能返答）

三 共和立憲制調和利害衝突甚難，（彼所駁頗有力，而吾反駁之力更强於彼）

四 今日中國當以開明專制爲立憲之預備。（彼所駁者觀察點全誤）

五 當以政治革命（卽立憲）爲究竟主義。（彼所駁似甚有力，然細按之無一毫價值）

六 中國不能學美國共和制。（彼所答不明瞭）

七 中國不能學法國共和制。（彼不答）

一我所難彼而彼不能答者。

一 約法之不可行。（彼所答毫不衷於事實，且前此就事實方面立論，今就法理方面立論，支離窮遁，益增其醜）

二 革命軍同時並起不必皆同主義。（彼不答）

三 革命時實行土地國有主義足以亡國。（彼不答）

四 革命時代不能增長人民能力。（彼不答）

五 革命中短期之歲月不能養成共和資格。（彼惟武斷曰能，而不能舉其理由，卽所舉亦不成理由）

六 彼首領以機器汽車喻國家可笑。（彼不答）

七　問其發布何種類之共和憲法。彼不答

一彼所主張而不能說明其理由者。

一　中國模倣美國憲制能舉行民權政治之實。何故能之不聞說明

二　中國國民必能有爲共和國民之資格。其爲今日已能抑何時始能所以能有此資格者不聞說明

三　革命之前革命之時行教育。以何者爲教育機關教育如何行法不聞說明

四　疇昔吾國民有國民思想民族思想。不能舉其證據

五　民族主義普遍則共和的約法應於國民心理。民族主義與共和政體有何等因果關係不聞說明

六　中國有特殊之共和立憲精神。其條件雖一端不能指出所舉者仍立憲之共通精神然亦不確

七　人民對於政府當求力足以制之而制之之實舍革命末由。人民之力並要求政府而不足彼所認也而偏有力足以起革命軍其理由未聞說明

八　國會爲被作成機關。必能顧國民全體之利益。何故必能不聞說明

一彼所難我爲無敵而放矢者。

一　波侖哈克之主權論。我並未采用彼無端抄錄講義與波氏宣戰

二　美國之法非共和專制。我明以法律上事實上分言彼乃斷斷辨美國之非共和專制政體

三　中國將來能有爲共和國民之資格。吾文處處有今日二字彼刪去而論將來之能不能

四　要求開明專制。吾並無此說不知彼所指爲何語

五　滿洲人與其死黨反對革命不足畏。吾全文並未嘗就此方面立論吾引曾胡前事爲例謂不應以種族革命與社會革命同時並行苟同時並行則雖有表同情於甲主義者亦將反對其乙主義如洪楊以種族革命宗教革命同時並行曾胡非徒反對其種族革命且反對其宗教革命也而論者不駁此說其所駁者全在吾原文之外

六　不汲汲養成民力。何以見我不以養成民力爲主

七　國家客體說。吾以爲管子商君認國家客體何以見我必與管商同意見

八　立憲國共通之精神。彼問我敢謂國民無此共通精神否夫我主張君主立憲苟不信我國民有立憲共通之精神何從主張之若彼言我國民有共和之特殊精神乃一件指不出則眞可笑耳

一彼以我之所主張難我所主張者。

一　人類有普通性能互相模倣。全襲我說以難我

一彼所主張全屬門外漢語者。

一　但能愛自由樂平等。卽謂之有共和精神。自治力公益心一方面全然拋卻

二　有民權然後能革命。民權者國民權利之謂也民權乃革命之結果必非革命之原因論者文中屢有此語外行已極

三　立法論不許以政治上觀察判斷。前古未聞此奇語

四　謂干涉論與幸福說同學派。混霍布士與盧梭爲一團

一彼所主張爲自相挑戰者。

一　一面主張合成意力說。一面主張約法。合成意力爲公法的性質國法的性質約法爲私法的性質國際法的性質不能相容

二　既主張合成意力說。復崇拜以機器汽車喻國家之說。

三　既謂國家藉人爲而發達。復言惟視國家爲器械。乃得以人力謀其進步發達。

四　既謂中國當模倣美國憲制。復謂中國不必學英法美。

一彼以自己之理想主張他人之術語者。及引人之語而遺其半者。

一　襲耶陵尼機關說。而不知原始機關代表機關之性質。

二　襲美濃部機關說。而不知共和立憲國以國民爲最高機關。

三　襲筧氏合成意力說。而不知其兼采霍氏權力說。乃至謂約法爲合成意力。

四　襲筧氏合成意力說。而不知其兼采康氏責任說。乃至認自由平等爲共和唯一之精神。

五　襲盧梭總意說。而不知其爲相乘的非相加的。乃至言甲縣與乙縣約法。

六　襲筧氏言中國漢唐時代已行開明專制。而忘其言此後復返於野蠻專制。

以上不過略舉彼失敗之點耳。猶未能盡。將吾全文與彼原文合讀之。則禹鼎鑄姦。無復遁形矣。

(附錄原文)

駁新民叢報最近之非革命論

頃見新民叢報第四年第三號開明專制論第八章論開明專制適用於今日之中國。其第一論綱云。中國今日萬不能行共和立憲制之理由。其發端數語曰。

『中國今日固號稱專制君主國也。於此而欲易以共和立憲制。則必先以革命。然革命決非能得共和。而

反以得專制。』（第八章第十一頁）
嗟夫。論者亦中國之一人也。而乃爲是言。烏可以無辯。
方吾之爲此駁論也。下筆時心滋不悅。蓋論者吾仇也。非私仇乃公仇也。與吾仇筆墨相見。非余所欲也。然吾之爲駁論也。非第欲以折論者。將以質諸天下之人。而決其是非也。故論者雖吾仇。姑强抑吾怒。平其心以立於相對辯論之域。
於是當定駁論之範圍。原著有云。
『請先將波侖哈克學說及此數紙中狂夫之言。一一遵論理。據歷史。推現象。以賜答辯。』（四十六頁）
又曰。
『答辯本章。固所歡迎。若欲駁開明專制論者。則請俟全文出版。乃賜教言。否則恐枉筆墨也。』（同上頁）
吾今乃卽以此爲駁論之範圍。先辯波侖哈克之說。所以破革命不能得共和反以得專制之妄也。次駁論者之非革命論。所以破中國革命不能得共和反以得專制之妄也。此爲本論之主點。
中有對於論者之開明專制論。加以駁議。蓋論者旣盛言『今日中國國民非有可以爲共和國民之資格。』則必以開明專制望之今日之政府。故吾不能已於言。固知全文尚未出版。然苟使論者見之。庶不至於枉費筆墨也。此爲本論之從點。
最後乃對於論者理論上不完全之點。及其作繭自縛之苦處。稍加糾正。俾今後之毋易其言也。此非本論之必要。故爲附論。

其他在駁論之範圍外者則概不齒及舉二例以言之(一)論者有云。

某報(此指本報)凡發刊兩號而其文殆無不自相矛盾如此文(此指本報第一號所載論中國宜改創共和政體)與前述某氏之說(此指本報第二號所載民族的國民論中所述孫君之言)即其極矛盾者也(四十四頁)

夫文成於一人之手而自相矛盾此可譏者也文成於二人之手而意見不同此不能以爲矛盾也此二論文一爲思黃之作一爲吾之作吾與思黃之所見不必盡同此不能咎爲黨見紛歧也使當決議時代則定於一而入於實行使當討論時代則人各得自由以發其思今宜示於報章者爲決議乎爲討論乎矛盾之誚何無因也故吾今爲駁論亦第就論者與吾相論難之處爲之辯詰然使吾說果足以破論者之根據則論者更無以難思黃也

(二)論者有詆諆民生主義之語當別有專論者不在此駁論之範圍

以上皆定駁論之範圍今以次入於本論

第一　關於波倫哈克學說之評論

論者言革命不能得共和反以得專制其唯一之論據在波氏學說之一片段然則論者所以『由美洲來而夢俄羅斯者』(此論者自述語見新民叢報)皆波氏爲之主動也原等辭繁不殺而其所深恃篤信者祇波氏之說而已然則謂波氏之說爲論者腦海之主宰亦不爲過苟破波氏之說則所謂「革命決非能得共和而反以得專制」者其根據可謂全破而論者亦將無他說以非難革命也

凡對於他人之說而下駁論者。與其尋其枝葉。不如叩其根據。即如波氏之說。窮革命之流弊。可謂備矣。吾若紹介他學說以與之對抗。則亦能歷數革命之良果。如佛蘭西法學者仙治羅氏所著憲法要領。即爲純粹之革命論者也。而政治學者亦謂國家至不能以改良政策達其目的時。則當以革命爲例外手段。是故革命者應於國家活動之必要而生者也。由是則歷史上所示革命之良果。革命家當思循而則之。而革命之惡果。當思鑑而避之。擷其良果以鼓吹革命。與擷其惡果以非議革命。均無當也。故吾辯波氏之說。不與辯革命之流弊。而與辯非難革命之根據。

波氏立說之根據。論者曾譯其一二語云。

『共和國者。於人民之上別無獨立之國權者也。故調和各種利害之責任。不得不還求之於人民自己之中。』（十一頁）

此實波氏立說之根據也。彼以爲共和國之人民利益競爭。舍自己之外。更無他人能調和之。使其自力不能調和。則必破壞紛擾。而不得不復歸於專制。故曰因於革命而得共和政體者。往往釀成民主專制。其所以得爲此結論者。根據使然也。

今所最宜辯明者。則波氏之根據果正當否。欲下判斷。當先研究波氏所云「共和國者於人民之上別無獨立之國權」其意義若何。此當參考波氏所著國家論。方能得其完義者也。

波氏之國家論。以君主爲國家統治之主體。而以領土及臣民爲國家統治之客體。其原著第二編論專制君主政體。當謂專制君主政體之本質。在以國家之人格歸屬於君主之一身。故路易十四世嘗云。朕即國家。即此義也。然從政治上之側面而觀。則當以腓力特列大王之言補之。王曰。朕乃國家之從僕。蓋國家乃爲集合體而存故也。（第一部第一章第一節）其第二節論立憲君主政體。略謂立憲君主政體以國家之人格歸屬於君主之一身。與專制君主政體無所異。故其歸結之語曰。「國家之人條不外於君主之國法上之人格」是故波氏者乃以君主與國家同一視之者也。而土地人民則以爲國家統治之客體。（第二編第二部）人民各爲利益而相競爭。君主則立於利害關係之外而超乎其上以判斷之。故能以平衡的正義調和社會各種利害關係之衝突。若夫共和政體。則人民之集合體與國家自體爲同一。而人民相與之關係錯綜分歧。欲其人民自能調和此等利害關係之牴觸。必不得也。故共和政治較之奉戴超然於利害關係以外之君主者。遙爲困難。因之而陷國家於不斷之革命。至於不能貫徹共和政體之目的。不一而足。（第一部第一章第二節）此波氏對於國民主權國家所下之論評也。而其謂由革命以得共和政體者。將復歸於專制。亦不外於此標準求之。是故總括波氏之大旨。以爲國家之目的。在以平衡的正義。調和社會利害關係之衝突。君主在利害關係之外。故足以調和。人民則自爲利害關係人。未有能調和者也。然問君主何以能在利害關係之外。則謂君主之人格。即國家之人格。而人民乃國家統治之客體故也。君主與人民之關係爲主體與客體之關係。故能超乎其外立乎其上而判斷之也。然則波氏之根據。乃在以君主爲國家。而以人民爲國家統治之客體也。

以上述波氏之學說。以下就於其學說而下論評。

自來關於國家之性質學說頗繁。大別爲二。（一）國家客體說。（二）國家人格說。國家客體說復有二別。（一）

德國學者濟惕爾（Seyde）所倡者以領土及臣民爲國家謂君主之於國家猶人之於所有物也故君主爲權利之主體而國家爲其客體（二）卽波侖哈克所倡者以領土及臣民爲國家之客體而君主卽爲國家二說雖稍異然其以君主爲統治權之主體而國家爲客體則相同也國家人格說則其觀念全與上二說相反以國家爲人格者自爲統治權之主體也關於二說之優劣余雖不文竊欲紹介一二學者之說暨聞諸師友者以告天下國家客體說自歐洲中世家長國之思想而生者也中世時代封建制度盛行以領土及臣民爲君主之所有物處分拋棄贈與繼傳一惟其意洎乎近世此種觀念久已變遷而一二學者猶欲維持之彼濟氏波氏卽其人也然久爲學者所不容攻擊唾棄如矢之集其最中的者則爲左之諸點

（一）波氏認君主爲國家此最不能明國家之性質者也國家之性質非如分子說所謂國家如器械然由個人所製造亦非如有機體說所謂國家所生物然能自然而成長蓋既有自然必至之關係亦復藉人爲而發達詳言之則人類苟欲自由活動必不可一日無國家而國家之所以生由於個人之有規律的意力翕各個人之規律的意力萃而爲合成意力此合成意力固以個人之意力爲其分子而自獨立存在者也彼分意者固有人格而總意亦有人格前者曰單純人格後者曰合成人格國家卽合成人格者也故國家自有意力非藉他力而存民權國之國會君權國之君主乃發動國家意力之最高總攬機關耳非卽國家也

（二）苟認君主爲國家則君主死亡不得不謂爲國家滅亡然此固波氏所不承者也彼之言曰君主雖死亡然由於君位繼承法新君主卽繼其位是故爲自然人之君主雖有死亡而爲國家之君主則亙久不變以新君主非新得人格乃繼續前君主之人格故也雖然爲斯言者正陷於論理學之循環論法者也夫前君主所

定之君位繼承法。何以於其死後猶有效力耶。不能明其所以然。則不能主張前後君主之同一人格。而猥曰新君主之得與前君主有同一之人格者。乃依於前君主所定之君位繼承法。故是非以問答問者耶。況君位繼承法非規定前後君主之同一人格。乃規定繼承君位者之範圍及其順序耳。

(三)波氏以國民爲統治之客體。亦謬見也。國民之全體及其個人皆非統治權之目的物。蓋國民非奴隸。乃人格者。爲權利義務之主體。其服從統治權。乃義務之主體。非統治權之目的物明甚也。在民權國國民全體爲國家之最高總攬機關。其非統治權之客體。固不待言。卽在君權國。而旣認國民爲國家之搆成分子。則固爲人格者。非如物之爲人之所有權之目的物。亦不待言也。

綜上而言。則波氏之認君主爲國家。而以人民爲統治之客體。其謬灼然矣。如是則其謂人民無君主則不能調和競爭者。其根據已破。如是則其謂革命之後。人民各爲利益而相衝突。無以調和。卒返於專制者。其根據亦已破。蓋如國家人格說所言。則君主不過國家之總攬機關。搆成此機關之人。各國異其制。在法國美國則國法學上政治學上皆以國會爲國家之總攬機關。在英國則國法學上以君主爲國家之總攬機關。而政治學上以國會爲國家之總攬機關。在普國則國法學上政治學上皆以君主爲國家之總攬機關。如是則人民之利益衝突。國家之機關當調和之。以謀其發達。蓋國家之機關。常超然於利害關係之外。故能得平衡的正義。若君主則不過某國搆成某機關之人耳。無君主則人民利益不能調和之說。已失其立足地也。在以國會爲總攬機關之國。其選舉被選舉爲國會之議員者。固國民也。然旣以議員搆成國會。則國會對於國民。乃以國家機關之資格。而非以搆成分子之資格。至於國會爲國民之代表與否。則學者尚有歧說。如德國學者耶陵尼（Jellinek）（當世之公法學大家）之說，則以國民全體爲作成機關，而國會爲被作成者，故爲其代表機關。拉攀（Raband）（亦德國之公法學大家）之說則曰國會爲人民之代表云者，非法學上之觀念，乃政治學上之觀念而已。夫此二說皆非波氏所能折駁者也。使國會而非國民之代表者，則其在利害關係之外不待言也。使國會而爲被作成機關，則必能顧其作成機關之國民全體之利益，而不偏狥其一部分之利益。如是則正足以調和人民之利益競爭也。故波氏之說，所能詰難者，惟古代議會觀念耳。古代之議會議員各代表其選舉人，各代表其選舉區，各謀其部分之利益，而遺全體於不顧，故利益之衝突常起，而波氏之言乃中矣。然今日之議會觀念與昔相反，議員雖由各選舉區中舉出，而決非其區之代表人，此至普通之法理，當亦論者所已知也。然則波氏謂舍君主而外，更無能調和人民利益衝突之人，其立足地又已破也。波氏之學說，法學的方面也。故吾亦自法學的方面以爲辯。論者而猶有言，則亦宜定駁論之範圍，更討論之。

第二　對於論者非革命論之駁議

論者非議革命，有事實論，有法理論。其法理論無他言，惟波侖哈克之學說而已。已辯之於前，論者而無以難也，則可謂全北。至其事實論，則絮絮數千言，要皆對於本報第二號「民族的國民」篇中所述孫君之說而致辯詰，茲逐段駁之於下。

抑吾於爲駁論之前，有當言者。吾之目的在得民權立憲政體，此或非論者所欲聞也。然觀論者有云：「以開明專制爲立憲制之預備。」（原著第十一頁）然則論者最終之目的亦在於立憲也。然則民權立憲，非論者所欲聞，而立憲則固論者所懷望者也。顧以吾策之，則以爲今日之中國不革命，決不能立憲，此有二理由，一曰。不爲政治革命者則不能立憲。此其理由本報第三號「希望滿洲立憲者盍聽諸」一篇。已詳言之。世界各國無論民權立憲政體君權立憲政體。（不曰君主民主者以君民皆非國家之主體也）要其所以能立憲之故。莫不由於革命。革命者謂於其政體上生一大變動也。使不能於政體上生大變動則雖殺人如邱。流血成河。其進行時可云革命。而其結果不可云革命。以其於政體上無變革故也。反之能於政體上生變革者。非其君能自變革。乃民權發達之結果使之然也。民權發達而實行革命。因所遇之敵不同而結果有異。前文已臚舉歷史以爲證。故吾之意以爲欲得立憲。必民權發達。有革命之能力。然後乃得達其目的也。

二曰。不爲種族革命者。則不能立憲。此其理由於本報次號賡續「希望滿洲立憲者盍聽諸」篇中詳之。今提其要結世界各國有以一民族構成一國家者。有以數民族構成一國家者。以一民族成一國家。其民族之觀念與國家之觀念能相融洽。故於政治之運用無所窒礙。使以數民族成一國家。則當察其能相安同化與否。果其相安同化。則亦能式好無尤。如其否也。則各民族位置不同。等勢力不均。利害相反。各顧其本族。而不顧國家。如是。則惟一民族優勝。獨占勢力。而他族悉處於劣敗之地位。專以壓制爲治。猶足苟求一日之安。欲以自由博愛平等之精神施之政治。必將格格而不能入矣。中國今日滿漢不幷立。人所同知者也。故非種族革命。必不能立憲。

據此二理由。則中國苟欲立憲。舍革命外更無他策。革命者。建立憲制之惟一手段也。知非命革無以立憲。則惟當奮起而實行革命。使所遇之敵而堅也。則雖艱難百折。終求達其目的。使所遇之敵而脆也。則事半而功倍。目的既定。不以敵之堅脆而殊其趨也。使怵於敵之堅。而趦趄退伏。以爲不如希冀有開明專制之一日之爲愈。斯則大逆不道。而中國之罪人也。至於革命之際。流弊或所不免。然但當思患預防。力求所以免之者。不當以革命之有流弊。而至於不敢革命也。且天下豈惟革命乃有流弊。世界一日未至於至善之域。則無事不有流弊。世之言曰。兩害相權取其輕。兩利相權取其重。此就比較上言之也。若自根本上言。則革命者。建立憲制之唯一手段也。立憲者。當望之國民。不當望之君主。當望之本族。不當望之異族。故也。而革命之後。必爲民權立憲。何也。其時已無異族政府。祇有一般國民。故也。

以上爲主張革命之根據。以下爲對於論者之非革命論而下駁議。

本報第一號「民族的國民」篇中所述孫先生之言。乃約舉其要點。其宏綱巨旨。當別爲專書。非本論所能詳也。茲惟對於論者所辯詰者。一一駁之。

論者第一之論據。以爲約法不足恃也。然論者之詰難約法也。非能就約法之本體。一一指其利害得失也。第曰。苟無其人。雖有約法。亦不足恃而已。故一則曰。首難革命者。其果能有此優美高尚之人格乎。二則曰。彼革命者。能皆有此優美高尚之人格乎。三則曰。他之革命軍。能同此宗旨乎。四則曰。人民果能安之乎。絮絮數千言。進退數十步。噫。可哀矣。駁他人之議論。不能於其根本上着想。而爲此假定。以僥倖其或然。何蒙稚若是也。夫論者能假定爲無其人。吾亦能反證爲有其人。此論者之所慮及也。乃曰。使無其人。則我據勝著。使有其人。則我讓步也。故其爲論也。乃進退失據若此。今吾將一掃假定之說。而於國民心理上論約法之能行。論者其諦聽之。夫中國歷史上革命軍之蠭起屢矣。彼發難者。語其公心。則曰誅無道。拯民於水火也。語其私心。其志之大者。則如黥布之言曰。吾欲爲帝。其志之小者。則曰立功名。以博取人間富若貴也。夫使我國民而長葆此心理。則約法誠可廢棄。雖然。國民之心理有變遷者也。疇昔吾國民有國民思想矣。然專制之毒足以摧抑之。有民族思想矣。然君臣之義足以尅滅之。今欲使國民心理發達變遷。則當葆其固有者而去其沮遏者去沮遏之道。在聲討專制君主政體之窮凶極惡。吾民備受苦痛。徒以爲君臣之義無所逃於天地之間。故隱忍安之。今辭而闢之。必霍然驚覺也。而國民思想民族思想。則我民族之所固有者。道在發揮光大之而已。使民族主義國民主義而大昌明也。則約法者。乃應於國民心理之必要。而不能不發生者也。今言其理。法之爲物。自表面上觀之。則意力之強者耳。換言之。則有強制力者耳。然問法何以於諸意力中而爲最強。何以有強制力。則當知法之發生。非存於具文。而存於人之心理。心理有二。一曰個人心理。二曰社會心理。社會心理。個人心理所合成者也。根於社會心理所生之意力。曰合成意力。強於其分意力。以其乃以團體之資格對於其分子故也。而此合成意力。卽法之本質也。然則欲問個人肯服從於法與否。當先問此法是否由個人心理所表現。如其然也。則法乃應於其必要而生者也。故曰。使民族主義國民主義而普遍於國民之心理也。則約法乃應於其必要而生者也。而普遍之之法。則如前文所言教育與革命。教育者。於革命之前。革命之時。革命之後。皆一日不可缺者也。至於革命。則有預備時代。有實行時代。在預備時代。所以濬發其心理。而使生愛情者。仍不外乎教育。若在實行時代。去專制之苦。嘗自由之樂。夷階級之制。立平等之域。國民主義民族主義。昔存於理想。今現於實際。心理之感孚。速於置郵而傳命也。故辯論此問題。最主要之點。在民族主義國民主義。果爲人之心所安與否。而如以上所述。則非空想。乃實想也。至於慮反抗者之爲梗。則又論據之最薄弱者也。論者文中舉洪楊曾胡之事以爲例。今卽就此例而辯明之。洪楊之始起也。猶是帝制自爲之思想。而其所揭以號天下者，則爲民族主義，一時從之而靡者，職是故也，而方其攻城略地，俘虜滿洲官吏，命之降，有不爲屈者，曉之以大義，則曰彼雖異族，吾既委贄而爲之臣，義當死之，當時授命者最純潔之心理皆如此也，此吾所謂種族思想爲君臣之義所殄滅者也，彼曾胡者亦即此輩中之一人，彼豈不嘗讀王船山之書，而服膺於黃太冲之言論，然彼以爲事君不敢有貳心，故當爲之盡力，此在民族主義未昌明之日，無怪其然，且即使民族主義昌明而國民主義尚未入於人心，則彼猶將知忠君而不知愛國，如此二主義而昌明也，則曾胡之在今日，吾可決其爲革命軍中之一人也，若夫懷蓄私心，思屠同種，以博富貴者，則羌無足慮，何也，天下有爲義而死者，有爲名而死者，至於爲利而死者蓋鮮，蓋利莫大於生命，苟其死之，則利益之主體已無所屬故也，故好利者流，其好官爵不如好貨財，好貨財不如好妻子，好妻子不如好性命，豈死亡之不足恤，而富貴之是圖，有遠慮者所不爲也，此非有力之反對派明矣，是故吾之意，以爲國民主義民族主義而大昌明，則反對革命者，祇滿洲人與其死黨，不足以當一碎，然則革命之時日不必甚長，一方扶義，九州響應，合謀分舉，指顧而定，即使不然，終不以此而餒却也，（至於謂革命可以召瓜分者，尤似是而非之言，以論者文中未言及此，故不辯，他日當更爲專論論之）而欲決革命之成功與否，當決民族主義國民主義之昌明與否，然推過去，察現在，審將來，民族主義國民主義之必昌明，既班班如上所述，則革命者應於國民心理之必要者也，則約法者，革命之際，應於國民心理之必要而發生者也，

論者第二之論據，以爲即使革命亦不能得共和也，原著有云，

『凡國民有可以行議院政治之能力者，即其有可以爲共和國民之資格者也，』（三十三頁）

『今日中國國民未有可以行議院政治之能力者也』（三十八頁）『故今日中國國民非有可以爲共和國民之資格者也今日中國政治非可採用共和立憲制者也』（同上頁）

今對之爲駁論先問論者所下議院政治之解釋果正當乎原著有云

『綜美法瑞三國其異點雖有多端而有一大同者焉曰議院政治（政權全在議院謂之議院政治）是也』（三十二頁）

『然則倣純粹美國制以憲法限定行政首長之職權其憲法無明文者一切不得專擅如是則大統領勢將變爲立法部之奴隸（中略）於斯時也苟立法部與行政部生衝突則國事將無一能辦何也無立乎其上以調和之判斷之者也故雖以美國之老於共和而迄今日不得不變議會制』（三十一頁）

『純粹之美國制若爲國家永遠計固萬不可採以其戾於主權不可分之原理也』（同上頁）

如論者所言則議會政治者政權全在議會之謂故其結果遂爲議會專制此一論據也三權分立之制戾於主權不可分之原理此二論據也更證諸論者之論變相之開明專制有云

『政權之欲趨於一如水之就下然其性則然也或執行機關壓伏監督機關或監督機關壓伏執行機關而遂不免於變相之開明專制』（第九頁）

證以此語論者之論據益顯然矣雖然凡治學問者不當以自己之理想主張他人之術語不獨法學爲然也吾於法學毫無所聞知故下筆時殊赧言法學然每觀論者之伸紙搖筆汩汩而來未嘗不驚其膽之巨雖然

論者若利用法學以爲行文之壁壘。如婦人女子之於其首飾焉。則吾雖孤陋寡聞。亦不得已當起而糾正之。蓋論者懷抱成見。而以法學自文。揭其所文飾者而去之。則論者之眞相乃見也。論者舉君權立憲政體民權立憲政體皆謂之變相之開明專制。雖以共和制如美國。亦謂之議會專制且自法理上以立言此亘謬極戾者也。論者知直接機關之特質乎。不立於他機關之命令權之下。關於其作用之內容。全然獨立之謂也（此德國耶陵尼氏所下之定義。他學者雖有異點。然謂直接機關爲獨立不羈。則皆無疑義也）是故一國之內有二以上之直接機關時。則機關與機關立於相關係之地位。而非立於壓伏之地位。如是。一機關以外。尚有他之不可犯之機關。其異於專制者此也。使如論者所謂「政權全在議會」又曰「議會專制」。是非以民權立憲政體與民權專制政體同一視之耶。夫自政治論以言。則國權誠有畸重於一機關者。如論者所譯穗積氏立憲制下之三大政治。卽爲此說者也。然彼自政治的方面以言。故不害爲一家之說。而論者乃自法理的方面以言。不知自法理論以言。則立憲國必不容有專制。不能强詞附會者也。

原著有云

『旣解兵柄。頒憲法。則雖舊有政府之首領。復被舉爲行政首長。而亦必須行動於新憲法權限之內。不然則違憲也。大逆不道也。而此新憲法者。無論采美國。采法國。采瑞士。而其議院政治皆足以苦行政首長。（中略）然則其所定憲法。廣行政部之權限。認議會爲補助機關耶。則大反共和之精神。』（三十八頁）

此其立論純自立法上言。乃憲法上之立法論也。夫既爲立法論矣。乃以政治上之觀察判斷之。是混法理論與事實論爲一談也。無他。不知國法學與政治學之區別而已。通觀全篇。其論美法瑞三國政體之異同。則用憲法上之解釋論。就中國前途之共和憲法着想。則用憲法上之立法論。然又忽參以一大段政治論。又參以大段非法理論亦非政治論之奇談。使讀者如在五里霧中。百怪雜遝畢現。亦可謂惡劇矣。敢告論者須知國法學與政治學之區別。不然徒枉費筆墨耳。

至於論者謂純粹之美國制戾於主權不可分之原理。此則語有所本。不如上之離奇。然亦非確論也。美國憲制采三權分立主義。三權分立之說盛於孟德斯鳩。而後學者多左右袒。然自法理論以言。則三權分立之說實爲完全無缺。學者雖有譏爲損國家之統一者。然耶陵尼氏近著（Das Recht des Modernen Staates）有云。國家之意思固須單一。然國家之意思非必依於唯一之機關而發動。雖二以上之機關。可共同而發動國家之意思也。笕克彥氏法學通論亦曰。孟氏非欲損國家之統一者。以爲三權分立而互相監督制限。則其結果足以防專制。而便國家之統一。故以孟氏之說爲法律上國家人格之分離者。誤也。而自政治論以言。則國家之作用。不可不統一。故孟氏之說。終當有以補其缺點。盧梭之說。則謂政府國會裁判所皆爲獨立機關。而國會立乎二者之上。而統攝之。君士丹之說。則謂國會裁判所政府皆獨立。而君主則立於三者之間。而調和之。近今各國。則此權或歸之君主。或歸之國會也。

要之。論者之評判議院政治。不外抄襲穗積氏立憲制下之三大政治一篇。然使爲純粹的抄襲。則猶不害爲一種之政論。而論者乃雜以法理論焉。此其所以有非驢非馬之奇觀也。

夫中國卽使模倣美國憲制三權分立。而以議會爲總攬機關。固亦能舉行民權政治之實。故上之所爭。都非要點。吾之持論與論者絕異之處。乃在「中國國民非有可以爲共和國民之資格」一語也。吾之意以爲中國國民必能有爲共和國民之資格者也故望以民權立憲論者之意以爲中國國民必不能有爲共和國民之資格者也由是而非難革命由是而望政府以開明專制夫論者之主張開明專制也吾前數年固已料其必然蓋保皇黨日日盛言國民能力不足以革命而偏苦苦望中國以立憲於是章君炳麟闢之曰「夫謂國民不可革命而獨可立憲者何也豈有立憲之世一人聖明於上而天下皆生番野蠻者哉」此其說實足塞彼輩之喙而令其窮無復之故論者爲自完其說計不得不主張開明專制其當然之結果也雖然學者之論開明專制本有廣狹二義語其廣義則專制之善良者悉謂之開明專制日本筧克彥氏所謂中國漢唐盛時亦得謂之開明專制時代也語其狹義則必政權生大變動之後權力散漫於是有以立憲爲目的而以開明專制爲達此目的之手段者德國那特硜氏所謂近世擅制政治如法蘭西拿破侖第一時代是也由其前者意義寬泛由其後者則發生於政權變動之後思黃所謂革命之後先以開明專制者也吾與思黃所見稍異今姑不辯而於論者之主張開明專制則絕對排斥者也蓋論者以爲今日之中國萬不可革命則其以開明專制望之今日之政府章明無疑者也然論者須知行開明專制者必有二條件第一則其人必須有非常英傑之才第二則其人必須爲衆所推戴如法之拿破侖第一普之腓力特列第二是其例也日本所以能行開明專制者則以其天皇爲萬世一系之故今日之政府能具此二條件之一乎盈廷老耄彌縫苟且求保一日之富貴而種族之間軋轢愈甚鐵良良弼輩奮修軍政布警察汲汲於鞏固專制政府以力追俄羅斯而奕劻領袖政務榮慶把持學務其政策猶是康雍以來之政策形式雖稍變而精神如故也此時正滿洲人瞿然驚覺之時惕惕然慮綱紀廢弛廣攬權力以求固位而千百漢奸方且挾其所學歸而助之吾敢決言曰循是以

往不出十年中國必如俄羅斯專制政體益進化益鞏固矣（此自其對內言之也若其對外能有俄羅斯之强力否又別爲一問題）而論者猶齗齗之以開明專制噫不必辯理試撫衷自問良心其汝容乎而猥曰「經開明專制後十年乃開議院可不至有此」（三十七頁）夫謂政府之開明專制則十年效見而國民之自動則數十年數百年而猶未有成績則又何說也專制之利國家機關之行動能自由能迅速此人所知也然世界各國其自由民寧伏尸流血以求易專制爲立憲者豈太愚耶誠以專制則治人者爲惡可以自由而立憲則不能爲惡也夫道德之異於法律者在有强制力與否今勖專制者曰汝不可爲惡此道德上語也彼竟爲惡將奈之何若夫立憲則機關之行動依於法律違法則無效是雖欲爲惡而不能也夫爲政者雖欲爲惡而不能則國家之安寧秩序可以長保此立憲之精理所以優於專制萬萬也誠欲得完善之專制則必專制之人有善無惡始可故亞氏目爲理想的政體理想者言非實想也（理想與實想之別論者當已知之故不下解釋）若徵之於事實則人安能有善而無惡況授以自由爲惡之權又從而望其不爲惡乎至於謂專制可以大行干涉政策增進人民之幸福此似采十七八世紀學者之幸福說雖然自學理之沿革上觀之則論者又將不免於錯綜顚倒之誚者也夫論者而采幸福說乎則須知幸福說之所由來十七八世紀之學者謂國家由人民所搆成以個人爲單位而國家不過個人之集合所謂國家器械說也唯其視國家爲器械故謂得以人力謀其進步發達此幸福說之由來也迨國家有機體說出而反對以爲凡有機體皆自然發達不能以人力助長故極排斥干涉政策如斯賓塞爾之著書十九明此義「干涉」「將來之奴隸」諸篇尤極言之自乎十九世紀之後半則國家主權說（卽上文所言國家人格說）發達之結果能調和幸福說與法律

說（其說謂國家第當以法律保護人民而去其沮遏不當干涉之故名法律說）而兼採之而其根據則國家爲自有人格非如國家器械說或以君主爲主體或以人民爲主體也其沿革之大要如此論者既譏罵國家器械說（二十六頁）則不宜自同於幸福說也何也其根據地已失故也然謂論者采國家主權說乎則又不然證之原著有云

『吾嚮下開明專制之定義曰以所專制之客體的利益爲標準斯固然也然所謂客體亦可析而爲二其一卽法人之國家其二則組成國家之諸分子』（開明專制論第四章）

是明明國家客體說也然則謂論者主張有機體說耶文中固嘗屢用之然論者何以又采干涉政策論者所主張之學派吾讀其文至六七偏終大索而不可得也無他必其獺祭羣書於此一掬焉於彼一撮焉參伍錯綜以成此文生物學家發現一種蠅取草謂之爲動物則非謂之爲植物則又非論者爲文毋乃類是此固論者之自困抑亦讀者所深苦也且論者既采國家客體說而以爲行開明專制者當以客體的利益爲標準矣然使專制者不以客體的利益爲意且從而蹂躪之而惟以自己之利益爲標準則將奈何此非假定之詞乃自然必至之結果也何也以無能制限之也論者至此並不能援波氏穗積氏之說以自解彼固主張國家當有憲法既有憲法則機關之行動一準於法法於某種機關予以廣大之權限則其自由活動之範圍乃得優裕耳而論者之主張專制則無憲法以定其範圍故穗積氏等之盛言大權政治固與論者殊科也如是則論者何以自解耶且自被專制者以言其憔悴無聊尤不堪言立憲之國民依於憲法有一定之權利一定之義務故意思得以自由發舒而經營共同事業必奮專制政治下之人民有服從的消極性凡百放任無所設施

干涉愈甚能力愈縮徒敺之使歸於劣敗之林而已故吾就開明專制而下案語曰開明專制者待其人而後行然欲得其人非能自然必至乃偶然之遭值而已且治國者不徒恃有治人而兼恃有治法開明專制有治人無治法者也彼非無法而法之力不足以限制之則猶之無法也故開明專制非適宜於今日之中國尤非能望之今日之政府者也此寥寥數行語已足扼論者之吭而盡撤其藩籬論者苟無以難則自此絕筆而前稿則拉雜摧燒之可也

論者以開明專制望之今日之政府吾則以民權立憲望之今日之國民論者之所望者吾既辟而闢之矣今更進而主張自說其第一之論據則以爲國民之能力終遠勝於政府之能力也蓋凡改革之際當一面策進國民之能力一面策進政府之能力然其大部分終注重國民以國民爲國家之分子分子良則機關亦良且未有分子不良而機關能獨良者也但今日之政府豈惟已絕無可望直國民之仇讎而已故吾惟絕對的期國民之策進其能力若政府則所欲顛覆之目的物耳況國民之能力雖未純粹而與政府之能力相比較固已優之萬萬且以所處之地位而論彼政府者其對內政策猶是防家賊之手段其對外政策猶是利用列强之嫉妒心以其爲異族專制政府故也其所處之地位祇能與國民爲敵不能與國民爲助明矣故吾不以改革之事望之政府而專望之國民國民既能改革矣則民權立憲當然之結果也（所以不云共和立憲者以共和一語有廣狹二義其廣義則貴族政治亦包含在內故不用之）其第二之論據則以我國民必能有民權立憲之能力也論者詆我國民無民權立憲之能力以爲英法美之民權養育至千數百年我國民何能以十年二十年之力追及之（節錄二十五頁大意）信如是也則我國民欲享民權必當先歷歐洲古代國家

專制之狀況。次歷中世寺院專制之狀況。而後乃能有近世民權發達之能力乎。是直僨言耳。一言以蔽之。則可謂不知人類心理之作用者也。人類所以靈於動物者。以其有模倣性也。故當鎖國時代無所感觸。則安其習慣。數千年未之有改。迨乎與外界相接。其始如戴着色眼鏡。覺所觸者皆生惡感。其繼則因比較而知長短。於是模倣作用乃行。而心理之變遷至速。然又當視其模倣者爲何如。苟其不適合於人類之普通性。而爲某種人之特長。或其固有之習慣。則模倣之或久而生厭。苟其適合於人類之普通性。則將一鍥而不能舍。自由平等博愛三者。人類之普通性也。特其所翕受之量有多寡之殊而已。論者雖武斷。敢謂我國民自有歷史以來。絕無自由博愛平等之思想乎。但觀貴族政治至戰國而蕩盡。我國民之精神。寧可誣者。夫我國民旣有此自由平等博愛之精神。而民權立憲。則本乎此精神之制度也。故此制度之精神。必適合於國民。而決無虞其格格不入也。論者當知立憲各國各具其特有之精神。又各具共通之精神。所謂特有之精神。如英人對於巴力門之觀念。日本人對於萬世一系天皇之觀念。皆其歷史上所遺傳之特別之原因結果也。所謂共通之精神。如國家對於人民有權利有義務。人民對於國家亦有權利有義務。其國權之發動。非專注於唯一之機關。而人民有公法上之人格。有私法上之人格。凡此皆立憲國所同具者也。我國民而爲民權立憲也。固亦有特殊之精神。不必强學英法美也。非惟不能學。抑且不必學也。至其共通之精神。則立憲國所皆有者。而證諸歷史。我國民固亦有之。較諸英法美。非有與無之區別。乃精與粗之區別耳。從而濬發之。模倣作用必捷。非誕言也。蓋凡模倣者。自無而有則難。自粗而精則易。何也。此有而彼無。則未知二者之性質果相同否也。若此粗而彼精。則性質同矣。所不同者其程度耳。性質同則模倣易。今舉例以言之。民法商法。勒爲法典。中國前此所無者也。然國之所以有民法商法者，在維持私人之生活，而平均其權利也。此爲人生所不可缺者。故中國關於民事商事有繁富之習慣，有錯綜之單行法，不過其精密之程度較之歐西而有愧色耳。他日中國若制定民法商法，則必當采各國共通之法理，衡本國特有之慣習，二者不能偏廢者也。論者不能謂我國之民事商事與外國之慣習大殊，遂必不能采之與自益也。尤不能謂我國民慣習既與歐西大殊，遂謂我國民無享有民法商法之能力也。何也？共通之法理，不以國爲域者也。此舉私法之例以言也。若舉公法之例，則尤有說。公法者，關於國家之權力之發動之法也。中國自堯舜以來，已知國以民爲本。三代之書，莫不勖王者以敬天，而又以爲天意在於安民，王者當體天之意，求有以安其民者。不然，則降之大罰。故三代之際，對於王者之制裁力，遙視後世爲強。此中國道德法律之精神也。泰西公法學者，今猶有維持國之元首對於神而負責任之說者，自有尊君的方面觀之，則君權專制，國國民之心理也。而自其保民的方面觀之，則公法之精神也。且吾國之歷史，易姓改號，覆轍相尋，故人民認君主爲國家之觀念亦最薄弱。若枚舉學說，則更僕未可終。要之，亡國與亡天下之別，其最著也。古以中國爲天下，所謂亡天下，即亡中國之謂。而所謂亡國，即易朝之謂耳。且貴族政體至戰國而盡廢，故人民皆得發舒其能力，爲國家而活動。由是以觀，我國民於公法之基礎觀念，未嘗缺也。特其精密之程度，較之歐西而有愧色耳。他日中國若制定憲法，則亦必采各國共通之法理，衡本國特有之歷史。而各國共通之法理，其犖犖大者，即上所指立憲國共通之精神也。論者敢謂此種精神，乃我國民所必不能有耶？論者嘗歷舉證據以實其言矣，曰：今日之國民，「非頑固之老輩，即一知半解之新進」（三十四頁），又曰「試觀去年東京罷學事件與上海罷市事件何如矣」（四十六頁）。論者之侮視我國民如此其極。吾今不復舉他例。即就上之二事而觀。則知我國民心理之變遷。與模倣作用之進行。章章不可掩也。東京罷學事件。其理由其辦法。今已成陳迹。不復深論。要其揭示之主義。則曰有辱國體也。此足以證我國民之有國家觀念也。上海罷市事件。在欲主張國際上之權利。而不知所以主張之方法。要之國際觀念已生。國際觀念本於國家觀念者也。此又足以證我國民之有國家觀念也。夫吾之意。深不願我國民之僅有渾括的國家觀念而止。不待言也。然觀其能由個人權利觀念而進於國家權利觀念。則知其必能由渾括的主張而進於條理的主張也。夫能進於條理的主張。則我國民之能力大可恃矣。而當此模倣作用滔滔進行之際。去其阻力而予以佳境。則能力發舒。一日千里。目的之必達可決也。吾持是標準以觀察種種方面。敢信我國民終有民權立憲之能力也。惟使如論者一派所主張。利用滿洲政府。導以進化的專制。則眞足以死國民方新之氣。百喙不足以辭其責者也。

論者第三之論據。以爲種族革命。有專制無共和也。原著有云。

『公等欲言種族革命也。請昌言之。且實力預備之。公等既持復仇主義。而曰國可亡。仇不可不復。吾哀其志而壯其氣也。雖然。切勿更言政治革命。夫政治革命者。革專制而爲立憲云爾。君主立憲耶。則俟公等破秦滅項。繫彭醢韓之時。言之未晚。共和立憲耶。則請先將波倫哈克學說。及此數紙中狂夫之言。一一遵論理據歷史推現象以賜答辯。』（四十六頁）

其所主張者。以爲政治革命與種族革命。不能并行也。而其所以不能并行之故。未嘗一言也。至於謂吾黨欲主張君主立憲。則本報具在。稍通文者。皆能了解。不能强加以誣捏也。至於謂共和立憲之必不可得。則波氏學說爲論者腦中惟一之主宰。而吾已辯之於前。所謂「此數紙中狂夫之言者」。亦已一一答辯。然皆關於革命論之辯詰。非關於種族革命論之辯詰也。論者既大書曰「欲爲種族革命者宜主專制而勿主共和」（四十八頁）而其理由未一言也。故吾亦無從加以論難。則亦惟有等諸狂夫之囈語而已。然吾尚有一言者。則種族革命與政治革命皆中國今日所不可缺者也。今之政府異族專制政府也。驅除異族則不可不爲種族革命。顚覆專制則不可不爲政治革命。徒驅除異族而已。則猶明之滅元。於政治不生變革也。若徒欲顚覆專制而已。則異族一日不去。專制政府終一日不倒。故種族革命與政治革命豈惟並行不悖。實則相依爲命者也。本報同時提倡民族主義者。以此而所發揮說明者。亦在此。

論者第三之論據。以爲欲爲政治革命者。宜以要求而勿以暴動。其理由云。

『如欲爲政治革命也。則暫勿問今之高踞中央政府者爲誰。何翼其左右者爲誰何。吾友也。不加親。吾仇也。不加怒。惟懸一政治之鵠焉。得此則止。不得勿休。有時對於彼幾諫焉。如子之於其父母。有時對於彼督責焉。如父母之於子。然此猶言而已。若其實行。則對於彼而要索焉。如債權者之於債務者。不得則盡吾力所能及。加相當之懲罰。以使之警。此各國爲政治革命者之成例也。然要索必當量彼所能以予我者。夫然後所要索爲不虛。懲罰必當告以我索汝某事。夫既先語汝。而汝不我應。故懲汝以警汝及汝之儕輩。使今後毋復爾爾。夫然後所懲罰爲有效。』（四十七頁）

此其理由尚言之詳。非如駁種族革命之惟有謾駡也。雖然。細按之則不通之論而已。夫要求者。有所挾而求之謂也。故凡言要求。必有實力。要求之際。實力固已具矣。特未發現耳。要求而不獲。則實力遂顯。是故要求云者其表面爲請願書其背面則哀的美敦書也論者所論三例其第一例爲子之幾諫其父母此乃乞求非要求也何也求而不遂無可如何也論者欲政府爲父母而日日幾諫之則好自爲之伏闕十年庶幾一當可耳若夫第二例爲父母之於子第三例爲債權者之於債務者則有實力存於其間父母對於未成年之子而有親權子不得父母之許可而有所爲能取消之債權者對於債務者而有債權請求而不履行則有强制執行損害賠償以隨其後是皆有强制力使然也論者試想今日人民對於政府力足以制之否力不足以制而言要求能有效乎論者又言要索之而不得「則盡吾力所能及加以相當之懲罰」然則論者之意以爲要求而不獲則繼以懲罰也吾不知所謂懲罰者果何所指也狙擊之耶論者所不謂然也革命軍耶尤論者所排擊也無已其不納租稅乎此歐人所謂不出代議士不納租稅者也然苟欲爲此猶非有實力不可力不足以反抗而欲不納稅徒重罪戾而不免於刑罰耳然則論者所謂懲警者果何所指耶若夫各國政治革命之成例則吾固聞之矣法要求路易十六以改革而不應則繼之以大革命美要求母國承認其獨立而不應則繼之以七八年之血戰此其大者也語其小者則普魯士柏林三月之變日本覆幕之師亦前例也是故人民欲政府之順其要求必其力足以制政府始可而制之之術舍革命軍固無他也論者又言「要索必當量彼所能予我者」夫吾力若不足以制彼則予我與否彼之自由也吾力若足以制彼則輕重予奪我之自由也彼政府之所以能專擅者以其權力足以束縛人民也人民苟不能脫其束縛則其發言懸於政府之聽否無絲毫自主之權也不汲汲養成民力而惟望其要求各國政治革命之成例恐無此兒戲也況我國民對於滿洲政府義不當要求何也彼爲刀俎我爲魚肉二百六十年於茲矣譬如縶豕於牢乃對於操刀者搖尾乞憐天

下有此不自量者乎。然此種義理。非懷抱民族主義者不能喻。吾今惟對於論者所謂「要求」者直駁之曰。要求者。有所挾而求也。汝何所挾而求。又對於論者所謂「懲罰」者直駁之曰。所謂懲罰。舍革命外尚有何術。嗚呼。圖窮而匕首見。論者雖有蘇張之辯。亦將不能以理勝也。

今以極簡單之語結本論曰。吾之目的。欲我民族的國民創立民權立憲政體。（普通謂之民主立憲政體。）者也。故非政治革命種族革命不能達其目的。（各國革命有至君主立憲而止者。而我國今日爲異族專制故。必不能望君主立憲。）惟有民權乃能革命。惟革命乃能民權立憲。而我國民之能力。若果有精進。則實足以舉之。此本論之大旨也。

吾駁論者之文。列舉其主要之點。而一一辯之。未嘗有枝辭蔓語。論者而猶有言。亦宜就本論之主要而定駁論之範圍。

附論

開明專制爲論者最近之政見。而其所見適與本報宗旨相反。故本報必不能已於言。然使論者之理論果能一貫。則可申駁論。不幸而其全篇自相矛盾。令人不知其學派之爲何。譬如玻璃碎片積疊成堆。其色或紅或白。不能斷定其全體爲某種顏色。其形或方或圓。不能斷定其全體爲某種形狀。雖欲駁之。烏從而駁之。今舉一例以爲證。

自來論國家者本有二派。一以國家爲統治之主體。（即國家人格說）一以國家爲統治之客體。（即國家客體說）正相反對。濟惕爾氏以領土臣民爲國家。而以君主爲統治之主體。其爲國家客體說不待言。波倫哈克以領土臣民爲統治之客體。而以君主爲國家。故謂國家無獨立之人格。離君主則國家不復存在。是以學者亦指爲國家客體說。論者既崇信波氏學說。以爲非難革命之唯一根據。則其采國家客體說無疑。然觀國家原論所下注語有云。

『國家本屬於法人之種類。統治者則屬於自然人之種類。法人可以歷千百年而不死。自然人則爲生理上所限制。無長生久視之理。若謂統治者之個人卽國家。然則統治者死亡之時。國家之生命豈不隨之而俱絕乎。是不通之論也。』觀此則論者又采國家人格說者也。既采國家人格說。則國家自爲統治權之主體。而君主乃國家之機關。與波氏之說正相反。然則波氏立說之根據。已爲論者所斥爲「不通」既斥爲不通。則君主立乎人民之上。而調和競爭之說已失其立足地。論者何以又寶爲非難革命之唯一論據也耶。此眞百思不得其解者。乃不料開明專制論第四章又采國家客體說。原著有云。

『以所專制之客體的利益爲標準。所謂客體亦可析而爲二。其一卽法人之國家。其二則組成國家之諸分子。』

然則論者以君主爲主體。而以國家及人民爲客體者也。與波氏之說不同。尤與國家人格說正相反。乃論者同時而主張三說。斯亦奇矣。使其果有折衷之論據。則亦常事。（二說相反以第三之論據折衷之。學者所常有）所最奇者。毫無一貫之理論。貿貿然呈此離奇之觀。

論者殆又以今日之我與昔日之我挑戰耶。（此論者自述語見新民叢報。）夫論者昔主破壞繼主要求立憲。今主要求開明專制。（開明專制有施於立憲之後者。如當拿破崙時代非無憲法而政治上固開明專制有施於立憲之前者，如腓力特列是，立憲後之開明專制，無所謂要求立憲前之開明專制，不能要求，昔有要求立憲今有要求開明專制，皆笑柄也）可謂以今日之我與昔日之我挑戰矣，至於一月之內，忽主國家客體說，忽主國家人格說，是直同時以我挑戰我耳，無他，今日讀波氏之書而好之，則襲取盈掬，明日讀小野塚氏之書而好之，又襲取盈掬，不悟二氏之學派固不同也，則適其爲論者之著作而已。

夫論者方自相挑戰，未決勝負，吾不知所駁也，不如姑待之，俟其有據勝着者，乃對之而下駁論，故以後論者爲文若復爾爾，則吾將列舉其自相挑戰之點，使自定一勝著，吾乃對於其勝著而下駁論，因不知學派而造自相挑戰之結果如上所述，又有不知學之分科而妄駁他人之議論者，亦舉一例以爲證。

譯穗積氏論說有云，『議會雖累歲不開會，而於政治之進行無傷也』。

注『議會累歲不開會，雖於政治之進行無傷，然彼憲法第四十一條云，帝國議會每年開之，天皇不得違憲而不召集，故氏之言不過極端言之矣』夫日本君主總攬統治權，故議會雖累歲不開會，而於政治之進行無傷，此政治之狀態也，議會每年必開，此法律之規定也，穗積之言爲政治論，論者之言爲法理論，以法理論否認政治論，直胡鬧而已（法律與政治之關係，法律與政治之區別，法學與政治學之分科，論者蓋未之知，故篇中屢蹈此弊，試思彼憲法四十一條之規定，穗積氏豈未之知，而故爲是言者，徒以不涉及法理範圍故耳）

不知學之分派。其結果爲自相挑戰。而不知學之分科。則其結果爲無敵而放矢。在論者爲徒勞。在讀者爲不幸。以後論者爲文若復爾爾。吾亦惟語以宜知學之分科而已。不更爲駁論也。

以上所陳無甚深義。非表揚論者之短。亦非欲爲箴規。不過與之預約以後爲文若再蹈此愆謬。則無駁詰之價值也。

尚有宜注意者。則譯東文時。亦當稍謹愼。也以吾所偶見者。則論者譯穗積氏「立憲制下ノ三大政治」一篇。因不知語尾之故。致令與原文反對。舉其一例。如左譯文有云。

『議會不過爲立法預算之諮詢府。其權力有一定之限制。以憲法之明文域之。其明文所列舉之外。則藉口於無反對之禁止。任意奔逸而靡所閑。彼議會絕非有能據現在權限以擴張將來權限之自由也。』

所謂「任意奔逸而靡所閑」者。正與原文相反。原文有云。

『憲法ノ明文ヲ以テ議院ノ權域ノ限界トシ反對ノ禁止ナキヲ口實トシテ其明文列擧ノ外ニ奔逸スルコトヲ許サス固ヨリ議院ノ權限ヲ以テ自ラ其權限ヲ擴張スルノ自由ヲ認メサルナリ』

如原文當譯爲以憲法之明文爲議院之權界。不許以無反對之禁止爲口實而奔逸其明文列擧之外。固不認以議院之權限而自擴張其權限之自由也。如此乃爲不失原意。今論者譯爲「任意奔逸而靡所閑」。是由於不知「許サス」之故也。「許サ」者。サ行四段活用將然格也「ス」者。助動詞之否定詞也。本作ズ略爲ス，此日本文所習見者也。論者誤譯「不許」爲「許」矣。此非細故也。實大反原文之意。原文謂議會不得奔逸於條文列舉之外，此爲限定議院之權力大權政治則然也。論者譯爲藉口於無反對之禁止任意奔逸而靡所閑，則議院之權力毫無限制，却成議院政治矣。且卽以文法而論亦不連貫。上句云「以憲法之明文域之」，下句云「其明文所列舉以外則藉口於無反對之禁止任意奔逸而靡所閑」，成何文義耶。

噫。論者休矣。文法之不知，遑論其他。他日爲文若復如此，則眞可謂無絲毫辯駁之價値也。

文甫脫稿，復見該報第四號申論種族革命與政治革命之得失，其根據所在，不外引申開明專制論已一一駁之於前。惟其中有論種族革命與政治革命之關係，則於次號續「希望滿洲立憲者盍聽諸」中辯之，附識於此。

附言

此文付印方成，友人有以「戊戌政變信史」一小册見寄者，蓋匿名印刷，無代價以分散於東京學界云。其全文則卽某報第一號所載某氏演說醜詆康先生及鄙人者也。彼雖匿名，而出於誰氏之手，固已略可見。角理不勝，而專以攻擊人身爲事，其手段之卑劣，眞不値一笑也。所尤奇者，彼自作一序，而云該演說之文登於該報已數月，吾儕何以無一語辯明。不辯明則是默認也云云。噫。彼黨之機關報，其攻擊人身之語，殆占全篇幅之泰半，苟一一辯之，卽不愛惜吾文，獨不畏暴殄紙墨耶。信如彼言，則彼黨香港之機關報，嘗謂吾最好食「埃士忌廉」，每日最少須食一桶，其報發印已經兩年，吾至今未嘗一辯，然則吾果有偌大之埃士忌廉食量矣。吾輩欲以言責自效於國家。國家大計。當言者何限。而安得有如許閒日月閒筆墨。學彼輩作村嫗之角口耶。吾於彼輩所持主義。不得不痛下針砭者。誠以其主義足以亡國耳。若夫彼輩個人之行誼。曾不屑一揭其隱。非惟義不應爾。抑亦不暇也。抑吾聞諸道路。人言藉藉。有謂新近現政府對於鄙人執何等態度。鄙人對於現政府執何等態度者。殊不知其語之何自而來。事之眞僞。不久自大白於天下。鄙人亦何必嘵嘵致辯。而此種謠諑之興。乃在吾排共和論出現以後。則其爲用卑劣手段。欲以減殺吾文之效力。跡據甚明。斯亦大可哀也已。嗚呼。吾國今日當學絕道喪之餘。人欲橫流。無所不至。凡行一事。發一言。無所爲而爲之者。蓋寡焉。故紛紛以小人之腹。度君子之心。見他人之行一事發一言。則亦共相猜度其有所爲而爲。一若苟非爲一己私利計。則不應有言不應有行者。吾不怪乎此種謠諑之來。而深痛夫吾社會之善容此種謠諑耳。故吾於本文之末。更綴一言。凡前此對於鄙人作人身攻擊者。吾既一字不辯。凡後此如有對於鄙人作人身攻擊者。卽使其醜詆視前十倍。吾亦一字不辯。吾之文例則然也。若夫信與不信。則聽諸社會之自擇。於吾何與焉。顧吾所欲求於社會者。則平心靜氣。以審吾言之價值何如。孔子曰。不以言舉人。不以人廢言。人自人。言自言。不相蒙也。就使吾爲聖賢。爲豪傑。苟吾言對於國家前途大計。無益而有害者。猶當割棄之。就使吾爲凶惡。爲棍騙。苟吾言對於國家前途大計。無害而有益者。猶當節取之。昔鄭駟顓殺鄧析而用其竹刑。苟社會能以鄧析待我。吾固躊躇滿志耳。